SAÚDE EMOCIONAL

**Transforme o Medo,
a Raiva e o Ciúme
em Energia Criativa**

OSHO
SAÚDE EMOCIONAL

Tradução
DENISE DE C. ROCHA DELELA

Editora
Cultrix
SÃO PAULO

Título original: *Emotional Wellness.*

Copyright © 2007 Osho International Foundation, Switzerland.

Publicado mediante acordo com Harmony Books, uma divisão da Random House, Inc.

OSHO é uma marca registrada da Osho International Foundation, usada com a devida permissão e licença.

Copyright da edição brasileira © 2008 Editora Pensamento-Cultrix Ltda.

Texto de acordo com as novas regras ortográficas da língua portuguesa.

1ª edição 2008.
8ª reimpressão 2019.

Todos os direitos reservados. Nenhuma parte deste livro pode ser reproduzida ou usada de qualquer forma ou por qualquer meio, eletrônico ou mecânico, inclusive fotocópias, gravações ou sistema de armazenamento em banco de dados, sem permissão por escrito, exceto nos casos de trechos curtos citados em resenhas críticas ou artigos de revistas.

Os textos contidos neste livro foram selecionados de vários discursos que Osho proferiu ao público durante mais de 30 anos. Todos os discursos foram publicados na íntegra em forma de livros, e estão disponíveis também na língua original em áudio. As gravações em áudio e os arquivos dos textos em língua original podem ser encontrados via online no site www. osho.com.

A Editora Cultrix não se responsabiliza por eventuais mudanças ocorridas nos endereços convencionais ou eletrônicos citados neste livro.

Dados Internacionais de Catalogação na Publicação (CIP)
(Câmara Brasileira do Livro, SP, Brasil)

Osho, 1931-1990
  Saúde emocional : transforme o medo, a raiva e o ciúme em energia criativa / Osho ; tradução Denise de C. Rocha Delela. — São Paulo : Cultrix, 2008.

  Título original: Emotional wellness
  ISBN 978-85-316-1000-4

  1. Desenvolvimento pessoal 2. Emoções 3. Espiritualidade
  4. Saúde emocional I. Título.

07-10155   CDD-152.4

Índices para catálogo sistemático:
1. Saúde emocional : Psicologia 152.4

Direitos de tradução para o Brasil
adquiridos com exclusividade pela
EDITORA PENSAMENTO-CULTRIX LTDA.
Rua Dr. Mário Vicente, 368 — 04270-000 — São Paulo, SP
Fone: 2066-9000
E-mail: atendimento@editoracultrix.com.br
http://www.editoracultrix.com.br
que se reserva a propriedade literária desta tradução.
Foi feito o depósito legal.

SUMÁRIO

PARTE I: Compreenda a Natureza das Emoções

Primeiro o que Vem Primeiro: A Mecânica da Mente	9
Repressão e Controle — As Raízes do Condicionamento Emocional	19
Meninos Crescidinhos não Choram e Meninas Boazinhas não Gritam — Variedades da Expressão Emocional	44
As Emoções e o Corpo	62
Da Cabeça para o Coração e do Coração para o Ser — Uma Jornada de Volta ao Centro	74

PARTE II: Saúde Emocional:
Reivindicando a nossa Harmonia Interior

Comece com a Aceitação	93
Raiva, Tristeza e Depressão: Galhos da Mesma Árvore	115
Entenda as Raízes do Ciúme	137
Do Medo para o Amor	156

PARTE III: Atenção Plena: A Chave da Transformação

Distancie-se um pouco	173
Repressão ou Transformação — A Liberdade de Ser Humano	185
Pensamento, Sentimento, Ação — Entenda o seu "Tipo"	200
Observando as Nuvens — Observador e Coisa Observada	221
Meditações e Exercícios para a Transformação	235

PARTE I

COMPREENDA A NATUREZA DAS EMOÇÕES

As emoções não podem ser permanentes. É por isso que se chamam "emoções" — a palavra deriva de "moção", movimento. Elas se movem; por isso são "emoções". Você muda continuamente de uma emoção para outra. Num momento está triste, no outro está feliz; num momento está com raiva, no outro sente compaixão. Num momento está amando, no outro está cheio de ódio; a manhã foi linda; a noite é horrorosa. E assim por diante. Essa não pode ser a sua natureza, porque, por trás de todas essas mudanças, é preciso haver algo que sirva como um fio, que mantenha todas as essas coisas juntas. Assim como numa guirlanda, você vê as flores, mas não vê o fio, embora seja ele que segure todas as flores; da mesma maneira essas emoções são, todas elas, flores. Às vezes flores de raiva, às vezes flores de tristeza, às vezes flores de felicidade, às vezes flores de dor, às vezes flores de angústia. Mas todas elas são flores, e a sua vida inteira é a guirlanda. Deve haver um fio, do contrário você já teria se desmanchado há muito tempo. Você continua sendo uma entidade — portanto, qual é o fio, a estrela-guia? O que é permanente em você?

PRIMEIRO O QUE VEM PRIMEIRO

A MECÂNICA DA MENTE

As suas emoções, os seus sentimentos, os seus pensamentos — toda a parafernália da mente — é manipulada a partir de fora. Do ponto de vista científico, isso ficou mais claro agora, mas mesmo sem investigação científica os místicos dizem exatamente a mesma coisa há milhares de anos — que todas essas coisas que abarrotam a sua mente não são suas; você está além delas. Você se identificou com elas, e esse é o único problema.

Por exemplo, alguém o insulta e o deixa com raiva. Você acha que *você* está ficando com raiva, mas em termos científicos o insulto da outra pessoa só está servindo como um controle remoto. A pessoa que o insultou está manipulando o seu comportamento. A sua raiva está nas mãos dela, você está agindo como um fantoche.

Agora os cientistas podem colocar eletrodos no seu cérebro, sobre certos centros, e é quase inacreditável. Os místicos vêm falando disso há milhares de anos, mas só há pouco tempo a ciência descobriu que existem centenas de centros no cérebro, controlando todo o nosso comportamento. Pode-se fixar um eletrodo num centro em particular — no centro da raiva, por exemplo. Ninguém insulta você, ninguém o humilha, ninguém diz nada. Você está sentado ali em silêncio, todo feliz, quando alguém aperta o botão de um controle remoto e você fica com raiva! É um sentimento muito estranho, porque você não sabe de onde ele veio, o motivo de estar ficando com raiva! Talvez você racionalize de alguma maneira. Veja um homem passando no corredor e lembre que ele o ofendeu — você encontrará alguma racionalização só para se convencer de que não está ficando louco. Sentado em silêncio... e de repente sentindo tanta raiva sem nenhuma provocação!?

E a mesma pessoa que está com o controle remoto pode fazê-lo se sentir feliz. Sentando na sua cadeira, você começa a rir e então olha para os lados — e se alguém o estiver observando e pense que está ficando maluco? Ninguém disse nada, nada aconteceu, ninguém escorregou numa casca de banana, então por que está rindo? Você vai racionalizar, tentar achar alguma explicação racional para o fato de estar rindo. E o mais estranho é que, da próxima vez que o mesmo botão for apertado e você rir, você vai vir com a mesma *racionale*, a mesma justificativa, a mesma explicação — nem a racionalização é sua! Ela é quase como uma vitrola.

Enquanto lia sobre as investigações científicas acerca desses centros, eu me lembrei dos meus tempos de estudante. Eu participei de um debate entre universitários; todas as universidades do país estavam participando. A Universidade de Sânscrito de Varanasi também estava entre as participantes, mas naturalmente os alunos dessa instituição se sentiam um pouco inferiorizados em comparação aos competidores de outras universidades. Eles conheciam as antigas escrituras, conheciam a poesia sânscrita, o teatro, mas não estavam familiarizados com o mundo contemporâneo das artes, da literatura, da filosofia ou da lógica. E o complexo de inferioridade atua de modos muito estranhos...

Depois de mim, o competidor seguinte era o representante da Universidade de Sânscrito. E só para impressionar a platéia e esconder o complexo de inferioridade ele começou o seu discurso com uma citação de Bertrand Russell — o sujeito decorou a citação, e não existe ninguém melhor para decorar as coisas do que os estudantes de sânscrito. Mas o seu medo de falar em público era grande demais... ele não sabia nada sobre Bertrand Russell, não sabia nada sobre a citação que estava repetindo. Teria sido melhor se tivesse citado algo do sânscrito, porque ele se sentiria mais à vontade.

No meio da citação, ele parou — bem no meio de uma sentença. E eu estava me sentando ao lado dele, porque tinha acabado de falar. Reinava o silêncio na sala e ele transpirava; então, só para ajudá-lo, eu disse "Comece outra vez" — o que mais ele podia fazer? Estava ali paralisado! Eu disse, "Se não conseguir continuar, comece outra vez; talvez volte a se lembrar".

Então ele começou outra vez, "Irmãos e irmãs...", e exatamente no mesmo ponto empacou novamente. A coisa virou piada. O auditório inteiro gritava, "Outra vez!" e a situação era realmente difícil. Ele não conseguia prosseguir nem ficar ali parado, mudo, sem parecer um idiota. Então tinha de começar outra vez. Mas começava desde o início, "Irmãos e irmãs..."

Durante quinze minutos isso foi tudo o que ouvimos — ele começava do "Irmãos e irmãs..." e continuava até o ponto em que engasgava, vezes e vezes sem conta. Quando o tempo dele acabou, veio se sentar ao meu lado. E disse, "Você acabou comigo!"

Eu respondi, "Só estava tentando ajudar".

"Isso é ajuda?"

"Você ia ficar em apuros de qualquer maneira. Desse jeito pelo menos agradou todo mundo — exceto você, eu posso entender. Mas deveria se alegrar por ter divertido tantas pessoas! E por que escolheu aquela citação? Quando eu disse para recomeçar, não precisava começar tudo de novo desde o início — você poderia ter pulado aquela citação, não havia necessidade."

Mas eu vim a descobrir mais tarde, lendo sobre a pesquisa científica, que o centro da fala é igualzinho a uma vitrola, com exceção de uma coisa muito estranha e especial. Quando a agulha é tirada do disco, ela pode ser recolocada no mesmo lugar e continuar a reproduzir o som a partir desse ponto. Mas, no centro da fala, quando a agulha é tirada e recolocada no lugar, o centro volta instantaneamente para o começo.

Se isso acontece, você pode dizer que tem domínio sobre o que está dizendo? Você tem domínio sobre o que está sentindo? Certamente não há eletrodos implantados em você, mas biologicamente é como se houvesse.

Você vê um certo tipo de mulher e imediatamente a sua mente reage: "Que formosura!" Isso não passa de um controle remoto. Essa mulher funcionou como um controle remoto ligado a um eletrodo, e o seu centro da fala simplesmente repetiu uma gravação: "Que formosura!"

A mente é um mecanismo. Ela não é você. Ela registra coisas que vêm de fora e então reage a situações externas de acordo com essas gravações. Essa é a única diferença que existe entre o hindu, o muçulmano, o cristão e o judeu — eles simplesmente têm gravações diferentes. Mas, interiormente, trata-se de uma só humanidade. E você acha quando toca a sua gravação... pode ser em hebraico, em sânscrito, em persa, em árabe, mas é o mesmo aparelho reproduzindo a gravação. Para o aparelho não importa se ela está em hebraico ou em sânscrito.

Todas as suas religiões, todas as suas idéias políticas, todas as suas atitudes culturais não passam de gravações. E, em certas situações, certas gravações são provocadas.

Há um belo episódio na vida de um dos mais sábios reis da Índia, o Rajá Dhoj. Ele se interessava muito pelos sábios. Todo o seu tesouro era gasto com um propósito apenas: reunir todos os sábios do país, a qualquer preço. Sua capital era Ujjain e ele tinha em sua corte trinta das maiores personalidades do país. Era a corte de maior prestígio da Índia.

Um dos maiores poetas da história, Kalidas, fazia parte da corte do Rajá Dhoj.

Certo dia apareceu na corte um homem dizendo falar trinta idiomas com a mesma fluência, com a mesma perfeição e com a pronúncia de um nativo. Ele viera com a intenção de lançar um desafio: "Como ouvi dizer que na sua corte estão os maiores sábios do país, eis aqui mil pepitas de ouro. Aquele que descobrir qual é a minha língua materna levará as mil pepitas. Caso não descubra, terá de me dar mil pepitas".

Havia grandes eruditos na corte — e todo mundo sabe que, não importa o que faça, você nunca conseguirá falar outra língua do modo como fala a sua própria, pois o aprendizado de qualquer língua estrangeira requer esforço. Só a língua materna é espontânea — você não precisa nem aprendê-la de fato. É resultado de toda uma situação o fato de você simplesmente sair falando. Ela tem uma espontaneidade. É por isso que nem os alemães, que chamam o próprio país de "pátria paterna" — a maioria dos país chama a sua terra natal de "pátria materna" —, nem eles chamam o próprio idioma de "língua paterna". Todo idioma é chamado de "língua materna", pois a criança começa a aprender com a mãe. E, de qualquer maneira, nenhum pai tem chance de falar em casa! É sempre a mãe que fala; o pai só ouve.

Muitos, na corte do Rajá Dhoj, aceitaram o desafio. O homem falava trinta línguas — um pouco numa língua, um pouco em outra— e era realmente difícil saber! Ele era com certeza um mestre. Falava cada língua com a mesma fluência de um nativo. Todos os trinta grandes eruditos da corte saíram derrotados. A disputa continuou durante trinta dias, e todo dia alguém aceitava o desafio e perdia. Tentavam adivinhar, mas o homem dizia, "Não, essa não é a minha língua materna".

No trigésimo primeiro dia... o rei Dhoj vivia dizendo a Kalidas, "Por que não aceita o desafio? Pois o poeta conhece a língua de maneira mais delicada, com todas as suas nuances, e mais do que ninguém". Mas Kalidas nada dizia. Ele observou durante trinta dias, na tentativa de reconhecer que língua o homem falava com mais facilidade, com mais espontaneidade, com mais satisfação. Mas não conseguia perceber nenhuma diferença, o homem falava todas as línguas exatamente do mesmo jeito.

No trigésimo primeiro dia, Kalidas pediu ao rei Dhoj e a todos os sábios para que esperassem do lado de fora da sala, em frente ao saguão. Havia uma longa escadaria e o homem subiria por ela; quando ele chegou ao último degrau, Kalidas deu-lhe um empurrão. Enquanto rolava pelos degraus, sua raiva aflorou — e ele gritou um palavrão.

Kalidas disse, "*Esta* é a sua língua materna!" Porque, quando está com raiva, você não consegue se lembrar, e o homem não esperava que usassem essa tática na disputa. E essa era *de fato* a língua materna dele. Nos recônditos da mente, a gravação estava na língua materna.

Um dos meus professores costumava dizer — ele já tinha morado em várias partes do mundo, dado aulas em várias universidades diferentes: "Só em duas situações na vida tenho dificuldades quando estou em outros países: quando estou brigando e quando estou apaixonado. Nessas ocasiões, a pessoa precisa da sua língua materna. Por melhor que expresse o seu amor em outra língua, nunca é a mesma coisa, fica parecendo superficial. E, quando está com raiva, brigando com alguém em outra língua, você não consegue sentir a mesma empolgação..." Ele dizia, "Essas são duas situações muito importantes — brigar e amar — e, na maioria das vezes, elas acontecem com a mesma pessoa! Por uma pessoa você se apaixona e é com essa mesma pessoa que você briga".

E ele estava certo em dizer que qualquer coisa em outra língua fica superficial — você não consegue nem cantar uma bela canção nem pode usar os palavrões da sua própria língua. Nos dois casos, a coisa fica morna.

A mente é certamente um mecanismo para gravar experiências do mundo exterior e para reagir e responder de acordo com essas experiências. Ela não é você. Mas infelizmente os psicólogos acham que a mente é tudo, e que além dela não existe mais nada. Isso significa que você nada mais é do que uma coleção de impressões vindas de fora, você não tem uma alma que seja sua. Até a própria idéia de alma é conferida pelo meio exterior.

É nesse ponto que os místicos divergem. Eles concordarão plenamente com a pesquisa científica contemporânea sobre a mente. Mas ela *não* está correta no que diz respeito à totalidade do ser humano. Além da mente, existe uma percepção consciente que não é conferida pelo meio exterior e não é apenas uma idéia — e não existem pesquisas, até o momento, que tenham descoberto um centro cerebral que corresponda a essa percepção.

Todo o trabalho da meditação é tornar você consciente de tudo o que é mental e levá-lo a se desidentificar disso. Quando a mente está com raiva, você pode perceber que ela é simplesmente uma gravação. Quando a mente está triste, você pode simplesmente se lembrar de que essa tristeza é só uma gravação. Uma certa situação está pressionando o botão do controle remoto e você se sente triste, com raiva, frustrado, preocupado, tenso — todas essas coisas estão vindo de fora e a mente está respondendo a elas. Mas você é o observador, não é o ator. A reação não é *sua*.

Por isso toda a arte da meditação consiste em aprender a percepção, o estado de alerta, a consciência. Enquanto está sentindo raiva, não a reprima; dê vazão a ela. Só fique consciente. Olhe para ela como se fosse um objeto fora de você. Aos poucos, vá desfazendo as suas identificações com a mente. Assim você descobre a sua verdadeira individualidade, o seu ser, a sua alma.

Descobrir essa consciência é a iluminação — você se tornou luminoso. Não está mais na escuridão e não é mais um mero fantoche nas mãos da mente. Você é um mestre, não um servo. Agora a mente não pode mais reagir automaticamente, autonomamente, do jeito que ela costumava fazer antes. Se alguém o insulta e você não quer ficar com raiva, você não fica.

Gautama Buda costumava dizer aos discípulos, "Ficar com raiva é uma tolice tão grande que é inconcebível que seres humanos inteligentes continuem fazendo isso. Outra pessoa faz alguma coisa e você fica com raiva? Ela pode estar fazendo algo errado, pode estar dizendo algo errado, pode estar tentando humilhá-lo, insultá-lo — mas ele tem essa liberdade. Se reagir, você é um escravo. Se disser à pessoa, "O seu prazer é me insultar, o meu prazer é não me enraivecer", você estará se comportando como um mestre.

A menos que esse mestre passe a ter uma clareza cristalina em você, você não tem alma. É só uma gravação, e à medida que fica mais velho a sua gravação vai se expandindo. Você fica mais culto e as pessoas acham que está ficando mais sábio — na verdade está se tornando simplesmente um burro de carga carregado de livros.

A sabedoria consiste apenas numa coisa — não de conhecer muitas coisas, mas de conhecer só uma coisa, ou seja, a sua percepção consciente e a sua separação da mente.

Tente simplesmente observar coisas insignificantes e você se surpreenderá. As pessoas continuam a fazer as mesmas coisas todos os dias. Elas continuam decidindo fazer uma coisa e justificando, dia após dia, porque não a fizeram; isso se torna uma rotina. Nada do que você faz é novo. As coisas que estão causando o seu sofrimento, a sua tristeza, as suas preocupações, as suas mágoas e você não quer fazer mais — de algum modo, você continua repetindo-as mecanicamente, como se não tivesse outra saída. E não terá enquanto não criar uma separação entre a mente e a percepção consciente.

Essa separação é, ela própria, a maior revolução que pode acontecer a um ser humano. E, desse momento em diante, a vida dele é uma vida de celebração — porque ele não precisa mais fazer nada que o machuque, não precisa fazer mais nada que lhe traga infelicidade. Agora ele pode fazer apenas o que o torna uma pessoa mais alegre, que o preenche, que lhe dá contentamento, que faz da vida dele uma obra de arte, uma beleza.

Mas isso só é possível se o mestre em você estiver desperto. Neste exato momento ele está num sono profundo, e o servo está fazendo o papel de mestre. E o servo não é nem *seu*; ele é criado pelo mundo exterior. Pertence ao mundo exterior, segue o mundo exterior e as suas leis.

É nisso que consiste toda a tragédia da vida humana: você está dormindo e o mundo externo está dominando você, moldando a sua mente de acordo com as necessidades dela — e a mente é um fantoche. Depois que a sua percepção se torna uma chama, ela consome toda a escravidão que a mente criou. E não existe bênção maior que a liberdade, que ser o mestre do seu próprio destino.

A mente não é sua amiga. Ou ela está fingindo que é o mestre ou tem de ser colocada em seu devido lugar, como serva — mas a mente não é sua amiga. E a luta pela liberdade, pela bem-aventurança, pela verdade não é contra o mundo; essa é uma luta contra a mente-fantoche. É muito simples.

Kahlil Gibran tem uma bela história.

Os fazendeiros das aldeias, para proteger as plantações, criaram um homem de mentirinha, um espantalho. Ele não passava de uma vareta amarrada a outra vareta, parecia mais uma cruz. E então puseram roupas nele e talvez um pote de barro no lugar da cabeça. Isso foi o suficiente para que os pássaros e os animais o temessem. As roupas e as duas mãos fizeram com que pensassem que alguém estava ali observando. Para os animais foi o suficiente, eles ficaram longe da fazenda.

Gibran diz: Um dia eu perguntei ao espantalho, "Posso entender o fazendeiro que o fez, ele precisa de você. Posso entender os pobres animais, eles não têm muita inteligência para saber que você é de mentira. Mas, debaixo de chuva, no sol, no calor do verão, no frio do inverno, você continua parado aí — por quê?"

E o espantalho disse: "Você não sabe qual é a minha alegria. O simples fato de deixar esses animais com medo é uma alegria tão grande que vale a pena sofrer com a chuva, com o sol, com o calor, com o inverno, com tudo. Eu estou deixando milhares de animais apavorados! Sei que sou uma fraude, não há nada dentro de mim, mas nem ligo para isso. Minha alegria é deixar os outros com medo".

Eu quero lhe perguntar: você gostaria de ser assim como esse homem de mentira? Sem nada por dentro, deixando um com medo, outro feliz, outro humilhado, outro respeitável? A sua vida é só para os outros? Você alguma vez já olhou para dentro? Há alguém em casa ou não? Você está interessado em sair em busca do dono da casa?

O mestre existe — talvez esteja adormecido, mas pode ser desperto. E, depois que mestre despertar dentro de você, toda a sua vida ganhará novas cores, novos arco-íris, novas flores, nova música, novas danças. Pela primeira vez você se sente vivo.

A porta abre para a realidade não por intermédio da mente, mas por intermédio do coração.

O maior problema que o homem moderno enfrenta é que a mente é extremamente treinada e o coração, completamente negligenciado — não apenas negligenciado, mas condenado também. Os sentimentos não são permitidos, são reprimidos. O homem de sentimento é considerado fraco; o homem de sentimento é considerado infantil, imaturo. O homem de sentimento é considerado antiquado — primitivo. São tantas as condenações do sentimento e do coração que, naturalmente, a pessoa fica com medo dos sentimentos. Ela começa a aprender como se desligar dos sentimentos e, aos poucos, o coração é simplesmente ignorado; a pessoa passa diretamente para a cabeça. Pouco a pouco o coração vai se tornando apenas um órgão que bombeia o sangue, purifica o sangue, e nada mais.

Na história da humanidade, pela primeira vez o coração está se reduzindo a algo absolutamente fisiológico — ele não é! Oculto por trás da fisiologia do coração está o verdadeiro coração —, mas esse coração verdadeiro não faz parte do corpo físico, por isso a ciência não pode descobri-lo. Será preciso aprender sobre ele com os poetas, os pintores, os músicos, os escultores. E, finalmente, a chave secreta está nas mãos dos místicos. Mas, depois que você descobre que existe uma câmara no interior do seu ser — sem nenhum contato com a educação, a sociedade, a cultura; totalmente livre do Cristianismo, do Hinduísmo, do Islamismo, completamente apartada de tudo o que tem acontecido aos seres humanos modernos, ainda virgem — depois que faz contato com essa fonte do seu ser, você passa a viver a sua vida num outro plano.

Esse plano é divino. Viver na mente é o plano humano, viver abaixo da mente é o plano animal. Viver além da mente, no coração, é o plano divino. E o coração nos conecta ao todo. Essa é a nossa conexão.

Todas as meditações que tenho aconselhado têm uma única finalidade: transferi-lo da cabeça para o coração, tirá-lo da mira da cabeça e apresentá-lo à liberdade do coração, fazê-lo tomar consciência de que você não é apenas a cabeça.

A cabeça é um belo mecanismo; use-a, mas não seja usado por ela. Ela tem de servir aos seus sentimentos. Quando o raciocínio começa a servir aos sentimentos, tudo fica equilibrado. Uma grande tranqüilidade e uma grande alegria emanam do seu ser, e elas não vêm de fora, mas das suas próprias fontes interiores. É algo que jorra, que transforma você, e não só você — deixa-o tão luminoso que qualquer um que entre em contato com você terá uma amostra de algo desconhecido.

REPRESSÃO E CONTROLE

AS RAÍZES DO CONDICIONAMENTO EMOCIONAL

Toda criança nasce sentindo todo o universo, não sabendo da sua separação com relação a ele. É por meio da educação gradativa que a ensinamos a se sentir separada. Damos-lhe um nome, damos-lhe uma identidade, damos-lhe qualidades, damos-lhe ambições — criamos uma personalidade em torno dela. Pouco a pouco a personalidade vai se adensando em decorrência da criação, da educação, dos ensinamentos religiosos. E, à medida que ela vai se adensando, a criança começa a esquecer quem ela costumava ser quando estava no ventre materno — pois ali, ela não era médica nem engenheira. Ela não tinha um nome; no ventre, não estava separada da existência. Ela estava totalmente junto da mãe, e além dela não havia nada. O útero era tudo, era todo o universo da criança.

A criança no ventre da mãe nunca se preocupa, "O que acontecerá amanhã?" Ela não tem dinheiro, não tem conta bancária, não tem negócios. Está desempregada, não tem nenhuma qualificação. Não sabe quando a noite chega, quando amanhece o dia, quando as estações mudam; ela vive simplesmente na mais pura inocência, em profunda confiança de que tudo ficará bem, como sempre esteve. Se hoje tudo está bem, amanhã também estará. Ela não "pensa" assim, esse é simplesmente um sentimento intrínseco — ele não tem palavras porque a criança não conhece as palavras. Ela conhece apenas os sentimentos, o seu estado de espírito e está sempre alegre, de muito bom humor — a absoluta felicidade sem nenhuma responsabilidade.

Por que toda criança, quando sai do útero, causa tanta dor à mãe? Por que toda criança nasce chorando? Se você observar com atenção essas pequenas questões, elas podem lhe revelar grandes segredos da vida. A criança resiste a sair do útero porque o útero é o seu lar. Ela não conhece nenhum calendário; nove meses são quase uma eternidade — para ela é como se fossem infinitos. Desde que se conhece por gente, ela esteve no útero. Então, de repente, tomam-lhe a casa. Ela é expulsa, expelida, e resiste a isso com todas as suas forças. Agarra-se ao útero, eis o problema. A mãe quer que o bebê nasça o mais rápido possível, porque quanto mais tempo ficar ali dentro, mais dor ela vai sentir. Mas a criança se agarra, e sempre nasce chorando — toda criança, sem exceção.

Segundo contam, apenas um homem, Lao-Tsé, nasceu dando risada. É possível; ele era um homem excepcional, louco desde o nascimento. Não sabendo exatamente o que fazer, que aquele era um momento de chorar, ele deu risada. E continuou assim a vida inteira, só fazendo coisas erradas nas horas erradas. A história das esquisitices que caracterizaram toda a sua vida começa com essa risada. Todo mundo ficou chocado porque nenhuma criança jamais agiu desse modo. Mas essa foi a única exceção, que pode ser um simples mito, apenas uma idéia surgida posteriormente. As pessoas que escreveram sobre a vida de Lao-Tsé, ao analisá-la, devem ter concluído que seu início não poderia ter sido igual ao de todo mundo; deveria ter sido meio excêntrica. Durante toda a vida, ele foi meio amalucado e, é claro, o seu nascimento tinha de condizer com a sua vida. Talvez seja só um mito. Mas, até historicamente, se ele riu, essa foi uma exceção, não a regra.

Por que toda criança nasce chorando? Porque o seu lar está lhe sendo arrancado, seu mundo está sendo destruído — de repente ela se vê num mundo estranho, entre pessoas estranhas. E continua chorando, porque a cada dia a sua liberdade fica menor e a sua responsabilidade, mais e mais pesada. Por fim, ela percebe que não lhe resta nenhuma liberdade, apenas obrigações a cumprir, responsabilidades a assumir; ela passa a ser um animal de carga. Quando vê isso com a clareza de seus olhos inocentes, ela chora e você não pode condená-la por isso.

Os psicólogos dizem que a busca pela verdade, por Deus, pelo paraíso, está na realidade baseada na experiência da criança no útero. Ela não consegue esquecê-la. Mesmo que esqueça em sua mente consciente, essa experiência continua ecoando em seu inconsciente. Ela está mais uma vez em busca daqueles dias maravilhosos de total relaxamento e nenhuma responsabilidade, e toda liberdade do mundo ao seu alcance.

Existem pessoas que encontram. A palavra que uso para isso é "iluminação". Você pode usar a palavra que quiser, mas o significado básico continua o mesmo. A pessoa descobre que todo o universo é assim como um ventre materno para você. Você pode confiar, relaxar, aproveitar, cantar, dançar. Tem uma vida imortal e uma consciência universal.

Mas as pessoas têm medo de relaxar. Têm medo de confiar. Têm medo das lágrimas. Têm medo de qualquer coisa que saia do comum, que vá além do mundano. Elas resistem e nessa resistência cavam a própria sepultura e nunca passam pelos momentos deliciosos e pelas experiências extasiantes que são seus por direito nato, só precisam ser reivindicados.

Um homem que morava em Los Angeles foi ao psiquiatra. Ele se apresentou como Napoleão Bonaparte, embora na sua ficha estivesse o nome de Hymie Goldberg. "Então, qual é o problema?", perguntou o médico.

"Bem, doutor, na verdade tudo está indo muito bem. Meu exército é forte, meu palácio é magnífico e meu país está prosperando. Meu único problema é minha mulher, Josephine."

"Ah", disse o médico, "e qual é o problema dela?"

Torcendo as mãos, em desespero, o homem lamenta, "ela acha que é uma tal de sra. Goldberg".

Por causa de suas tensões, de suas preocupações, de seus problemas, o homem se perde na multidão e se torna outra pessoa. Lá no fundo ele sabe que não é o papel que está representando, ele é outra pessoa, e isso cria um enorme conflito dentro dele. Ele não consegue desempenhar o papel corretamente, porque sabe que ele não é o seu ser autêntico — e tampouco consegue encontrar o seu eu autêntico. Ele tem de desempenhar o papel porque ele lhe garante o sustento, a vida, os filhos, poder, respeitabilidade, tudo. Ele não pode colocá-lo em risco, então tem de continuar a representar o papel de Napoleão Bonaparte. Aos poucos ele próprio começa a acreditar no papel. Tem de acreditar, do contrário ficaria difícil representá-lo. O melhor ator é aquele que esquece a própria individualidade e se funde com o seu papel; então o seu choro é autêntico, o seu amor é autêntico e qualquer coisa que diga não vem do *script*, mas do fundo do coração — parece quase real. Se tem de representar um papel, você precisa estar profundamente envolvido nele. Você tem de se tornar esse papel.

Todo mundo está representando um papel, e sabe perfeitamente bem que esse papel não é o que se deveria ser. Isso cria um conflito, uma angústia, e essa angústia destrói todas as possibilidades de relaxar, confiar, amar, estar em comunhão com outra pessoa — um amigo, um amor. Você fica isolado. Passa a ser, com as suas próprias ações, um exilado voluntário, e então sofre.

Tanto sofrimento neste mundo não é natural; trata-se de uma situação pouco natural. Pode-se aceitar de vez em quando que alguém sofra, mas a bem-aventurança deveria ser natural e universal.

? ***Por que é tão difícil e assustador mostrar os nossos verdadeiros sentimentos e ser simplesmente quem somos?***

É difícil mostrar os sentimentos e ser simplesmente quem você é porque, durante milhares de anos, disseram-lhe para reprimir os sentimentos. Isso se tornou parte do seu inconsciente coletivo. Durante milhares de anos, disseram-lhe para *não* ser você mesmo. Seja Jesus, seja Buda, seja Krishna, mas nunca seja você mesmo. Seja outra pessoa. Ao longo das eras você foi ensinado com tanta constância, com tanta persistência, que hoje isso está no seu sangue, nos seus ossos, no seu próprio cerne.

Uma profunda auto-rejeição passou a fazer parte de você. Todos os sacerdotes o condenam. Acusam-no de ser um pecador, de nascer em pecado. Sua única esperança é que Jesus possa salvá-lo ou Krishna possa salvá-lo, mas, se depender só de você, não há nenhuma esperança. Você não pode salvar a si mesmo, outra pessoa terá de fazer isso. Você está condenado; tudo o que pode fazer é rezar para Jesus, para Krishna, pedindo que o salvem. No que lhe diz respeito, você é simplesmente inútil, não passa de pó e nada mais. Você não tem valor nenhum, foi reduzido a uma coisa vil, um ser desprezível. É por causa disso que é tão difícil e assustador mostrar os próprios sentimentos. Você foi ensinado a ser hipócrita.

A hipocrisia tem as suas vantagens e qualquer coisa que traga vantagens parece ter valor. Dizem que a honestidade é a melhor política — mas, lembre-se, a melhor "política". Até a honestidade se tornou mera política, porque traz vantagens. E se não trouxer? Então a *des*onestidade é a melhor política. A coisa toda depende do que funciona, do que é vantajoso, do que torna você mais rico ou mais respeitável, do que o deixa mais confortável, mais seguro, mais confiante, do que alimenta mais o seu ego — essa é a melhor política. Pode ser a honestidade, pode ser a desonestidade; seja o que for, use-a como um meio, não como um fim.

A religião também se tornou uma boa política. Trata-se de um tipo de seguro para o outro mundo. Você está se preparando para o outro mundo sendo virtuoso, indo à igreja, fazendo donativos aos pobres. Você está abrindo uma conta bancária no paraíso, para que, ao ir para lá, seja recebido com grande alegria, por anjos clamando "Aleluia!" e dançando, tocando harpa. O saldo da conta bancária que você terá lá depende de quantos atos virtuosos tenha praticado aqui. A religião também se tornou um negócio, e a sua realidade é reprimida.

E as pessoas reprimidas são muito respeitadas. Você as considera santas; na verdade elas são esquizofrênicas. Deveriam receber tratamento, precisam de terapia — e você as reverencia! Dentre centenas de santos, se ao menos um deles se tornar santo de verdade já será um milagre. Noventa e nove por cento são apenas santos de pau oco, falsários, enganadores. E não estou dizendo que estejam tentando enganar você, eles enganam a si mesmos. São pessoas reprimidas.

Eu conheci muitos mahatmas na Índia, respeitados pelo povo como ninguém. Fui muito íntimo dessas pessoas e, na intimidade, elas abriram o coração para mim. Ele era até mais cruel do que o das pessoas comuns.

Eu costumava visitar prisioneiros para ensiná-los a meditar, e fiquei surpreso, a princípio, ao ver que até os condenados a prisão perpétua eram muito mais inocentes que os santos; eram pessoas melhores do que os santos, muito mais simples, mais inocentes. Os seus santos são astutos, ladinos. Eles só têm uma qualidade: sabem se reprimir. Vivem se reprimindo até que, naturalmente, acabam divididos. Então passam a ter dois tipos de vida: uma que vivem na porta da frente e outra que vivem na porta de trás; uma que vivem para mostrar aos outros, e outra — a verdadeira — que não mostram a ninguém. Eles mesmos têm medo de vê-la.

E isso é o que acontece com você também, numa escala menor, é claro, porque você não é santo. A sua doença ainda não é incurável, ainda tem cura. Ela ainda não é tão aguda, nem é crônica. A sua doença é assim como uma gripe comum; fácil de curar.

Mas todo mundo é influenciado por esses chamados santos, que são na verdade pessoas insanas. Elas reprimiram sua libido, reprimiram a sua ganância, reprimiram a sua raiva, e estão fervilhando por dentro. Sua vida interior é um pesadelo. Não há paz, não há silêncio. Todos os seus sorrisos são amarelos.

As escrituras hindus estão cheias de histórias sobre grandes santos que, sempre que estavam próximos da iluminação, eram atormentados por belas mulheres enviadas pelos deuses. Eu ainda não consegui descobrir por que os deuses estavam interessados em atormentar esses pobres sujeitos. Ascetas, durante anos fazendo jejuns, reprimindo-se, ficando de ponta-cabeça, torturando-se... não fizeram mal a ninguém exceto a eles próprios. Por que os deuses estavam tão interessados em distraí-los? Na verdade, eles deviam estar ajudando-os! Mas mandavam mulheres belíssimas, nuas, e elas dançavam ao redor deles, faziam gestos obscenos para o pobre sujeito. Ele naturalmente se tornava sua vítima, era seduzido e caía em desgraça — como se os deuses fossem contra qualquer um que estivesse se aproximando da iluminação. Isso parece ridículo! Eles deviam ajudar, mas em vez de ajudar tentavam acabar com tudo.

Mas essas histórias não podem ser interpretadas literalmente; elas são simbólicas, são metáforas, e estão carregadas de significado. Se Sigmund

Freud tivesse conhecido essas histórias, ele as teria apreciado imensamente. Teriam sido um tesouro para ele, corroborado as suas teorias psicanalíticas mais do que qualquer outra coisa.

Os deuses não mandavam mulher nenhuma; essas pessoas reprimidas estavam projetando. Elas eram os seus desejos, os seus desejos reprimidos — há tanto tempo reprimidos que passaram a ter um grande poder; até de olhos abertos eles sonhavam.

Na Índia, se uma mulher se senta num determinado lugar, os santos são ensinados a evitar esse lugar durante certo tempo, depois que ela se levantou, porque esse espaço fica impregnado com uma vibração perigosa. Olhe que bobagem! E esses têm sido os professores da humanidade. Essas são as pessoas que fizeram você temer os seus sentimentos — porque você não consegue aceitar esses sentimentos. Você os rejeita, por isso o medo.

Aceite-os. Não há nada errado com os seus sentimentos, e nada errado com você! Não é preciso repressão ou destruição, é preciso que você aprenda a arte de harmonizar as suas energias. Você tem de se tornar uma orquestra. Isso mesmo, se não sabe tocar os instrumentos musicais só fará barulho, deixará os vizinhos enlouquecidos. Mas, se conhece a arte de tocar os instrumentos, você criará uma sinfonia, pode criar uma música celestial. Pode criar algo que vai além deste mundo.

A vida também é um grande instrumento. Você tem de aprender a tocá-lo. Não há nada que precise ser extirpado, destruído, reprimido, rejeitado. Tudo o que a existência lhe deu é belo. Se você não está sendo capaz de usar de maneira bela o que ela lhe deu, isso simplesmente indica que você ainda não chegou à maestria. Todos nós tomamos a nossa vida como um fato consumado; ela não é. O que recebemos foi uma mera possibilidade. Estamos recebendo apenas um *potencial* para a vida; temos de aprender a realizar esse potencial.

É preciso lançar mão de todos os recursos possíveis para que você possa aprender a usar a raiva de modo que ela se torne compaixão, use o sexo de maneira que ele se torne amor, use a sua ganância de modo que ela se torne um compartilhar. Toda a energia que você tem pode se tornar seu oposto polar, porque o oposto polar está sempre contido nessa energia.

O seu corpo contém a alma, a matéria contém a mente. O mundo contém o paraíso, o pó contém o divino. Você tem de descobri-lo, e o primeiro passo rumo a essa descoberta é aceitar você mesmo, alegrar-se em ser você mesmo. Você não tem de ser alguém como Jesus, não! Você não tem de ser alguém como Buda nem como ninguém. Você tem de ser apenas você mesmo. A existência não quer cópias; ela adora a nossa unicidade. E você só pode se oferecer para a vida sendo um fenômeno único. Você pode ser aceito como uma oferenda, mas apenas se for um fenômeno único. Se for uma imitação de Jesus, de Krishna, de Cristo, de Buda, de Maomé — não vai adiantar. Os imitadores sempre acabam rejeitados.

Seja você mesmo, seja você de verdade. Respeite-se. Ame-se. E então comece a observar todos os tipos de energia dentro de você — você é um vasto universo! E pouco a pouco, quando for se tornando mais consciente, você será capaz de pôr ordem na casa, colocar tudo no seu devido lugar. Você está de pernas para o ar, é verdade, mas não há nada de errado com o seu ser. Você não é um pecador — basta uma leve arrumadinha e se tornará um belo fenômeno.

? *Você pode falar um pouco mais sobre repressão e como podemos nos livrar dela? O que é exatamente a repressão e, se é tão melhor não reprimir, por que continuamos fazendo isso?*

Repressão é viver uma vida que não era para você viver. Repressão é fazer coisas que você nunca quis fazer. Repressão é ser uma pessoa que você não é, repressão é uma maneira de destruir a si mesmo. Repressão é suicídio — um suicídio muito lento, claro, mas um envenenamento lento e constante. Expressão é vida; repressão é suicídio.

Quando vive uma vida reprimida, você simplesmente não vive. Vida é expressão, criatividade, alegria. Quando vive do jeito que a existência quer que viva, você vive de um jeito natural.

Não tenha medo dos sacerdotes. Ouça os seus instintos, ouça o seu corpo, ouça o seu coração, ouça a sua inteligência. Dependa apenas de si mesmo, siga a sua espontaneidade e você nunca se perderá. E seguindo espontaneamente a sua vida natural, um dia você com certeza chegará às portas do divino.

A sua natureza é o divino dentro de você. A força que impulsiona essa natureza é a força da vida dentro de você. Não ouça aqueles que o envenenam, ouça o impulso interior da natureza. Sim, a natureza não é suficiente — existe também uma natureza mais elevada —, mas o superior vem por meio do inferior. O lótus cresce do lodo. Por meio do corpo, cresce a alma; por meio do sexo, cresce o transcendente.

Lembre-se, por meio da comida a consciência se desenvolve. No Oriente, dizemos, "Annam brahm", a comida é Deus. Que tipo de afirmação é essa? A comida é Deus? O mais inferior está ligado ao mais elevado, o mais superficial está ligado ao mais profundo.

Os sacerdotes têm lhe ensinado a reprimir o inferior. E eles são muito lógicos, só se esqueceram de uma coisa — a vida não tem lógica. Eles são muito lógicos e isso agrada você. É por isso que lhes deu ouvidos e os seguiu ao longo das eras. Agrada a sua razão pensar que, se quer atingir o superior, não deve ouvir o inferior. Parece lógico. Se quer subir, então não desça — é muito racional. O único problema é que a vida não é racional.

Um dia desses um dos terapeutas daqui estava conversando comigo. Em seu grupo de terapia, havia momentos em que todos caíam em silêncio — por nenhum motivo em especial, acontecia de repente. E esses poucos momentos de silêncio são extremamente belos. Ele me dizia, "São tão misteriosos esses momentos! Nós não fazemos nada para que aconteçam, não pensamos a respeito, eles simplesmente ocorrem. Mas quando ocorrem, o grupo todo imediatamente sente a presença de algo mais elevado, algo maior do que o grupo, algo misterioso. E todo mundo fica em silêncio nesses momentos". E sua mente lógica disse, "Talvez fosse bom se eu fizesse toda a terapia em silêncio". Ele deve ter começado a pensar — se esses poucos momentos, tão raros e esparsos, são tão belos, então por que não fazer todo o trabalho em silêncio?

Eu disse a ele, "Lá vai você novamente — está sendo lógico, e a vida não é lógica. Se vocês ficarem em silêncio durante todo o processo, esses momentos nunca voltarão a acontecer".

Existe uma polaridade na vida. Todo dia você trabalha duro, corta lenha, então à noite cai num sono profundo. Ora, você pode pensar de maneira lógica, pode ser matemático. Na manhã seguinte pensa, "Todo dia eu trabalho como um louco, fico cansado e durmo profundamente. Se eu descansar o dia inteiro, vou ter um sono mais profundo ainda". No dia seguinte, você simplesmente se reclina na sua poltrona e fica relaxando. Acha que vai ter uma boa noite de sono? Você não vai ter sono nenhum! É por isso que as pessoas sem muitas atividades durante o dia sofrem de insônia.

A vida não é lógica, a natureza não é lógica. A natureza dá o sono aos mendigos que trabalham o dia todo, que andam de um lado para o outro sob o sol escaldante, pedindo esmolas. A natureza dá um bom sono aos trabalhadores, aos operários, aos lenhadores. Eles passam o dia inteiro trabalhando arduamente e ficam exaustos. Por causa dessa exaustão, à noite eles caem num sono profundo.

Essa é a polaridade. Quanto mais energia você gasta, de mais sono precisa, porque você só pode acumular energia quando dorme profundamente. Se esgotar a sua energia, você cria uma situação em que cairá num sono profundo. Se não fizer nada o dia inteiro, então não há necessidade de sono. Você não usou nem mesmo a energia que já recebeu, então para que receber mais? Só recebe energia quem a usa.

Ora, esse terapeuta está sendo lógico. Ele pensou, "Se fizermos todo o processo em silêncio..." Mas, se fizerem isso, até mesmo esses pequenos momentos de silêncio se perderão e todo o grupo começará a tagarelar mentalmente. É claro que externamente respeitariam o silêncio, mas a mente deles enlouqueceria. Neste momento essas pessoas estão trabalhando duro, expressando as suas emoções, entrando em catarse, trazendo tudo à tona, extravasando — elas ficam exaustas. Então, há alguns instantes em que ficam tão exaustas que não resta mais nada para extravasar. Nesses momentos, de repente, ocorre um contato; cai o silêncio.

Do trabalho vem o descanso. Da expressão vem o silêncio. É assim que funciona a vida. Os caminhos dela são muito irracionais. Se você quer mesmo se sentir seguro, terá que viver a vida na insegurança. Se quer realmente se sentir vivo, terá de se preparar para morrer a qualquer momento. Esse é o ilogismo da vida! Se quer ser autenticamente verdadeiro, então você terá de arriscar. A repressão é uma maneira de evitar o risco.

REPRESSÃO E CONTROLE

Por exemplo, você foi ensinado a nunca ficar com raiva, e acha que uma pessoa que nunca sente raiva com certeza será muito amorosa. Você está errado. A pessoa que nunca fica com raiva também não será capaz de amar. A raiva e o amor andam de mãos dadas, eles vêm no mesmo pacote. A pessoa que realmente ama às vezes ficará realmente com raiva. Mas essa raiva é bela — ela nasce do amor! A energia é quente, e você não ficará ofendido com a raiva dessa pessoa. Na verdade, você se sentirá grato pelo fato de ela ter ficado com raiva. Já reparou? Se você ama uma pessoa e faz alguma coisa que a deixa realmente zangada, zangada de verdade, você se sente grato ao ver que ela o ama tanto a ponto de ter ficado com raiva. Do contrário por que ficaria? Quando não quer dar a outra pessoa a energia da sua raiva, você não perde a linha. Quando não quer dar coisa nenhuma, não quer assumir nenhum risco, você continua sorrindo. Não se incomoda.

Se o seu filho vai se jogar de um abismo, você vai ficar impassível? Não vai gritar? A sua energia não vai entrar em ebulição? Você vai continuar sorrindo? Não é possível!

Existe uma história:

Uma vez, na corte do rei Salomão, duas mulheres se engalfinharam por causa de uma criança. Ambas afirmavam ser a mãe dela. Era uma situação muito difícil. Como decidir? A criança era pequena demais para tomar partido.

Salomão olhou as duas e disse, "Farei uma coisa — cortarei a criança em dois pedaços e a dividirei entre vocês. Essa é a única solução. Tenho de ser justo com as duas. Não há provas de que a criança pertença a nenhuma delas. Portanto, eu, como rei, decidi — cortem a criança em duas e dê um pedaço a cada uma das mulheres".

A mulher que segurava a criança no colo continuou a sorrir, feliz. Mas a outra simplesmente perdeu totalmente o controle, como se fosse matar o rei! "O que está dizendo?! Ficou louco?" Ela ficou furiosa. Não era mais uma mulher comum, era a própria raiva encarnada, borbulhava de ódio! E, por fim, ela disse, "Se isso é justiça, então eu desisto. Deixe que a criança fique com a outra mulher. Ela lhe pertence, não é meu filho". Embora estivesse fervendo de raiva, as lágrimas escorriam pelas suas faces.

E o rei disse, "A criança pertence a você. Leve-a. A outra mulher é uma farsante".

Quando ama, você pode ficar com raiva. Quando ama, você se permite ficar com raiva. Se ama a si mesmo — e esse é um imperativo na vida, do contrário você não a vive —, nunca será repressor, expressará tudo o que a vida lhe reservar. Você expressará a vida — as suas alegrias, a sua tristeza, os seus altos e baixos, os seus dias e as suas noites.

Mas você foi criado para ser uma fraude, foi criado de maneira a se tornar um hipócrita. Quando sente raiva, continua sorrindo um sorriso amarelo. Quando está irado, reprime a sua ira. Você nunca é verdadeiro com relação ao que existe dentro de você.

Aconteceu...

Joe e a filhinha faziam um passeio a um parque maravilhoso. No caminho para lá, pararam para fazer uma bela refeição. No parque, pararam para comer um cachorro-quente e a garotinha ensaiou, "Pai, quero..." Mas antes que ela pudesse continuar, Joe encheu a boca da menina de pipoca.

Quando estavam se aproximando de um quiosque de sorvete, a pequena gritou outra vez, "Pai, quero..." mas o pai interrompeu-a novamente, dizendo, "Eu sei o que você quer: sorvete!"

"Não, pai", ela implorou, "quero vomitar!"

Isso era o que ela queria desde o início. Mas quem ouviu?

Repressão é não ouvir a própria natureza. Repressão é um truque para acabar com você.

Doze arruaceiros entraram num bar usando jaqueta jeans e todos os seus equipamentos. Eles se dirigiram ao balcão e grunhiram, "Treze cervejas, por favor!"

"Mas vocês só estão em doze!"

"Não ouviu? Nós queremos treze!"

O dono do bar lhes deu as cervejas e eles se sentaram. Havia um velhinho franzino sentado num canto e o líder do grupo se virou para ele e disse, "Ei, você aí, esta cerveja aqui é sua".

O velho agradeceu, "Oh, muito obrigado, é muita generosidade sua, filho".

"Não esquenta, a gente não liga de ajudar aleijado."

"Mas eu não sou aleijado!"

"Mas será, se não pagar a próxima rodada."

Isso é que é repressão; é um truque para deixar você aleijado. Um truque para destruí-lo, para enfraquecê-lo. Colocá-lo contra si mesmo. Criar um conflito dentro de você; e sempre que um homem está em conflito consigo mesmo é claro que ele fica mais fraco.

A sociedade fez um jogo e tanto. Ela colocou você contra si mesmo, por isso você está sempre travando uma batalha interior. Não tem energia para fazer mais nada. Você consegue ver isso acontecendo em você? Essa briga constante? A sociedade transformou-o numa pessoa dividida, deixou-o esquizofrênico e confuso. Você está desnorteado. Não sabe quem é, não sabe para onde está indo, não sabe o que está fazendo aqui. Não sabe nem por que está aqui. Isso deixou você realmente confuso. E dessa confusão nascem grandes líderes — Adolf Hitler, Mao Zedong, Josef Stalin. Dessa confusão nasce o papa e milhares de outras coisas. Mas você está acabado.

Expresse-se. Mas, lembre-se, expressão não significa falta de responsabilidade. Expresse-se de modo inteligente e nada de mal acontecerá a ninguém por sua causa. A pessoa que não causa mal a si mesmo não causa mal a ninguém. E a que é capaz de causar mal a si mesmo é de certo modo perigosa. Se não ama nem a si mesmo, você é perigoso; pode fazer mal a alguém. Na verdade, você *com certeza* fará.

Quando está triste, quando está depressivo, você faz com que as outras pessoas à sua volta também fiquem tristes e depressivas. Quando está feliz, você tem vontade de criar uma sociedade feliz, porque a felicidade só pode existir num mundo feliz. Se vive cheio de alegria, você quer que todo mundo viva cheio de alegria — essa é a verdadeira religiosidade. Com a sua alegria, você abençoa toda a existência.

Mas a repressão o torna falso. Não é por meio da repressão que se põe fim à raiva, ao sexo, à ganância, não. Eles ainda existem, só o rótulo foi trocado. Vão para o inconsciente e começam a influenciá-lo a partir dali. Vão para os subterrâneos. E, evidentemente, quando estão nos subterrâneos, são mais poderosos. Tudo o que o movimento psicanalítico tenta fazer é trazer à tona o que está nos subterrâneos. Depois que isso se torna consciente, você consegue se libertar.

Um francês estava na Inglaterra e um amigo lhe perguntou como ele estava se saindo num país estrangeiro. O francês respondeu que estava se dando bem, exceto por uma coisa, "Quando vou a uma festa, a anfitriã nunca me diz onde fica o banheiro".

"Ah, George, é que nós, ingleses, somos muito recatados. Na verdade, ela dirá, 'Você gostaria de lavar as mãos?' E isso significa a mesma coisa".

O francês tomou nota mentalmente da explicação e, na próxima vez em que foi a uma festa, a anfitriã de fato lhe perguntou, "Boa noite, sr. Du Pont, gostaria de lavar as mãos?"

"Não, obrigada, madame", respondeu George. "Já as lavei atrás da árvore, no jardim da frente."

Isso é o que acontece; só os nomes mudam. Você fica confuso, já não sabe o que é o quê. Continua tudo lá — só os rótulos mudam, e isso cria uma espécie de humanidade insana.

Os seus pais e a sua sociedade destruíram você, e você está destruindo os seus filhos. Agora isso é um círculo vicioso. Alguém tem de sair dele.

Se você conseguir me entender, então todo o meu empenho será tirar você desse círculo vicioso. Não fique zangado com os seus pais — eles fizeram o melhor que sabiam. Mas agora seja mais consciente e não faça a mesma coisa com os seus filhos. Faça com que sejam mais expressivos, ensine-os a se expressar melhor. Ajude-os, para que eles sejam mais autênticos, consigam exprimir o que lhes vai por dentro. E eles serão eternamente gratos, porque não haverá nenhum conflito dentro deles. Não serão fragmentados, serão um todo integrado. Não serão confusos, saberão o que querem.

E, se sabe exatamente o que quer, você pode se esforçar para conseguir isso. Se não sabe o que realmente quer, como pode se esforçar? Então você passa a seguir qualquer um que cativá-lo, que lhe dê idéias. Se algum líder conseguir convencê-lo com argumentos, você começa a segui-lo. Você seguiu muitas pessoas e todas elas destruíram você.

Siga a sua natureza.

Cada geração destrói a que vem depois dela. A menos que a pessoa fique muito alerta, consciente, é inevitável que a destruição aconteça.

> *Você fala sobre ser "natural" — mas não é verdade que a natureza humana, se deixada à vontade para se expressar, é justamente o problema? Se não tiver regras e normas de comportamento, como as ditadas pelas nossas religiões, as nossas emoções e impulsos não viveriam nos deixando em maus lençóis?*

A primeira coisa a se entender é que, até o momento, a humanidade viveu sob uma maldição e essa maldição é o fato de que nunca nos deixaram confiar na nossa natureza. Sempre nos disseram, "Siga a sua natureza e alguma coisa dará errado". Desconfie, restrinja, controle — não siga os seus sentimentos. Dizem-nos que a natureza humana é basicamente ruim. Isso é uma estupidez, é tolice, um veneno. A natureza humana não é ruim, a natureza humana é divina. E, se o mal surgiu, foi por causa das restrições. Agora deixe-me explicar por quê.

Você nunca vê animais indo para a guerra. Claro que acontecem brigas de vez em quando, mas elas são individuais — não são guerras mundiais, com todas as vacas do Oriente brigando contra todas as vacas do Ocidente, ou todos os cães da Índia brigando contra todos os cães do Paquistão. Os cães não são tolos, nem as vacas. Sim, às vezes eles brigam, e não há nada de errado nisso. Se a liberdade deles é desrespeitada, eles brigam, mas a briga é individual. Não é uma guerra mundial.

Agora, o que vocês fizeram? Reprimiram a humanidade e não deixaram que os indivíduos brigassem de vez em quando — o que é natural. Resultado: todo mundo continua acumulando raiva, continua reprimindo a raiva, até que um dia as pessoas estão tão cheias de veneno que explode uma guerra mundial. A cada dez anos uma grande guerra é necessária. E quem é responsável por essas guerras? Os seus chamados santos e moralistas, os bons samaritanos, as pessoas que nunca deixaram que você fosse natural.

Você já viu cães matando outros cães? É verdade, eles brigam às vezes — mas só brigam. O ser humano é o único animal que mata outro ser humano. As vacas não organizam guerras para matar outras vacas, os leões não matam outros leões. O ser humano é a única espécie de animal que mata a sua própria espécie. O que aconteceu com o ser humano? Ele caiu abaixo dos animais? Então quem é o responsável? Só falta uma coisa aos animais: eles não têm santos e moralistas, cristãos e hindus e muçulmanos. Não têm templos, mesquitas, Bíblias e Vedas, só isso. Essa é a única diferença.

Ainda existem algumas sociedades primitivas em que, ao longo das eras, nunca aconteceu um assassinato, pois ninguém envenenou a mente deles com moralidade, ninguém os adestrou para que fossem morais. Eles são pessoas naturais. Quando é natural, você vive de modo harmonioso. Às vezes fica com raiva, mas isso é natural — e é momentâneo.

A pessoa que nunca fica com raiva e vive controlando a raiva é muito perigosa. Cuidado com ela; pode matar você. Se o seu marido nunca fica com raiva, delate-o à polícia! Um marido que às vezes fica com raiva é só um ser humano natural, não há o que temer. Um marido que nunca fica com raiva um dia pulará no seu pescoço e estrangulará você. E ele fará isso como se estivesse possuído. Há eras os assassinos dizem nos tribunais, "Cometi o crime, mas porque estava possuído". Quem os estava possuindo? Seu próprio inconsciente, seu inconsciente reprimido que explodiu.

Você já notou um simples fato? Se você tiver a foto de uma linda cadela e mostrá-la a um cachorro, ele não se mostrará nem um pouco interessado. Os cães não são *playboys*. Não que eles não gostem das cadelas, eles adoram, mas não se interessam por uma foto, por pornografia. Para criar pornografia você precisa dos santos. Primeiro reprima o instinto sexual, o instinto natural, e diga às pessoas que elas são erradas e más. Quando elas reprimem seus instintos sexuais, o instinto reprimido encontra válvulas de escape.

Ora, não é fácil sair por aí e ficar observando as mulheres bonitas que passam na rua. Então o que fazer? Trancar-se no quarto e folhear a *Playboy*. É mais seguro; ninguém vai ficar sabendo. Você pode esconder a sua *Playboy* dentro da Bíblia e fingir que está lendo a Bíblia.

Só o ser humano é pornográfico. Nenhum outro animal é. Esses são simples fatos.

E quem fez com que o homem ficasse pornográfico? Os primitivos não se interessam por pornografia — pelo menos ainda não. As mulheres vivem nuas e andam nuas para lá e para cá, sem medo nenhum. Então que tipo de civilização é essa em que você diz que vive? Uma mulher não pode andar na rua sem levar um beliscão no traseiro, sem ser tratada de um jeito desumano. Uma mulher não pode andar à noite sozinha, e isso é civilização? As pessoas vivem simplesmente obcecadas por sexo vinte e quatro horas por dia.

Quem provocou essa obsessão no ser humano? Os animais são sexuais, mas não obsessivos; eles são naturais. Quando o sexo se torna uma obsessão, ele assume formas pervertidas, e essas formas pervertidas estão enraizadas nos moralizadores e em seus ensinamentos.

Os chamados religiosos nunca confiaram na natureza humana. Eles falam sobre confiança, mas nunca viveram com confiança. Eles confiam nas regras, nas leis; nunca no amor. Falam sobre Deus, mas isso não passa de conversa fiada. Confiam na polícia, na justiça. Confiam no fogo do inferno. Confiam em criar medo e em criar ganância. Se você é virtuoso, bom e moralista, então você vai para o céu e conhece todos os prazeres do paraíso. Ou, se você é imoral, vai sofrer no fogo do inferno — e eternamente, lembre-se, para o todo sempre. Essas coisas estão enraizadas no medo e na ganância. Essas pessoas têm manipulado a mente humana por meio do medo e da ganância.

Eu confio em você e confio na sua natureza. Confio na natureza animal. Se deixarem que a natureza siga o seu curso, sim, haverá um pouco de raiva de vez em quando e os ânimos vão se inflamar um pouco, mas não há nada de errado nisso. É humano e belo. Mas não haverá nenhuma guerra.

Os psicólogos dizem que todas as armas são fálicas. Como você não podia penetrar o corpo de uma mulher, então penetrou o corpo de alguém com uma espada. A espada é um símbolo fálico. É maravilhoso amar uma mulher, mas penetrar o corpo de alguém com uma espada é detestável. Mas é assim que têm sido as coisas.

Você viveu com regras e normas, e o que aconteceu? Olhe o estado em que a humanidade está hoje. É um planeta neurótico, um grande asilo de loucos. Isso que causaram as suas normas, o seu idealismo, o seu perfeccionismo, a sua moralidade. Foi esse o resultado de todos os seus mandamentos — o planeta todo se tornou um campo neurótico, um grande manicômio. E você ainda tem medo do fogo do inferno, e ainda continua com tudo isso. É um círculo vicioso.

É como se você obrigasse uma pessoa a jejuar e, jejuando, ela evidentemente fica com fome e começa a olhar obsessivamente para a comida. Então, vendo que ela passou a ter obsessão por comida, você a acorrenta para que ela não assalte a cozinha de ninguém. Ora, você a acorrenta porque diz que, se não fizer isso, ela fica perigosa — pode assaltar a cozinha de alguém. Não se pode confiar nela, por isso você a acorrenta e continua obrigando-a a fazer jejum. E então passa a ter cada vez mais medo dela, porque ela está ficando louca. Esse é um círculo vicioso! Em primeiro lugar: por que ela passou a ter obsessão por comida? O que causou essa doença foi o fato de você insistir tanto no jejum.

O jejum não é natural. Sim, às vezes os animais jejuam, mas eles não "acreditam" no jejum, não têm uma filosofia do jejum. Às vezes acontece de jejuarem. Um dia o cachorro fica meio enjoado e não come. Isso é natural. Ele não come simplesmente porque não tem *vontade* de comer. Ele respeita a sua vontade; não é que esteja seguindo uma regra. Ninguém o ensinou a jejuar. Na verdade, ele vai comer capim e vomitar; o capim o ajuda a vomitar, e ele vomita. Ninguém ensinou isso a ele. E ele só vai comer quando tiver vontade. Ele segue a natureza. Quando sente vontade de comer, ele come; quando não sente, não come. Isso é o que eu chamo de vida de verdade.

De vez em quando, se não sentir vontade de comer, não coma — eu não sou contra o jejum, sou contra a filosofia do jejum. Não crie uma regra de que todo domingo vai jejuar. Isso é besteira, como você vai decidir que nunca vai ter vontade de comer aos domingos? Às vezes você pode não ter vontade de comer na sexta-feira. Então o que vai fazer? Vai se obrigar a comer porque é sexta-feira?

Quando sentir vontade de comer, coma. Quando não sentir vontade, não coma. Respeite a sua vontade e pouco a pouco você estará em sintonia com a sua natureza.

Para mim, estar em sintonia com a natureza é ser religioso. Minha definição de religião é estar em sintonia com a natureza. E esse é o significado da palavra indiana *dharma*; ela significa "natureza", natureza intrínseca. Confie na natureza e não a desrespeite.

Mas você foi ensinado a desrespeitar a natureza, por isso as pessoas que tiveram uma vida miserável acham que a religião tem de ser uma religião de cemitério, tem de ser negativa. Homens e mulheres dando as mãos num lugar religioso? Isso é perigoso. Não podemos confiar nos homens, não podemos confiar nas mulheres. É perigoso, é brincar com fogo. É preciso criar restrições, construir uma Muralha da China em torno das pessoas e de suas expressões.

Não, eu confio na natureza. Não confio nas leis do homem. As suas leis corromperam toda a humanidade. Agora chega! Chegou a hora em que todas as religiões obsoletas, desgastadas têm de ser enterradas definitivamente, e um conceito totalmente novo de religiosidade tem de surgir, um conceito que seja a favor da vida — uma religião de amor e não de leis, uma religião da natureza e não da disciplina, uma religião da totalidade, não da perfeição. Uma religião de sentimento, não de raciocínio. O coração tem de se tornar o mestre, daí em diante as coisas entrarão nos eixos por conta própria.

Se você conseguir confiar na natureza, pouco a pouco vai se tornar sereno, silencioso, feliz, alegre, festivo — porque a natureza é festiva. A natureza *é* uma celebração. Olhe ao redor. Consegue ver alguma flor que se pareça com os seus santos? Consegue ver algum arco-íris que se pareça com os seus santos? Ou alguma nuvem, o canto de algum passarinho, a luz refletindo num rio e as estrelas? O mundo está celebrando. O mundo não está triste, o mundo é uma canção, uma canção de suprema beleza, e a dança continua.

Torne-se parte dessa dança e confie na sua natureza. Se confia na sua natureza, pouco a pouco você se aproximará da natureza cósmica. Esse é o único caminho. Você faz parte do cósmico e, quando confia em si mesmo, você confia no cósmico em você. Esse é o caminho. A partir desse fiozinho, você pode atingir o próprio objetivo. Confiando em si mesmo, você confia na própria vida. Não confiando em si mesmo, você desconfia da existência que o trouxe até aqui. Não estou dizendo que tudo sempre serão flores na sua vida. Não, haverá espinhos, mas os espinhos também são bons. E eu não estou dizendo que a sua vida será sempre doce. Ela muitas vezes será extremamente amarga, mas é assim que ela se desenvolve — por meio da dialética. Não estou dizendo que você será sempre bom. Às vezes será muito ruim, mas de uma coisa pode ter certeza: quando for ruim, você estará sendo autêntico e, quando for bom, também estará sendo autêntico. Pode-se confiar em você, pode-se contar com você. Quando está com raiva, pode-se ter certeza de que essa raiva não é falsa, não é fria; ela é quente e vibrante. E, quando você ama, pode-se confiar que esse amor também é quente e vibrante.

Lembre-se, a pessoa que não consegue ficar com raiva também não consegue amar. As rosas só crescem com espinhos. Se você não consegue ferver de raiva em algum momento, também não consegue arder de amor — pois você não consegue arder, não consegue ser quente, você vive gelado. E, se reprimir demais a sua raiva, você vai viver com medo de mergulhar no amor, porque quem sabe?

Um homem me procurou e disse que não conseguia ter um orgasmo profundo quando fazia amor. Um homem jovem e perfeitamente saudável — o que havia de errado com ele? Não conseguia chegar ao orgasmo ou tinha um orgasmo apenas local, que não se espalhava pelo corpo todo. E um orgasmo local não é lá grande coisa. Quando o orgasmo é total, todas as fibras do seu ser vibram com uma nova vida — você se sente revigorado, rejuvenescido —, por um instante se torna parte do todo, parte da imensa criatividade que cerca você. Você se perde. Deixa de ser um ego, funde-se. Não tem mais fronteiras.

Eu perguntei sobre a raiva dele. Ele disse, "Mas por que você está me perguntando sobre a raiva se a minha pergunta é sobre o amor? Eu não consigo amar profundamente". Eu disse, "Esqueça o amor. Primeiro temos de pensar na raiva, porque, se você não consegue amar profundamente, isso significa que não consegue se enraivecer profundamente". Ele ficou surpreso, mas foi isso o que aconteceu a ele. Desde a infância, ele havia recebido da família uma educação muito religiosa, sempre lhe diziam para não ficar com raiva, para controlar a raiva. Ele tinha aprendido a controlar. Tinha ficado tão bom nisso que nem sabia que estava controlando. Ele tinha *realmente* se tornado um controlador, e a tal ponto que agora o controle era inconsciente. Ele era uma pessoa extremamente controlada. Todos o respeitavam — na sociedade, era bem-sucedido em todos os lugares. Era bem-sucedido, mas em sua vida interior era um fracasso. Ele não conseguia nem amar.

Eu disse a ele, "Você tem de começar ficando com raiva, porque, no meu entender, quando chega ao pico do orgasmo, você se segura porque, do contrário, tem medo de que a raiva reprimida também venha à tona".

Ele disse, "O que você está dizendo?! Eu sempre sonho que matei minha mulher. Sonho que estou matando-a, estrangulando-a enquanto fazemos amor. E tenho medo de que, se perder o controle, eu seja capaz de não resistir à tentação de sufocá-la até a morte".

Agora a raiva tinha se tornado uma força poderosa dentro dele. Com tanto medo de se descontrolar, como ele podia amar? Era impossível. E, se perde o amor, você perde tudo que há de mais precioso na vida.

Essa sociedade repressiva, essa civilização repressiva fracassou completamente. No entanto, você não tem consciência disso.

Eu ouvi uma vez uma bela história:

> *Na época em que Khrushchev tinha um cargo importante na União Soviética, ele muitas vezes admitiu que Stalin às vezes o tratava como o bobo da corte e mandava que ele dançasse o gopak. E Khrushchev admitia, "Eu dançava". Quando dizia isso, sempre alguém da platéia gritava, "Por que você deixava que ele o fizesse de palhaço?" E Khrushchev ordenava, "Quem fez essa pergunta, se levante agora!"*
>
> *Nunca ninguém se levantava e, depois de uma pausa apropriada, Khrushchev concluía, "Era por isso, camaradas, que eu dançava".*

Por causa do medo de que Stalin o matasse. Stalin é a morte, e os sacerdotes têm sido a morte, representantes da morte, não da vida. Os seus sacerdotes conspiram com a morte e sabotam a vida. Os seus sacerdotes falam de Deus, mas parece que são parceiros do diabo. É uma grande conspiração, e eles destruíram toda a mente humana. Eles afastam você dos seus sentimentos; fazem com que fique preso à cabeça. Agora você não sabe mais sentir. É por isso que não consegue confiar nos seus sentimentos e tem sempre de esperar que outra pessoa lhe diga o que fazer.

Na infância, os pais vivem lhe dizendo para você fazer isto e não fazer aquilo. Na escola, é o professor quem faz isso; na universidade, é o mestre. Na sociedade, é o chefe, o político, o líder. Em todo lugar lhe dizem o que fazer e o que não fazer. E você está sempre em busca de alguém que o domine, para que possa se tornar dependente, pois você não sabe como seguir os mandamentos do seu coração, do seu ser. Você sempre depende de uma autoridade externa.

Isso é aviltante, é deplorável, não deveria acontecer.

As pessoas me procuram e dizem, "Osho, diga-nos exatamente o que temos de fazer". Mas por que você não pode ouvir o seu próprio coração? A vida borbulha dentro de você. A primavera está ali, a fonte está ali. Encontre-a. Eu posso lhe dizer como encontrá-la, posso lhe dar dicas sobre como encontrá-la, mas descubra ali os seus mandamentos. A Bíblia está dentro de você — o livro de verdade, o conhecimento de verdade. Busque as suas instruções ali e, depois que começar a seguir as instruções do seu cerne mais profundo, você será livre e feliz. Uma pessoa livre é feliz; uma pessoa aprisionada nunca é feliz. Você não nasceu para ser um escravo.

? *Se me entrego aos meus sentimentos — por exemplo, a raiva —, todo o meu corpo começa a tremer incontrolavelmente. Eu sinto como que um tipo de espasmo emocional sacudindo o meu corpo inteiro! Não acho que isso seja um problema, mas não estou bem certa.*

Não, não é um problema. É bom. Na verdade, todo mundo devia se comportar desse jeito. Se o corpo não está reprimido, esse será o seu funcionamento natural.

Quando a mente está tomada de emoções, o corpo tem de corresponder a isso; a emoção tem de ser paralela ao movimento corporal. Se a emoção aflora e o corpo não a acompanha, isso significa que o corpo está sofrendo de uma certa inibição. Mas o corpo tem sido inibido há séculos. As pessoas são ensinadas a fazer amor sem se mexer; fazer amor como se todo o corpo ficasse imóvel e o amor fosse um acontecimento banal. As mulheres foram ensinadas a se manter quietas, quase mortas, como um cadáver, porque, se a mulher começar a se mexer, o homem pode ficar com medo.

Por causa desse medo, o homem forçou a mulher a permanecer quieta enquanto ele faz amor. Do contrário, a mulher vai começar a fazer movimentos orgásmicos, quase frenéticos, e pode quase enlouquecer. Ela pulará e dançará, fará uma orgia e toda a vizinhança vai ficar sabendo! O homem fica com medo.

E o medo é até maior do que o medo da vizinhança. O medo é que, se a mulher de fato fizer movimentos, nenhum homem a saciará — nenhum homem, porque existe uma limitação na energia masculina. O homem só pode ter um orgasmo e a mulher pode ter orgasmos múltiplos: seis, nove, doze. Então o homem ficará quase impotente com qualquer mulher. Qualquer homem, mesmo sendo potente, sempre acaba ficando impotente se a mulher começar a fazer movimentos.

Durante séculos as mulheres esqueceram completamente o que é um orgasmo. Em algumas culturas, até a palavra orgasmo desapareceu. Foi só nas últimas décadas que a palavra ressurgiu. Existem línguas para as quais a palavra *orgasmo* não pode ser traduzida. Para o hindi, ela não pode ser traduzida, não existe um equivalente. Pense em como o corpo está sendo mutilado!

Se você sente medo, o corpo tem de tremer. É como se o vento estivesse soprando e as folhas se agitassem. Quando o medo está soprando, o seu corpo tem de tremer. Essa é a função natural do corpo para acompanhar a emoção. A palavra "emoção" significa movimento. Ela tem de corresponder ao movimento do corpo, do contrário não é emoção.

Portanto, esse é um truque para controlar a emoção: se você controlar o corpo, a emoção será controlada. Por exemplo, se as lágrimas estão aflorando nos seus olhos e você segurá-las, o próprio esforço acabará com o choro e os soluços.

William James tem uma teoria sobre as emoções. Ela é muito famosa, chama-se a teoria James-Lange. Costumamos pensar que uma pessoa sente medo e por causa disso ela corre. James e Lange levantaram a hipótese de que acontece justamente o contrário: a pessoa corre, é por isso que sente medo. Segundo eles, se você parar de correr, o medo desaparece — não corra e, de repente, você verá que não está mais com medo. E num sentido eles estão certos, 50% certos, porque corpo e mente são as duas metades de um todo, eles se equilibram. Quando faz amor, a sua mente começa a tecer fantasias e o seu corpo começa a se mexer. Se tanto a mente quanto o corpo estão correndo, naturalmente estão funcionando juntos. Se o corpo for, de algum modo, mutilado, eles não correrão mais juntos.

Portanto, se você sente medo ou sente amor ou sente raiva, o corpo tem de acompanhar essa emoção. Cada emoção tem um movimento correspondente no corpo. E essa é uma função natural, portanto não faça disso um problema. Aproveite, permita: não deixe que aconteça nem uma sutil repressão. Por exemplo, se você sentir a sua mão tremer e a mente começar a dizer para ela parar, porque não vai cair bem, você não é nenhum covarde para ficar tremendo — se impedir que a mão trema, você estará se forçando a ser antinatural.

Por isso a minha sugestão é que você coopere com o tremor, pois pouco a pouco verá que o corpo passará a se movimentar de modo sutil e gracioso a cada emoção. Enquanto faz amor, vá à loucura. O amor não deve ser uma coisa local, não só os órgãos genitais devem participar, mas a sua totalidade. Você deve ter não só um orgasmo sexual; precisa ter um orgasmo espiritual. A sua totalidade tem de estar fervilhando, tem de estar loucamente extasiante, tem de chegar a um pico e relaxar. Na verdade, se você realmente fizer amor, atingirá uma espécie de loucura e não saberá nem aonde está indo nem o que está acontecendo. Será quase como se você estivesse drogado, narcotizado.

O amor é a maior droga que existe. A química é interior, isso é tudo — do contrário é uma droga. Se você tiver realmente enlouquecido de amor, depois do ato cairá num sono profundo, o mais profundo que você já teve, como se estivesse morto: toda a sua mente pára. E, quando voltar à consciência, sentirá uma ressurreição.

Todo ato de amor tem de ser uma crucificação e uma ressurreição. Desse modo fica tão prazeroso que não há necessidade de repetir a experiência diariamente. As pessoas repetem demais o que elas chamam de fazer amor porque nunca ficam satisfeitas.

Na Índia, o texto mais antigo sobre sexo, o *Kama Sutra* de Vatsyayana, afirma que, se você fizer amor de modo realmente selvagem, uma vez por ano é suficiente! Isso parece quase impossível para a mente moderna — uma vez por ano? E essas pessoas não eram do tipo que se reprimisse de algum modo. Vatsyayana foi o primeiro sexólogo do mundo, e o primeiro a levar a meditação ao sexo; o primeiro que percebeu a existência dos seus centros mais profundos. Ele está certo. Levado a extremos, o sexo feito uma vez por ano é quase suficiente. Satisfará você a tal ponto que seus efeitos serão sentidos durante meses.

Então não faça disso um problema. Simplesmente seja natural e deixe as coisas acontecerem.

MENINOS CRESCIDINHOS NÃO CHORAM E MENINAS BOAZINHAS NÃO GRITAM

VARIEDADES DA EXPRESSÃO EMOCIONAL

Amor, compaixão, solidariedade, bondade — todas essas grandes qualidades têm um sabor feminino. E existem qualidades masculinas, qualidades do guerreiro, coragem. São qualidades fortes, a pessoa tem de ser como aço. Pois as qualidades masculinas se desenvolviam na guerra e as qualidades femininas se desenvolviam em casa, com o marido e os filhos; a mulher vivia num mundo totalmente diferente. Os homens viviam lutando; em três mil anos já houve cinco mil guerras na face da Terra — como se matar fosse a única profissão que existisse.

O mundo viveu em duas partes. O homem fez o seu mundo, enquanto a mulher vivia à sombra e criou o seu próprio mundo nessa sombra. Isso é lamentável, pois um homem e uma mulher, para serem completos, para serem inteiros, têm de ter todas as qualidades. Tanto ele quanto ela devem ser suaves como uma pétala de rosa e duros como uma espada, os dois juntos, de modo que possam aproveitar qualquer oportunidade e enfrentar qualquer situação. Se a situação exige que você seja uma espada, você está pronto; se a situação exige que você seja uma pétala de rosa, você também está pronto. Essa flexibilidade para oscilar entre a pétala de rosa e a espada tornará a sua vida mais rica — e não oscilar apenas entre essas duas qualidades, mas entre todas as qualidades.

Homens e mulheres são duas partes de um todo; o mundo em que vivem também deve ser um só, e eles têm de compartilhar todas as qualidades sem distinção. Nenhuma qualidade deve ser considerada feminina ou masculina.

Quando você torna alguém "masculino", essa pessoa perde coisas importantes na vida. Ela se torna sem graça, desinteressante, dura, quase morta. E a mulher que esqueceu completamente como ser firme, como ser rebelde acabará se tornando uma escrava, pois só tem qualidades suaves. Ora, as rosas não podem lutar com espadas, elas serão esmagadas e mortas, destruídas.

O ser humano total não nasceu ainda. Existem homens e existem mulheres, mas eles não são seres humanos. A minha idéia é trazer para a terra o ser humano integral — com todas as qualidades das mulheres e com todas as qualidades da coragem, da rebelião, da intrepidez dos homens. E devem fazer, todas elas, parte de um todo.

Mas, desde a mais tenra infância, nós começamos a adestrar as crianças. O menininho, se quer brincar de boneca como as meninas, é imediatamente reprimido — "Não tem vergonha? Você é um menino, um homem, não seja maricas!" E, se a menina sobe numa árvore, ela é no mesmo instante repreendida, "Isso não é coisa de menina, subir em árvores é só para meninos! Desça daí já!" Desde o começo começamos a dividir homens e mulheres em partes. Ambos sofrem — porque subir em árvores é muito divertido, nenhuma mulher deveria deixar de fazer isso. Ficar no topo de uma árvore quando o vento está forte, sob o sol, com os passarinhos cantando... se você nunca fez isso, perdeu algo muito bom. E só porque você é uma menina? Estranho... Ser aventureiro, escalar montanhas, nadar no mar, nada disso devia ser proibido só porque você é uma menina, pois essa adrenalina é algo espiritual.

O menino não devia ser repreendido quando quer chorar. Ele é reprimido, não pode se debulhar em lágrimas — as lágrimas são só para as meninas: "Você é um homenzinho; comporte-se como tal!" E as lágrimas são uma experiência tão bela! Em profunda tristeza ou em grande alegria, sempre que algo transborda, as lágrimas dão expressão a isso. E, se as lágrimas são reprimidas, aquilo que elas iam expressar, a tristeza profunda ou a grande alegria, também é reprimido. E lembre-se perfeitamente bem que a natureza não criou nenhuma diferença. Ela deu a homens e mulheres as mesmas glândulas lacrimais, de igual tamanho. Mas, se você é um homem e está chorando, então todo mundo condena você: "Você está se comportando como uma mulher!"

Você deveria dizer, "O que posso fazer? A própria natureza me deu glândulas lacrimais. É a natureza que está se comportando como uma mulher. Não é responsabilidade minha. Estou simplesmente expressando a minha natureza. Não há nada de errado com as lágrimas".

Todas as qualidades deviam estar à disposição de todo mundo.

Há homens que perderam a capacidade de amar porque foram treinados para ter certas qualidades: "Você tem de ser duro, tem de ser competitivo. Não pode mostrar suas emoções, não pode ter sentimentos". Ora, como você espera que um homem não seja emotivo, não tenha sentimentos, não possa sentir... como pode esperar que ele ame? E quando deixa de amar, a vida dele vira uma desgraça. E o mesmo acontece de ambos os lados.

Eu gostaria que todas as distinções acabassem. Toda pessoa devia ter permissão para fazer qualquer coisa que lhe fosse naturalmente possível, seja ela homem ou mulher. E teríamos um mundo mais rico, composto de pessoas mais ricas.

O homem pensa, a mulher sente, e o sentimento é irracional. O homem acha difícil usar a imaginação, mas a mulher imagina qualquer coisa com muita facilidade. O centro a partir do qual ela vive é a intuição, o sentimento, a emoção; seus olhos estão sempre cheios de sonhos. Esses sonhos podem ser úteis na poesia, no drama, mas eles não ajudam em nada; pelo contrário, são grandes obstáculos no caminho da verdade.

A verdade não é a sua imaginação, não é o seu sentimento. A verdade é o seu ser.

Mas a mulher se deixa persuadir facilmente pela imaginação — não é culpa dela, é a sua natureza. Existem algumas diferenças entre homens e mulheres. Os homens são basicamente céticos, encaram tudo com suspeita, com um olhar de dúvida; por isso eles são mais talhados para a pesquisa científica. É mais difícil para a mulher ser cientista. Mas no que concerne à imaginação, se tiver permissão — e há séculos ela tem —, não há pintor que possa competir com ela, não há poeta que possa competir com ela, não há músico que possa se elevar mais do que ela, não há dançarino que chegue aos seus pés. Ela pode ajudar muito a criar um planeta mais bonito. Pode enchê-lo de canções, de danças e de amor.

Mas, lamentavelmente, o homem não lhe dá liberdade para viver por si mesma e contribuir com a vida. Metade da humanidade não tem permissão para contribuir.

No meu entender, isso tem sido feito por causa do medo. O homem tem medo da imaginação da mulher. Ele tem medo porque, se ela tiver liberdade para ser criativa, o homem não será capaz de competir com ela. Seu senso de superioridade, seu ego, será ameaçado. Por causa do medo de perder a superioridade, de que todos os seus grandes poetas pareçam pigmeus e todos os seus grandes pintores pareçam amadores, é melhor não deixar que as mulheres recebam educação, que tenham oportunidade de expressar os sentimentos que lhes vão por dentro.

Mas no que concerne à verdade suprema, o problema do homem é a sua razão e o problema da mulher é o seu sentimento. Ambos são barreiras à iluminação. O homem tem de deixar de lado a razão, a mulher tem de deixar de lado o sentimento. Ambos estão à mesma distância da iluminação. A distância do homem é o seu raciocínio, a sua mente; a distância da mulher é o seu sentimento, o seu coração — mas a distância é a mesma. O homem tem de deixar de lado a sua lógica e a mulher tem de deixar de lado as suas emoções. Ambos têm de deixar de lado algo que está obstruindo o caminho.

? *Antes da iluminação, existe alguma esperança de comunicação entre homens e mulheres? Minha mulher é totalmente contra a razão. Ela chama todas as minhas tentativas de raciocinar de "racionalização". O que é raciocínio e o que é racionalização? Existe alguma diferença?*

Eu entendo o seu drama. A razão é masculina, a emoção é feminina — por isso a dificuldade de comunicação entre um homem e uma mulher, entre marido e mulher. Eles estão sempre gritando um com o outro, mas a mensagem nunca chega ao parceiro porque a maneira como entendem as coisas é completamente diferente.

Na verdade, é pelo fato de serem diferentes que eles se interessam um pelo outro, sentem-se atraídos um pelo outro. Eles são opostos polares, como as cargas positiva e negativa na eletricidade. Eles trabalham em conjunto. Mas, pelo fato de serem opostos, a comunicação é muito difícil, quase impossível.

O homem sempre fala com a cabeça e a mulher sempre fala com o coração. Ora, essas são duas línguas diferentes, como se você falasse chinês e eu falasse alemão, e não existisse nenhuma comunicação.

Eles estavam discutindo e o marido disse, "Não vamos brigar, querida, vamos debater o assunto como pessoas civilizadas".

"Não!", disse a esposa, zangada. "Toda vez que discutimos como pessoas civilizadas eu saio perdendo!"

Se a mulher quiser sair perdendo, basta que seja racional, civilizada. E toda mulher sabe que uma discussão racional não é o melhor caminho para ela vencer. Ela sairá derrotada, porque a mente masculina é especialista em usar a razão. Então, em vez de ser lógica, ela começa a chorar — agora *você* sairá derrotado. Você ama a mulher e ela está chorando... agora faz sentido brigar com ela? Você diz, "tudo bem, você está certa". Ela aprendeu que as lágrimas funcionam muito mais. E não é uma questão de quem está certo, mas de quem vai ganhar a briga.

Se você quer realmente se comunicar com a sua mulher, ou se uma mulher quer se comunicar com o marido, o único jeito é fazer com que *am-*

bos não se deixem influenciar tanto pela razão e pela emoção. Os dois precisam se tornar mais meditativos. A meditação não é nem razão nem emoção; ela vai além, transcende a polaridade. Ela é transcendental. A meditação leva você além da razão e além das emoções; ela não é nem cabeça nem coração. E a única possibilidade de haver alguma comunhão, alguma comunicação, entre um homem e uma mulher é a meditação. De outro modo não há possibilidade.

A sua mulher tachará de racionalização as suas tentativas de usar a razão. E, quando ela começa a se deixar levar pela emoção, que nome você dá a isso? Sentimentalismo. Essas palavras são condenatórias. *Racionalização* é uma palavra condenatória e, quando você rotula a emoção da sua mulher chamando-a de "sentimentalismo", também está usando uma palavra condenatória. Mas os dois acham que estão com a razão. São apenas modos diferentes de pensar. Ninguém está certo e ninguém está errado — porque *todos* os jeitos de pensar estão errados! Certo é o estado de não-pensamento. Certo é o estado de não-emoção.

Então, quando você ama uma mulher e uma mulher o ama profundamente, existe uma comunhão, porque nesse amor existe meditação.

Mas isso que vocês costumam chamar de amor tem um começo e tem um fim. Você ainda não é capaz de mantê-lo para sempre, por isso a lua-de-mel termina logo. Quando você se apaixona, tudo corre às mil maravilhas. Vocês dois concordam com tudo, nunca têm uma discussão — por isso se entendem tão bem, têm tanta compaixão um pelo outro, são tão compreensivos! Mas, depois que a lua-de-mel acaba, começam as frescurinhas... coisinhas tão insignificantes que você fica até embaraçado quando quer falar sobre elas.

Quase todo dia um casal ou outro me procura. Eles estão brigando, à beira da separação, e eu pergunto, "Qual é o problema?" E o homem diz à mulher, "Fale você"; e ela diz, "Não, fale você". O fato é que os dois ficam constrangidos porque o problema é insignificante, trivial. Só uma coisinha à toa: talvez uma briga que tenha começado porque a mulher queria comprar um vestido e o marido não gostava da cor, e ele disse, "Não vou a lugar nenhum com você se usar esse vestido!" Que estupidez! — de ambas as partes, mas isso pode causar uma grande discussão. Então eles começam a desabafar sobre outras coisas, coisas maiores, e todas as diferenças de repente vêm à tona. Os dois se agridem, fazem tempestade num copo d'água. E não param de fazer acusações: "Você está errado — o seu raciocínio é pura racionalização!"

Eu não estou dizendo que todo o seu raciocínio seja raciocínio — 99% é racionalização. E não estou dizendo que todas as emoções das mulheres sejam emoções — noventa e nove por cento são sentimentalismo. A mente é muito ardilosa, tanto a masculina quanto a feminina. A mente é muito astuta.

> *Um homem de 50 anos casou-se com uma mulher de 30. O casamento deles causou comentários entre os amigos e conhecidos. Quando alguém perguntava sobre a diferença de idade, ele dizia, "Não há problema nenhum. Quando olha para mim, ela se sente dez anos mais velha e, quando eu olho para ela, eu me sinto dez anos mais jovem. Então, na verdade, nós dois temos 40!"*

Isso é racionalização. Racionalização é um jeito de esconder as coisas. É um jeito inteligente, muito inteligente. Você pode racionalizar sobre qualquer coisa e fingir que se trata de um raciocínio. Não é. O raciocínio tem de ser objetivo, sem prejuízo para nenhuma das partes.

Uma vez um homem me procurou. Ele tinha escrito muitos livros e era chefe de departamento numa universidade que fazia pesquisas no campo da paranormalidade, ou da parapsicologia. Ele me procurou e disse, "Estou tentando provar que a reencarnação é uma verdade científica".

Eu disse a ele, "Até que prove, não fale nada a respeito, pois isso mostra um preconceito. Você já aceitou a idéia de que se trata de uma verdade científica, agora tudo o que precisa é prová-la. Isso não é ser objetivo ou científico. Não é ser racional. Lá no fundo você é hindu e aceita a teoria; se fosse muçulmano, estaria tentando provar cientificamente que a reencarnação não existe. Nem a mente hindu nem a muçulmana é científica. O muçulmano não acredita em reencarnação, por isso ele tenta provar sua crença com a ajuda da ciência. Você está tentando provar a sua crença com a ajuda da ciência. Isso é racionalização".

Um homem de razão pura não tem crença, não tem preconceito, não tem uma idéia *a priori*. Ele simplesmente investiga sem nenhum julgamento, sem tirar conclusões. A investigação decidirá qual é a conclusão. Ela será decidida pela própria investigação. Se um dia teve um desejo oculto de provar algo, você *certamente* provará, mas terá acabado com a sua objetividade científica. Não existe mais razão, apenas racionalização.

E o mesmo acontece com a emoção. A emoção é pureza, sentimentalismo é truque. Você aprendeu um truque. A mulher sabe que, se chorar, ela ganhará a briga. Mas às vezes as lágrimas não vêm, porque não é tão fácil assim manipular o choro. Mas ela se esforça, faz um teatro, finge. Essas lágrimas são falsas. Mesmo que aflorem nos olhos dela, são falsas, porque não são causadas pela situação, na verdade são provocadas.

O sentimentalismo é a emoção provocada, manipulada com astúcia. Racionalidade é uma coisa. Racionalização é a manipulação da razão, assim como sentimentalismo é a manipulação da emoção. Se você é racional, *realmente* racional, será um cientista. Se você é realmente emotivo, será um poeta. Isso é bonito. Mas, mesmo assim ainda será difícil um diálogo verdadeiro. Com a racionalização e o sentimentalismo é impossível; com a razão e a emoção é um pouco mais fácil — ainda haverá dificuldades, mas também haverá compaixão e um esforço para entender o outro. O homem racional tentará entender o ponto de vista da mulher de maneira racional; e a mulher tentará entender o ponto de vista do homem — emocionalmente, claro, mas haverá compaixão.

O primeiro passo é deixar de lado todas as racionalizações e todos os sentimentalismos. O segundo passo é descartar também a razão e a emoção. E, então, nesse estado de êxtase, de meditação, ocorre uma comunhão. E essa comunhão é sagrada, nessa comunhão quando você diz "tu", não existe nenhuma mulher, só existe divindade; não existe nenhum homem, existe divindade.

Um terapeuta uma vez me disse que nós podemos ficar presos aos nossos sentimentos assim como ficamos presos à mente, e que os sentimentos também têm de ser descartados ou superados. Eu muitas vezes me indaguei sobre isso, pois os sentimentos costumam ser a minha bússola na vida e eu também sinto as coisas muito intensamente. Você poderia comentar a respeito, por gentileza?

Existem três centros de onde provêm todas as nossas ações: a cabeça, o coração e o ser. A cabeça é o mais superficial. Ela tem de pensar nas coisas — mesmo quando você se apaixona, a cabeça pensa: será que estou mesmo apaixonado? E se a resposta for sim, parece que você está realmente apaixonado, a cabeça vai dizer a outra pessoa, "Eu acho que estou apaixonado por você". Mas a base é o raciocínio.

Os homens agem mais com a cabeça. Ela tem a sua utilidade; criou todas as ciências, todas as tecnologias — todas as armas nucleares, e talvez logo provoque um suicídio global também. A mulher age com o coração. Ela não consegue dizer, "Acho que amo você". Nunca se ouviu uma mulher dizer isso em toda a história da humanidade! Ela diz simplesmente, "Amo você"; o raciocínio não tem nenhuma participação. O coração basta por si só; ele não precisa que a cabeça o ajude.

Se alguém tiver de escolher entre a cabeça e o coração, é melhor que escolha o coração, porque todos os valores mais belos da vida pertencem ao coração. A cabeça é um bom mecânico, um bom técnico, mas você não vai conseguir viver a vida com alegria sendo apenas um mecânico, um técnico, um cientista. A cabeça não tem capacidade para a alegria, para a felicidade, para o silêncio, para a inocência, para a beleza, para o amor, para tudo que torna a vida mais rica — é o coração que tem essa capacidade.

Mas o que o terapeuta disse a você não está errado. Você pode ficar preso ao coração, aos sentimentos também, assim como as pessoas ficam presas aos pensamentos. Mas talvez nem o próprio terapeuta tenha consciência de que existe um centro mais profundo que o coração: o ser — que tem todas as qualidades do coração e muitas outras, mais ricas, mais preciosas. Bem-aventurança, silêncio, serenidade, centramento, ancoramento, sensibilidade, percepção... um certo vislumbre da divindade da existência.

Primeiro deixe de lado a cabeça e siga o coração. Mas não pare aí; essa é só uma estadia de uma noite, uma *caravanserai*. Você pode descansar um pouco ali, mas não é a sua meta. Deixe de lado o coração e siga o ser. E este é o segredo da meditação: esteja você onde estiver, na cabeça ou no coração, pouco importa; a meditação leva você da cabeça ou do coração para o ser. A meditação é o caminho para o centro da sua própria existência, onde não existe esse perigo de ficar preso. Você *é* esse centro. Quem vai ficar preso onde? Não existem duas coisas separadas, só existe você — você e a sua glória absoluta.

Mas a pessoa que me fez essa pergunta é uma mulher, e naturalmente receosa — seus sentimentos são a sua bússola na vida e ela sente as coisas muito intensamente. Mas é mais fácil chegar ao ser a partir do coração do que a partir da cabeça. Você não perderá a sua bússola; na verdade, nem precisa dela. Você estará tão cheia de luz, tão cheia de clareza... Só os cegos precisam dessa orientação. Você terá novos olhos para ver até mesmo o que é invisível aos olhos comuns. E você será capaz de sentir novas experiências, que não eram acessíveis nem ao coração.

Portanto, não há nada com que se preocupar. A sua preocupação é simplesmente natural, porque os seus sentimentos são o seu guia e você sente intensamente; está preocupada pensando: se descartá-los, quem a guiará? Como continuará sentindo intensamente? Você não sabe que ainda existe um centro mais profundo em você que dispensa orientação, no qual *você* é o guia e sua intensidade se torna total, cem por cento. E não vai sentir apenas essas coisas que sente no coração, mas também experiências universais de iluminação, de despertar. Você não ficará perdida; não precisará se preocupar com mais nada.

Mas uma mulher, no final das contas, é uma mulher.

Ouvi dizer que um grupo de mulheres decidiu aguçar a sua acuidade intelectual. Não falaria mais dos maridos nem dos filhos ou sobrinhos, só de política e questões sociais — Polônia, El Salvador, Afeganistão, a bomba. Então uma delas disse, "E o que vocês me dizem de Cuba?"

"Ah, eu adoro, simplesmente adoro!", disse Sara. "Especialmente com bastante gelo!"

As mulheres têm o seu próprio jeito de sentir, pensar e ver as coisas. Você está preocupada — como vai deixar os sentimentos de lado? Você não precisa fazer isso. Simplesmente aprenda a arte da meditação e eles desaparecerão naturalmente, como as folhas caem das árvores. Quando o vento sopra forte... ontem mesmo eu estava sentado na minha varanda e o vento estava soprando forte e as folhas, caindo feito gotas de chuva.

Quando a meditação se aprofunda em você, os seus pensamentos e sentimentos começam, todos, a desaparecer. A meditação faz de você um lago tranqüilo, sem ondulações — tão sereno que mais parece um espelho; você pode ver ali o seu rosto. E ela não tira nada da sua inteligência ou dos seus sentimentos; só torna tudo mais autêntico, mais real, mais total, mais puro. A inteligência atinge o seu apogeu, assim como o amor.

Conhecer o seu ser e ficar centrado nele é descobrir o significado da vida. Você descobriu o propósito pelo qual veio para este planeta. A intenção da existência lhe é revelada.

? **Segundo a minha namorada, eu me isolo demais e não dou a ela energia suficiente. Eu de fato sinto que sou do tipo mais quieto e tranqüilo — pelo menos superficialmente, no meu relacionamento! Mas, no centro do meu ser, tenho emoções muito fortes, tanto de raiva quanto de amor.**

Ser quieto e tranqüilo é o seu jeito — não se obrigue a fazer nenhuma atividade; isso será um desrespeito à sua natureza. A pessoa sempre tem de ouvir o próprio ser, ouvir o próprio coração. Você pode se tornar muito ativo, sociável, mas isso sempre será estressante para você, nunca o preencherá. Você não tem uma mente tipicamente masculina, tem uma energia muito feminina. A sua natureza se expressa por meio da passividade, não por meio da atividade. Nenhuma atividade se tornará febril em você, ela será destrutiva. Só faça o essencial. Você tem de permanecer tranqüilo, sereno e centrado. Quanto menos ficar na periferia melhor será para você.

Existem emoções de dois tipos — as emoções ativas, que só podem ser expressas por meio de uma grande atividade, e as emoções passivas, que não podem ser expressas por meio da atividade, só por meio dos acontecimentos. Você não pode ser um grande amante, só pode ser um grande receptor de amor. O amor será um presente para você; você não pode criá-lo, não pode "fazê-lo". Só pode deixar que ele aconteça. A atividade possível para você é a de permitir, mas você não pode encarar a vida de um jeito ativo. Você tem de esperar. Espere até a vida vir e bater na sua porta.

A sua vida vai ser uma vida de espera — não de busca, não de uma busca ativa, de um desejo intenso, de uma sede insaciável, mas de espera, assim como acontece com uma mulher. A mulher nunca toma a iniciativa no amor. Ela espera que o homem tome. Ela nem diz, "Eu te amo"; espera que o homem diga. Então ela aceita ou rejeita, mas nunca toma a iniciativa. E, sempre que uma mulher toma a iniciativa, é porque ela é mais do tipo masculino e precisará de um homem do tipo mais feminino.

E, lembre-se sempre, quando eu falo de feminino e masculino, não estou me referindo ao aspecto fisiológico; esse é muito superficial. As pessoas são diferentes no seu eu mais profundo. Muitos homens são femininos e muitas mulheres são masculinas e, como não entendemos muito bem isso, a coisa fica complexa.

Por exemplo, se encontrar uma mulher de verdade — e quando digo "mulher de verdade" estou me referindo àquela que é fisiologicamente mulher e intrinsecamente também —, ela não o satisfará, porque será quase como um relacionamento homossexual para você. Você precisa de uma mulher muito ativa, quase masculina. Só assim o seu amor por ela terá alguma profundidade. É isso que a sua namorada está fazendo por você; é por isso que você sente que ela lhe traz muita vida, porque ela traz a parte que você negligencia em você. Ela se torna a sua atividade, o que você não pode se tornar; ela o complementa.

Portanto, a primeira coisa é você não pensar em encarar a verdade ou a vida de maneiras ativas. Você tem de permanecer passivo: passivo, porém alerta. Não estou dizendo passivo e entorpecido, não estou dizendo passivo e adormecido. Não, estou dizendo passivo e alerta — sem ir a lugar nenhum, sem fazer nada; só observe o que quer que aconteça, permitindo e observando. Viva numa entrega profunda, mas totalmente consciente. Essa consciência tem de ser a sua única atividade.

E, mesmo se estiver amando alguém, não "tente" fazer nada. Porque essa é a tendência natural na mente masculina — quando está amando, o homem quer provar para a mulher que é muito ativo, muito agressivo, muito masculino. Se fizer isso, você estará indo contra a sua natureza e estará enganando a mulher; ela nunca será feliz com isso. Você tem de ser você mesmo. Só assim é possível ter um relacionamento profundo e íntimo.

Só a verdade satisfaz. Portanto, é a sua namorada que tem de decidir. Ela se apaixonou por um monge — o que fazer? Você realmente devia estar num mosteiro, mas está no mundo, e ela fisgou você!

Seja simplesmente do jeito que é. Todas as falsidades acabam sendo desmascaradas. Simplesmente relaxe e seja você mesmo, porque as pessoas gostam da verdade, não gostam de pose. Não faça gestos vazios. Será bom para a sua saúde, será bom para a sua paz interior, será bom para o seu crescimento. E será bom para a outra pessoa entender você e se posicionar.

? *Eu não sei expressar as minhas necessidades e nunca consigo fazer isso. Eu as encubro com boas maneiras, racionalizações e generalizações. Pareço tão falso quando estou tentando dizer o que sinto!*

Os sentimentos não podem ser expressos. Se viver só na sua cabeça, você se sentirá autêntico, porque a cabeça consegue se expressar com facilidade. Todos os meios de expressão são criados pela cabeça; eles são maneiras mentais de se falar. Mas, quando você começar a *sentir* algo, esse problema surgirá instantaneamente. Você sentirá que não está sendo autêntico, está sendo falso, porque qualquer coisa que expressar não será o que está sentindo, e o que está sentindo não será expresso.

Não se trata de falta de autenticidade — você simplesmente tem de reconhecer o fato de que os sentimentos não podem ser expressos. Toda expressão é extremamente inadequada no que se refere aos sentimentos.

Portanto, você não precisa ficar triste por causa disso, não há por que se preocupar. Só lembre que os sentimentos não podem ser expressos assim como os pensamentos. A linguagem é criada pelo pensamento, para os pensamentos, por isso ela é perfeitamente adequada para os pensamentos. Os sentimentos são um mundo à parte. Basta lembrar que os sentimentos não podem ser expressos adequadamente e não há nada com que se preocupar.

Não é que você não seja autêntico. Pela primeira vez em muitos anos você sentiu os sentimentos; esse é o problema. Não que você não seja autêntico; você apenas ficou tempo demais na cabeça. Pela primeira vez o coração está se abrindo, um novo mundo para o qual não existe nenhuma linguagem está se descortinando, por isso nesse mundo você se sente quase analfabeto. Isso acontece com todo mundo, porque toda alfabetização está na cabeça. Quando o coração se abre, você se vê analfabeto. Mas pouco a pouco o coração encontra o seu próprio jeito.

Ele nunca será tão adequado quanto a cabeça, nunca será tão claro, tão habilidoso, quanto a cabeça. Nunca será tão eficiente também, mas ele encontrará os seus próprios caminhos. É o que acontece quando ama uma pessoa — você fica simplesmente de mãos dadas com ela, porque qualquer coisa que disser vai parecer tão idiota que você tenta se expressar por meio da linguagem corporal. Ou você a abraça, como se dissesse, "Não dá para eu dizer isso com palavras, só posso mostrar" — o abraço é um jeito de mostrar. Ou você chora e as lágrimas afloram nos seus olhos; você está tão cheio de alegria que as palavras são inadequadas. Ou você dança, canta uma canção... Mas esses são meios indiretos.

Eles surgirão aos poucos, não se preocupe. Você só tem que aprender uma nova linguagem, uma nova gramática, uma nova semântica. Não pode fazer nada a respeito. Só tem de mergulhar mais fundo, ficar mais tolo, só isso. A mente dirá que você está cada vez mais tolo, mas você tem de ficar um pouco mais amalucado! E o coração encontrará seus próprios caminhos, que serão totalmente diferentes dos da cabeça.

Neste momento o seu coração está se abrindo pela primeira vez, por isso você sente essa diferença. A sua cabeça é desenvolvida, inteligente, habilidosa; o seu coração é totalmente novo. A disparidade causará a sensação de que você está sendo falso — não está!

Simplesmente sinta o coração e os seus sentimentos. Fique mais no corpo e diga coisas por meio dele, por meio de atitudes. E as coisas pequenas são tão expressivas, não? Você talvez não consiga dizer algo para uma mulher, mas pode lhe dar uma flor. Ou só o jeito como olha para ela, o jeito como fica encantado com ela, o jeito como os seus olhos brilham é suficiente. As mulheres entendem muito bem essa linguagem. Na verdade, se você falar demais, estará perdendo tempo. A mulher não ouve o que você diz, ela presta atenção no que você está *sentindo*. Esse é um dos problemas — o homem pensa, "Estou falando palavras tão belas, estou sendo tão afetuoso, estou dizendo coisas maravilhosas!", e a mulher simplesmente não está interessada! Ela sabe quando você está falando, mas o seu coração não está sentindo. Às vezes você fica em silêncio e a mulher entende. O jeito como você olha para ela, como pega em sua mão ou como simplesmente se senta em silêncio, sem pronunciar uma única palavra, é suficiente para comunicar algo.

A mulher ainda é intuitiva. Ela ainda é mais natural do que o homem, mais selvagem; essa é a beleza dela. E essa é a esperança da humanidade, pelo menos a metade da humanidade ainda é selvagem, incivilizada. Ainda existe esperança de que a outra metade também volte a ser incivilizada, inculta novamente.

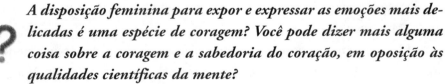

A disposição feminina para expor e expressar as emoções mais delicadas é uma espécie de coragem? Você pode dizer mais alguma coisa sobre a coragem e a sabedoria do coração, em oposição às qualidades científicas da mente?

O modo de o coração se expressar é belo, mas perigoso. O modo de a mente se expressar é comum, mas seguro.

O homem escolheu o caminho mais curto e seguro para viver. A mulher escolheu o caminho mais bonito mas mais escarpado e perigoso das emoções, dos sentimentos, dos estados de espírito. E como até hoje o mundo foi regido pelos homens, as mulheres sofrem imensamente. A mulher não está conseguindo se adaptar à sociedade que os homens criaram, porque a sociedade é criada de acordo com a razão e a lógica.

A mulher quer um mundo do coração, e na sociedade criada pelo homem não há espaço para o coração. Os homens têm de aprender a ouvir mais o coração, porque a razão tem levado a humanidade inteira rumo a um suicídio global. A razão destruiu a harmonia da natureza, a ecologia. A razão criou máquinas belíssimas, mas destruiu a beleza da humanidade. É necessário um pouco mais de coração em tudo.

Na minha maneira de ver, o caminho para o nosso ser mais profundo está mais próximo do coração do que da mente. A mente é um atalho caso você queira ir para fora, e o coração é um caminho bem mais longo. Mas, se está querendo se voltar para dentro, a coisa toda muda de figura — o coração é o atalho para o ser, e a mente é o caminho mais longo.

É por isso que sou a favor do amor, porque a partir dele é mais fácil levar você para a meditação, levar você para a eternidade da sua vida, levar você para a divindade; isso fica muito mais difícil a partir da cabeça. Primeiro é preciso ir para o coração, para só então avançar em direção ao ser.

Minha ênfase no amor tem uma razão espiritual básica. Partindo do coração a mulher pode imediatamente seguir em frente... e o homem pode avançar rumo ao coração sem nenhuma dificuldade. Ele só foi treinado da maneira errada; é só um condicionamento. Disseram-lhe para ser duro, para ser forte, para ser masculino, e tudo isso é bobagem. Nenhum homem chora nem deixa que a tristeza ou a alegria sejam expressas por meio de lágrimas, porque desde a infância lhe dizem que chorar é coisa de mulher, é coisa de maricas. Os homens nunca choram.

Mas para que servem as lágrimas? Elas são necessárias! São uma linguagem extremamente importante. Há momentos em que você não consegue dizer nada, mas as suas lágrimas podem expressar o que sente. Você pode estar tão cheio de alegria que as lágrimas afloram em seus olhos. Elas são sempre um símbolo de uma experiência transbordante. Você pode se sentir tão triste que nenhuma palavra é capaz de traduzir essa tristeza; as lágrimas ajudam você. Essa é uma das razões por que as mulheres perdem menos a cabeça do que os homens; porque elas não hesitam em chorar, soluçar e atirar coisas a qualquer momento; podem perder a cabeça temporariamente todos os dias. O homem vai acumulando, acumulando e um dia explode — Tudo de uma vez! As mulheres enlouquecem aos pouquinhos — e esse jeito é mais sábio, extravasar todos os dias. Para que acumular?

Os homens cometem mais suicídio do que as mulheres. É até meio estranho; as mulheres *falam* mais sobre cometer suicídio, mas raramente o cometem. Os homens quase nunca falam sobre o assunto, mas cometem mais, quase duas vezes mais. O homem vai reprimindo o que sente, mantendo as aparências, uma mentira. E existe um limite para tudo — chega um ponto em que ele não consegue mais segurar as pontas e desaba.

É preciso ensinar os homens a pensarem mais com o coração, porque o caminho para o ser passa pelo coração. Você não pode se desviar do coração. A mulher está em melhor situação; ela pode ir do coração diretamente para o ser. Mas, em vez de reconhecerem essa grande qualidade nas mulheres, os homens as condenam. Talvez exista uma razão; talvez eles reconheçam uma certa superioridade nas mulheres, a superioridade do amor.

Nenhuma lógica pode ser superior ao amor, e nenhuma mente pode ser superior ao coração. Mas a mente pode ser assassina; pode ser extremamente violenta, e é isso que a mente tem feito há séculos. Os homens batem nas mulheres, reprimem as mulheres, condenam as mulheres. E em resultado os homens estão deixando de elevar a própria consciência. Eles também poderiam ter aprendido a arte de se elevar; poderiam ter trilhado o mesmo caminho. Por isso eu sempre digo que a libertação das mulheres é também a libertação dos homens. É até *mais* libertação para os homens do que para as mulheres.

Sim, as mulheres têm mais amor... mas elas também tinham de ter tomado consciência do outro lado da moeda. A porção masculina da mente tem lógica e a porção feminina é ilógica; não é perigosa, só está equivocada, e pode ser corrigida. É por isso que o caminho do coração é belo, mas perigoso. O outro lado do amor é o ódio; o outro lado do amor é o ciúme. Por isso, se uma mulher se deixa levar pelo ódio e pelo ciúme, toda a beleza do amor se perde e ela fica apenas com veneno nas mãos. Ela envenenará a si mesma e a todos que estão à sua volta.

Para ser amorosa, a pessoa tem de ficar mais alerta, porque ela pode resvalar para o ódio, que está muito próximo. Todo pico de amor está muito próximo do vale sombrio do ódio; esse vale circunda todo o pico e pode-se cair nele com muita facilidade. Talvez seja essa a razão por que muitas mulheres decidem não amar. Talvez seja essa a razão por que os homens decidiram viver na cabeça e esquecer tudo a respeito do coração... pois o coração é muito sensível. Ele se fere com muita facilidade, seu humor muda assim como o tempo.

A pessoa que quer realmente aprender a arte do amor tem de se lembrar de todas essas coisas, e impedir o amor de resvalar para o ódio, para o ciúme. Do contrário, será impossível chegar ao ser — até mais impossível que chegar ali a partir da cabeça.

A mulher tem de deixar de lado o ciúme, tem de deixar de lado o ódio. O homem tem de abrir mão da lógica e ser um pouquinho mais amoroso. Pode-se usar a lógica; ela é útil. No trabalho científico, ela é útil, mas não nos relacionamentos humanos. O homem tem de tomar cuidado para que a lógica não seja a sua única maneira de ser, para que ela seja apenas um instrumento que ele use e depois coloque de lado. A mulher tem de ficar alerta para não resvalar para o ódio, para o ciúme, para a raiva, porque esses sentimentos destruirão o seu mais precioso tesouro de amor. E ambos têm de mergulhar mais fundo no amor. Quanto mais fundo mergulharem, mais perto chegarão do ser.

O ser não está tão distante. Ele é a parte mais profunda do amor, um amor que é absolutamente puro, incondicional. Um amor que é absolutamente alerta, consciente, imediatamente se transforma numa imensa revolução; ele abre as portas do mais recôndito santuário do ser. E atingir o próprio ser é obter da vida tudo o que ela pode dar — toda a fragrância, toda a beleza, toda a alegria, todas as bênçãos.

AS EMOÇÕES E O CORPO

O seu corpo não é simplesmente físico. Muitas coisas penetraram nos seus músculos, na estrutura do seu corpo, por meio da repressão. Se reprimir a raiva, o veneno vai para o seu corpo. Vai para os músculos, vai para o sangue. Quando você reprime alguma coisa, isso deixa de ser apenas um fenômeno mental e passa a ser físico também — porque, na verdade, você não está dividido. Você não é corpo "e" mente; você é corpomente, psicossomático. Você é as duas coisas ao mesmo tempo. Portanto, qualquer coisa impingida ao corpo afeta a mente e qualquer coisa impingida à mente afeta o corpo. Corpo e mente são dois aspectos da mesma entidade.

Por exemplo, quando fica com raiva, o que acontece com o corpo? Sempre que você fica com raiva, alguns venenos são liberados no seu sangue. Sem esses venenos você não enlouqueceria a ponto de ficar encolerizado. Você tem certas glândulas no corpo e essas glândulas liberam determinadas substâncias químicas. Ora, isso é científico, não é só filosofia. O seu sangue fica envenenado. É por isso que, se tomado de raiva, você pode fazer coisas que normalmente não faria. Quando está com raiva, você consegue empurrar uma grande rocha — o que não conseguiria normalmente. Você mal consegue acreditar depois, ao ver que conseguiu empurrar a rocha, atirá-la longe ou erguê-la. Quando volta ao normal, você não consegue mais erguê-la, porque já não é mais o mesmo. Certas substâncias químicas estavam circulando na corrente sanguínea, você vivia um estado de emergência; toda a sua energia foi canalizada para a ação.

Mas, quando um animal fica enraivecido, ele simplesmente fica enraivecido. Ele não tem nenhuma moralidade quanto a isso, nada lhe foi ensinado a respeito; ele simplesmente fica enraivecido e a raiva é expressada. Quando você fica com raiva, a sua raiva é parecida com a de qualquer animal, mas então existe a sociedade, a moralidade, a etiqueta e milhares de outras coisas. Você abafa a raiva. Tem de mostrar que não está com raiva, tem de sorrir um sorriso falso. Você força um sorriso e abafa a raiva. O que acontece com o seu corpo? O corpo está pronto para brigar — ou brigar ou fugir do perigo, ou enfrentá-lo ou fugir dele. O corpo está pronto para *fazer* alguma coisa — a raiva é só a prontidão para fazer alguma coisa. O corpo ia ser violento, agressivo.

Se você pudesse ser violento e agressivo, então a energia seria extravasada. Mas você não pode — não é conveniente, por isso você a abafa. Então o que acontecerá com todos esses músculos que estavam prontos para ser agressivos? Eles ficarão atrofiados. A energia os está pressionando para serem agressivos e você está fazendo uma pressão contrária para que não sejam. Haverá um conflito. Nos seus músculos, no seu sangue, nos tecidos do seu corpo haverá um conflito. Eles estão prontos para expressar algo e você os pressiona para que não se expressem. Você está reprimindo os seus músculos. Então o corpo fica atrofiado.

Isso acontece com todas as emoções, dia após dia, durante anos. Então o corpo fica todo atrofiado. Todos os nervos ficam atrofiados; deixam de fluir, não são mais caldais, não estão mais vivos. Eles ficam mortos, foram envenenados e ficaram todos emaranhados. Não são mais naturais.

Olhe qualquer animal e veja a graça do corpo dele. O que acontece ao corpo humano? Por que não é tão gracioso? Todo animal é gracioso — por que o corpo humano não é? O que lhe aconteceu? Você tem feito algo a ele. Você o tem destroçado, e a espontaneidade natural do seu fluxo já não existe mais. Ele ficou estagnado. Em todas as partes do seu corpo existe veneno. Em todos os músculos do seu corpo existe raiva reprimida, sexualidade reprimida, ganância reprimida, ciúme, ódio. Tudo é reprimido ali. Seu corpo está realmente doente.

Os psicólogos dizem que criamos uma armadura em torno do corpo e essa armadura é o problema. Se lhe permitem expressão total quando está com raiva, o que você faz? Quando está com raiva, você começa a ranger os dentes; você quer fazer alguma coisa com as unhas e com as mãos, porque é desse modo que a sua herança animal expressa a raiva. Você quer fazer alguma coisa com as mãos, destruir algo. Se não faz nada com os dedos, eles ficam atrofiados; perdem a graça, a beleza. Não serão mais membros vivos. E o veneno fica represado ali, por isso, quando você dá a mão a alguém, não acontece um toque de verdade, não existe vida, as suas mãos estão mortas.

Você consegue sentir isso. Toque a mão de uma criança pequena: há uma diferença sutil. Se a criança não quer dar a mão a você, ela não força; se retrai. Não dará a você uma mão morta, simplesmente tirará a mão. Mas, se ela quer lhe dar a mão, você sente como se a mão dela estivesse derretendo na sua. O calor, o fluxo — como se a criança toda estivesse vindo para a sua mão. Com o próprio toque ela expressa todo o amor que é possível expressar.

Mas a mesma criança, ao crescer, dará a mão como se ela fosse apenas um instrumento morto. Ela não acompanha esse movimento, ela não flui por meio dele. Isso acontece porque existem bloqueios. A raiva está bloqueada, e, de fato, antes que a mão possa ganhar vida novamente para expressar amor, ela terá de passar por uma verdadeira agonia, terá de passar por uma expressão profunda da raiva. Se a raiva não for extravasada, ela bloqueará a sua energia, não deixando o amor fluir.

Todo o seu corpo ficou bloqueado, não só as mãos. Por isso você pode abraçar alguém, pode aproximar alguém do seu peito, mas isso não significa que esteja aproximando essa pessoa do seu coração. São duas coisas diferentes. Você pode aproximar alguém do seu peito — esse é um fenômeno físico. Mas, se você tem uma armadura em torno do coração, tem um bloqueio emocional, então a pessoa continuará tão distante quanto antes; nenhuma intimidade é possível. Mas, se *realmente* trouxer a pessoa para perto de você, sem que exista nenhuma armadura, nenhum muro entre você e ela, então o seu coração se derreterá no coração dela. Haverá uma fusão, uma comunhão.

Quando o seu corpo voltar a ser receptivo e não houver nenhum bloqueio, nenhum veneno em torno dele, você estará sempre envolvido por um sentimento sutil de alegria. Seja o que for que esteja fazendo ou deixando de fazer, o seu corpo sempre estará envolto numa sutil vibração de alegria. Na realidade, a alegria só significa que o seu corpo é uma sinfonia, nada mais — que ele está num ritmo musical, só isso. Alegria não é prazer; o prazer sempre deriva de outra coisa. A alegria é simplesmente ser você mesmo — estar vivo, absolutamente vibrante, vital. O sentimento de que há uma música sutil em torno do seu corpo e dentro dele, uma sinfonia — isso é alegria. Você fica alegre quando o seu corpo está fluindo, quando ele é como o fluxo de um rio.

? *Eu reparei que, quando sinto raiva, tristeza ou preocupação, ela se reflete numa sensação física no estômago, no plexo solar. Às vezes, se estou muito perturbado, esse sentimento é tão forte que tenho dificuldade para dormir e não sinto vontade de comer. Você pode falar a respeito?*

Todo mundo está carregando um bocado de lixo no estômago, porque esse é o único espaço do corpo em que você pode reprimir as coisas. Não existe outro. Se você quer reprimir alguma coisa, você tem de fazer isso no estômago. Você quer chorar — a sua mulher morreu, a pessoa amada morreu, um amigo seu morreu —, mas chorar não parece adequado. Se chora a perda de alguém, é como se fosse fraco, então você reprime o choro. Onde você vai pôr esse choro? Naturalmente, tem de reprimi-lo no estômago. Esse é o único lugar disponível no corpo, o único local oco onde você pode armazenar as coisas.

Se você reprime no estômago... E todo mundo reprime todo tipo de emoção — amor, sexualidade, raiva, tristeza, choro e até risadas. Você não pode dar uma boa gargalhada, isso parece rude, vulgar. Em muitas culturas, se a pessoa dá uma boa gargalhada, significa que ela não tem educação. Então você reprime tudo. E por causa dessa repressão você não consegue respirar fundo, a sua respiração é superficial. Se você respira fundo, essas feridas causadas pela repressão liberam energia. Você fica com medo. Todo mundo tem medo da respiração abdominal.

Toda criança, quando nasce, respira pela barriga. Olhe uma criança dormindo; a barriga sobe e desce, não o peito. Nenhuma criança respira com o peito; elas respiram com a barriga. Elas são completamente livres, nada as está reprimindo. O estômago delas está vazio de repressão, e esse vazio tem uma beleza no corpo.

Quando o estômago tem muita coisa reprimida, o corpo se divide em duas partes, a inferior e a superior. Você deixa de ser um só e passa a ser dois. A parte inferior é descartada. A unidade é perdida; surge uma dualidade no seu ser. Você pode até ser bonito, mas não é mais gracioso. Você está carregando dois corpos em vez de um e sempre haverá uma lacuna entre os dois. Você não consegue andar com graciosidade, parece que tem de carregar as pernas. Na verdade, quando o corpo é um só, as suas pernas é que carregam você. Se o corpo está dividido em dois, então é você que tem de carregar as suas pernas. Você tem de arrastar o corpo, como se ele fosse um fardo. Você não consegue fazer uma boa caminhada, não consegue dar umas boas braçadas na água, não consegue apreciar uma boa corrida — porque o corpo não é um só. Para fazer todos esses movimentos, e apreciá-los, o corpo precisa ser reunificado. É preciso criar um uníssono outra vez; o estômago terá de passar por uma limpeza completa.

Para fazer essa limpeza no estômago, é necessária uma respiração muito profunda, porque, quando você inspira e expira profundamente, o estômago joga fora tudo o que ele está carregando. Nas expirações, o estômago se esvazia. Por isso é tão importante uma respiração profunda. A ênfase deve recair nas expirações, de modo que o estômago possa se livrar de tudo o que ele está carregando desnecessariamente.

E, quando o estômago não está mais carregando emoções dentro dele, se você tiver constipação, de uma hora para outra ela também desaparecerá. Se estiver reprimindo emoções no estômago, haverá constipação porque o estômago não está funcionando livremente. Você está exercendo um controle profundo sobre ele; não lhe dá liberdade. Portanto, se as emoções foram reprimidas, haverá constipação. A constipação é uma doença mais mental do que física; ela pertence mais à mente do que ao corpo.

Mas, lembre-se, eu não estou dividindo a mente e o corpo em dois. Eles são dois aspectos do mesmo fenômeno. Mente e corpo não são duas coisas separadas; o seu corpo é um fenômeno psicossomático. A mente é a parte mais sutil do corpo, e o corpo é a parte mais grosseira da mente. E eles afetam um ao outro; andam juntos. Se você estiver reprimindo alguma coisa na mente, o corpo começará uma jornada de repressão. Se a mente liberar alguma coisa, o corpo também liberará. É por isso que eu enfatizo tanto a catarse nas meditações que desenvolvo. A catarse é um processo de limpeza.

Na Índia, chamamos o plexo solar de *manipura*; ele é o centro de todos os sentimentos, emoções. Nós reprimimos as nossas emoções no *manipura*. A palavra significa "o diamante" — a vida é valiosa por causa dos sentimentos, das emoções, da risada, do choro, das lágrimas e sorrisos. A vida é valiosa por causa de todas essas coisas; elas são a glória da vida — por isso o terceiro chakra, o terceiro centro energético, é chamado *manipura*, o chakra do diamante.

Só o ser humano é capaz de ter esse diamante precioso. Os animais não sabem rir; naturalmente, eles não choram também. As lágrimas são uma dimensão só ao alcance do homem. A beleza das lágrimas, a beleza da risada; a poesia das lágrimas e a poesia do riso só estão ao alcance do ser humano. Todos os outros animais vivem apenas com dois chakras ou centros; o *muladhar*, ou centro do sexo, o centro da vida; e o *svadhisthan*, o hara, ou o centro por onde a vida deixa o corpo. Os animais nascem e morrem; entre esses dois acontecimentos não existe muita coisa. Se você só nasce e morre, nada mais do que isso, você é um animal — não é ser humano ainda. E muitos, mas muitos milhões de pessoas vivem apenas como esses dois chakras; nunca vão além deles.

Fomos ensinados a reprimir nossos sentimentos, fomos ensinados a não ser sensíveis. Ensinaram-nos que não vale a pena ter sentimentos: seja prático, duro; não seja suave, vulnerável, do contrário vão abusar de você. Seja duro! Pelo menos mostre que você é duro, pelo menos finja que você é perigoso, que não é um ser maleável. Crie medo em torno de você. Não ria, porque, se rir, você não provocará medo nos outros. Não chore — assim você mostra que está com medo. Não mostre suas limitações humanas. Finja que é perfeito.

Reprima o terceiro chakra e você será um soldado, não um homem, mas um soldado — um militar, um homem falso. No Tantra se trabalha muito para relaxar o terceiro chakra. As emoções têm de ser liberadas, relaxadas. Quando tem vontade de chorar, você tem de chorar; quando sente vontade de rir, tem de rir. Você tem de deixar de lado essa bobagem que é a repressão, tem de aprender a expressão — porque, só por meio dos seus sentimentos, das suas emoções, da sua sensibilidade, você chega a essa vibração por meio da qual a comunicação é possível.

Já reparou? Você pode expressar tudo o que quer sem ter de dizer uma palavra; uma lágrima rola pela sua face e tudo está dito. Uma lágrima pode dizer muito. Você pode falar durante horas e não dizer nada, mas uma lágrima diz tudo. Você pode até continuar dizendo "Eu sou feliz, isto e aquilo...", mas o seu rosto pode mostrar justamente o oposto. Uma risadinha, uma risada autêntica, e você não precisa dizer mais nada — a risada diz tudo. Quando você vê seus amigos, o seu rosto fica iluminado, brilha de alegria.

O terceiro centro tem de ficar cada vez mais disponível. Ele é contra o pensamento, por isso, se você deixar, o terceiro chakra fará com que a sua mente tensa relaxe mais facilmente. Seja autêntico, sensível; toque mais, sinta mais, ria mais, chore mais. E, lembre-se, você não pode fazer mais do que é necessário; não pode nem exagerar. Não pode chorar nem mesmo uma lágrima a mais do que o necessário e não pode rir mais do que o necessário. Portanto, não tenha medo nem seja miserável.

AS EMOÇÕES E O CORPO

Depois que comecei a meditar, notei que o meu corpo e os sentimentos que tenho com relação a ele estão mudando muito. O jeito como eu ando, o jeito como olho para mim mesmo quando tomo banho, o jeito como eu sinto o meu corpo — tudo parece tão diferente para mim que eu mal me reconheço! O corpo segue a mente e a minha mente está sendo influenciada pelo meu coração?

O ser humano não é uma máquina, mas um organismo; e é muito importante entender a diferença entre essas duas coisas. A máquina tem peças, o organismo tem membros. Você pode desmontar as peças; nada morre. Você pode montar todas as peças outra vez e a máquina começa a funcionar. Mas, um organismo, se é desmembrado, algo morre. Você pode montá-lo outra vez, mas o organismo não voltará a viver. Ele é uma unidade viva; tudo está ligado dentro dele.

Seja o que for que aconteça a você, no corpo, na mente, no coração ou na sua percepção, isso vai mudar tudo no organismo inteiro. Você vai ser afetado como um todo. Os membros da unidade orgânica não são apenas peças que funcionam juntas, existe algo que vai além disso.

A máquina é tão-somente a soma total de suas partes. O organismo é algo maior do que a soma de suas partes — e esse "algo mais" que ele tem é a sua alma, que permeia tudo em você. Portanto qualquer mudança, qualquer coisa que aconteça, vai disparar alarmes em todo o seu ser.

É por isso que existem diferentes sistemas. Por exemplo, o yoga é um dos sistemas mais proeminentes para quem está se empenhando para atingir a auto-realização. Mas ele funciona quase que exclusivamente com o corpo, com as posturas corporais. Trata-se de uma pesquisa colossal — as pessoas que o criaram empreenderam uma tarefa quase impossível. Descobriram em que posturas a mente toma uma certa atitude, o seu coração assume um certo ritmo, a sua percepção fica mais ou menos aguçada. Elas desenvolveram todas as posturas corporais de tal modo que, só agindo sobre o corpo, sem tocar nada mais, elas mudam todo o seu ser.

Mas trata-se de um trabalho longo e tedioso, porque o corpo é uma parte totalmente inconsciente do nosso ser. Treiná-lo, e com posturas que não são naturais, nunca é uma tarefa fácil. E, como aqueles que desenvolveram o sistema do yoga descobriram que a vida não é longa o bastante para pôr em prática todas as posturas corporais, para mudar todo o ser interior, eles foram as primeiras pessoas do mundo a pensar na possibilidade de prolongar a vida humana, para que fosse possível realizar todo esse trabalho numa única vida.

A dificuldade com o corpo é que você pode se empenhar durante toda a vida — sessenta, setenta anos — e até atingir um certo estado, mas esse corpo morrerá. E, quando você tiver um novo corpo, terá de recomeçar do zero; não poderá começar de onde parou na vida anterior. Essa é a grande dificuldade do sistema do yoga, por isso os yogues começaram a pensar numa maneira de aumentar a longevidade do corpo.

Por exemplo, todo mundo conhece a posição de lótus em que Buda aparece sentado. Essa é a postura mais famosa. Descobriu-se agora que sofremos menos influência da gravidade se nos sentarmos na posição de lótus, com a coluna totalmente ereta e todo o corpo relaxado. E é a gravidade que mata você; quanto mais afetado por ela, mais atraído você é para o túmulo. Isso ficou absolutamente claro quando Einstein declarou que, se pudéssemos fazer veículos que se movessem na velocidade da luz, as pessoas que viajassem nesses veículos não envelheceriam — nem um pouco. Se elas deixassem a Terra e voltassem cinqüenta anos depois, seus contemporâneos já estariam mortos. Talvez um ou dois ainda estivessem vivos, no leito de morte, mas os viajantes espaciais voltariam exatamente com a mesma idade.

A idéia de Einstein era a de que, à velocidade da luz, o envelhecimento é interrompido. Mas essa é apenas uma hipótese, nenhum experimento a comprova. É difícil criar um veículo que se mova à velocidade da luz, porque a essa velocidade tudo entraria em combustão. Não existe um metal, um material com o qual se possa fazer tal veículo, por isso parece impossível.

Mas Einstein não conhecia a explicação do yoga. Segundo ela, a pessoa voltaria à Terra com a mesma idade porque teria saído do campo gravitacional — por isso não poderia envelhecer. E essa explicação parece bem mais prática, mais científica — não uma simples hipótese. Milhares de yo-

AS EMOÇÕES E O CORPO

gues já viveram muito mais do que qualquer outra pessoa. Basta sentar-se nessa postura para que a gravidade exerça menos efeito sobre eles.

Mas os yogues não se interessaram pela possibilidade de prolongar a vida porque têm uma sede insaciável pela vida em si, mas porque optaram por um veículo muito lento de transformação — o corpo. No entanto, por meio do corpo, as pessoas alcançam a iluminação. Tudo o que elas têm de fazer é aprender e praticar certas posturas corporais. Numa certa postura, a mente funciona de um certo modo. Numa outra postura, a mente pára de funcionar; em outra, ela fica mais alerta, e daí por diante.

Você também pode ver isso acontecendo no dia-a-dia. Todo estado de espírito, emoção ou pensamento faz com que o corpo assuma uma certa postura. Se você prestar atenção, vai perceber que existe uma relação, e uma relação que você não pode mudar. Por exemplo, uma pessoa como eu — se você prender as minhas mãos eu não consigo falar! Simplesmente não consigo falar, não sei o que fazer, porque as minhas mãos estão profundamente ligadas às minhas expressões.

E você precisa saber: cada mão está ligada a um hemisfério da mente — a mão esquerda ao hemisfério direito e a mão direita ao hemisfério esquerdo. Elas são extensões da mente. Por isso, sempre que falo, estou falando por meio de dois veículos: por meio das palavras e por meio das mãos. Cada gesto da mão ajuda a dar expressão a uma certa idéia. Se as minhas mãos forem amarradas, é impossível para mim dizer alguma coisa. Eu já tentei, mas descobri que falar fica muito mais difícil. Quero dizer uma coisa e digo outra. Tudo isso porque o ritmo com as minhas mãos foi perturbado.

Do mais inferior ao mais elevado em você, tudo está ligado. O yoga atuou sobre o corpo — trata-se de um longo e árduo processo, que talvez nem tenha futuro, caso a ciência não se alie a ele e o ajude. Então talvez aconteça uma explosão. O yoga é uma das ciências mais antigas já desenvolvidas pelo homem. Ele tem pelo menos cinco mil anos. Se a ciência não se aliar a ele, esse sistema exigirá demais. O homem moderno quase não tem tempo; é preciso encontrar caminhos mais curtos.

Se você está trabalhando com a mente, saiba que esse caminho é mais curto do que o do corpo, e o trabalho, mais fácil — porque com a mente não há muito que fazer, basta a percepção, a atenção plena. Nenhuma psicanálise — isso também prolongaria o processo desnecessariamente. O yoga pelo menos um dia tem fim. A psicanálise nunca tem fim, porque a mente vai criando mais lixo a cada dia; ela é muito produtiva. Você vai analisando os seus sonhos e a mente vai criando outros. Ela é tão astuta que pode engendrar um sonho em que você vê que está dormindo e sonhando e, nesse sonho, você cai no sono e começa outra vez a sonhar. A mente pode ser muito complicada. E analisar todo esse lixo ajuda um pouco, traz um certo alívio, mas é um processo interminável.

Aqueles que realmente trabalharam com a mente fizeram isso com atenção plena, testemunhando; e, quando você testemunha a mente, ela aos poucos começa a ficar silenciosa, pára de tagarelar, fica mais calma e tranqüila. E, quando a mente fica calma e tranqüila, o corpo começa a passar por mudanças, mudanças impressionantes — e é isso que está acontecendo com a pessoa que fez a pergunta. Você verá que o corpo está se comportando de novas maneiras, como nunca se comportou antes. Seu modo de andar muda, seus gestos mudam. Quando a mente fica calma e tranqüila, o seu corpo também começa a ficar calmo e tranqüilo — ele passa a mostrar uma certa quietude, e uma vivacidade que nunca sentiu antes. Você tem vivido no corpo, mas nunca entrou em contato profundo com ele, porque a mente está sempre mantendo você ocupado. A mente era a barreira, por isso a sua percepção nunca chegava ao corpo.

Agora que a mente está silenciosa, a percepção pela primeira vez está atenta ao corpo. Por isso alguém como Buda tem os seus próprios gestos; o seu andar é diferente, o seu olhar é diferente. Tudo é diferente porque agora não existe mais mente. O corpo agora não está seguindo a mente; a mente não está mais no caminho. Agora ele está seguindo a percepção, a qualidade mais íntima e profunda do seu ser.

Então, quando as mudanças começarem a acontecer no corpo, observe-se e rejubile-se. Fique mais alerta e mais mudanças acontecerão. Fique mais consciente e você verá que até o corpo começa a ter a sua própria consciência. E, à medida que fica mais alerta e mais consciente, você começa a sentir mais carinho pelo seu corpo, mais compaixão por ele; você fica mais próximo, mais íntimo, surge um novo tipo de amizade. Até hoje você simplesmente usou-o. Você nunca disse nem um obrigado a ele — e ele tem servido você de todas as maneiras possíveis. Portanto, isso é uma boa experiência. Deixe que ela fique mais intensa e contribua com ela. E o único jeito de contribuir com ela é ficando mais alerta.

DA CABEÇA PARA O CORAÇÃO E DO CORAÇÃO PARA O SER

UMA JORNADA DE VOLTA AO CENTRO

A sociedade não quer que você pense com o coração. A sociedade precisa de cabeças, não de corações. Certa vez, quando eu fazia uma visita a uma universidade em Varanasi, conversei com um dos maiores acadêmicos da Índia na época. O doutor Hajari Prasad Dwivedi. Ele estava presidindo uma reunião da qual eu ia participar e era o chefe do departamento de artes. Eu indaguei a ele, "Você já se perguntou por que os chefes (*heads,* em inglês) são chamados de 'cabeça' e não de 'coração'"?

Ele disse, "Você faz perguntas estranhas" — ele era um homem idoso e agora já é falecido. Ele disse, "Em toda a minha vida nunca me perguntaram por que eu sou chamado de 'cabeça' e não de 'coração'". Mas ele refletiu e disse, "A sua pergunta toca um ponto importante. Ela me deixou curioso para saber, por exemplo, por que o chefe do departamento de filosofia não é chamado de 'coração' em vez de 'cabeça' do departamento. Isso seria mais autêntico, mais essencial — mas eles são chamados de 'cabeça'".

A sociedade está dividida entre cabeças e mãos. Você já notou que nos referimos aos operários como "mão-de-obra"? Os pobres trabalham com as mãos, fazem trabalhos manuais ou braçais; são chamados de "mão-de-obra",

DA CABEÇA PARA O CORAÇÃO E DO CORAÇÃO PARA O SER

e os que estão acima deles são os "cabeças". Mas o coração fica totalmente de fora; ninguém é chamado de "coração".

É extremamente importante perceber quando você sente um frêmito no coração, porque ele é muito mais valioso do que a sua cabeça. A cabeça não tem nada que seja dela própria, tudo o que ela tem é emprestado. Mas o seu coração ainda é seu. O coração não é cristão nem hindu, ele ainda é existencial. Não foi corrompido nem poluído. Ele ainda é original.

Ir da cabeça para o coração é um grande salto quântico. Um passo a mais, do coração para o ser, e você chega em casa; a peregrinação acabou.

Ninguém pode passar diretamente da cabeça para o ser. Eles não se conhecem; não estão ligados um ao outro. Não foram nem apresentados! O seu ser não sabe nada sobre a sua cabeça e a sua cabeça não sabe nada sobre o seu ser. Eles vivem na mesma casa, mas são completamente estranhos. Como funcionam de modos muito diferentes, nunca se cruzam e nunca se encontram.

O coração é a ponte. Uma parte do coração conhece a cabeça e a outra parte conhece o ser. O coração é uma estação intermediária. Quando você estiver avançando em direção ao ser, o coração será uma estadia de uma noite.

Do coração você conseguirá vislumbrar algo do ser — mas não da cabeça; por isso os filósofos nunca se tornam místicos. Os poetas se tornam místicos, são transformados... os pintores, os escultores, os dançarinos, os músicos, os cantores estão mais próximos do ser.

Mas toda a nossa sociedade é dominada pela cabeça, porque a cabeça sabe ganhar dinheiro. Ela é muito eficiente — as máquinas sempre são mais eficientes. A cabeça é capaz de satisfazer todas as suas ambições. Ela é abastecida pelos sistemas educacionais e toda a sua energia começa a se movimentar nessa direção e a ignorar o coração.

O coração é o que existe de mais importante, porque ele é a passagem para o seu ser, para a sua fonte vital eterna. Eu gostaria que todas as universidades do mundo tornassem as pessoas mais atentas ao coração, tornassem-nas mais estéticas, mais sensíveis: sensíveis a tudo que as cerca, à imensa beleza, à imensa alegria.

Mas o coração não pode satisfazer desejos egoístas, esse é o problema. Ele pode proporcionar a você uma grande experiência de amor, uma mudança alquímica. Pode levar o que há de melhor em você à sua forma mais pura e cristalina. Mas não pode lhe dar dinheiro, poder, prestígio, que se tornaram ideais.

Continue passando da cabeça para o coração e então assuma apenas um risco um pouquinho maior e passe do coração para o ser. Esse é o próprio alicerce da sua vida.

Há uma linda história de Turgenev, "The Fool" [O Idiota].

Houve certa vez, numa cidadezinha, um homem acusado por toda a população de ser o maior idiota que já existiu. Obviamente ele tinha uma vida difícil. Não importava o que dissesse, as pessoas sempre começavam a rir — mesmo que ele estivesse dizendo uma coisa bela e verdadeira. Mas como ele era conhecido por ser um idiota, um tolo, as pessoas achavam que qualquer coisa que fizesse e dissesse só podia ser uma estupidez. Ele podia estar citando sábios, mas ainda assim as pessoas riam dele.

Ele procurou um velho sábio e disse que estava pensando em cometer suicídio, pois não suportava mais viver. "Essa acusação constante é demais para mim — não posso mais suportar! Ou você me ajuda a encontrar uma saída ou vou me matar."

O velho sábio deu risada. E disse, "Isso não é problema, não se preocupe. Faça apenas uma coisa: comece a dizer não para tudo; depois volte a me procurar daqui a uma semana. Comece a questionar o que quer que seja. Se alguém disser, 'Olhe, olhe o pôr-do-sol, que beleza!', pergunte no mesmo instante, 'Onde está a beleza? Não vejo nada — prove que há beleza! O que é a beleza? Não existe beleza neste mundo. Isso é pura bobagem!' Insista nas provas, diga, 'Prove onde está a beleza. Deixe-me vê-la, deixe-me tocá-la. Dê uma definição'. Se alguém disser, 'A música é extasiante!', pergunte sem pensar duas vezes, 'O que é êxtase? O que é música? Defina esses termos com clareza. Não acredito em nenhum êxtase, é tudo uma tolice, tudo ilusão. E a música nada mais é do que barulho'.

"Faça isso todos os dias e, depois de uma semana, me procure. Seja negativo, faça perguntas que ninguém pode responder: 'O que é a beleza, o que é o amor, o que é o êxtase? O que é a vida, o que é a morte, o que é Deus?'". Depois de sete dias o homem tolo voltou a procurar o sábio, e foi seguido por muitas pessoas. Ele estava muito bem trajado e tinha uma guirlanda na cabeça. O sábio perguntou, "O que aconteceu?"

E o tolo respondeu, "Foi mágico! Agora a cidade inteira acha que eu sou o homem mais sábio do mundo. Todo mundo acha que sou um grande filósofo, um grande pensador. As pessoas se calam diante de mim, sentem medo. Na minha presença, reina o silêncio, pois seja lá o que digam, eu transformo numa pergunta e me torno absolutamente negativo. O seu truque funcionou!"

O sábio perguntou, "Quem são essas pessoas que estão seguindo você?"

Ele disse, "São os meus discípulos — eles querem aprender comigo o que é sabedoria!"

É assim que as coisas são. A mente vive no não, ela só diz não; o seu combustível é dizer não para tudo. A mente é basicamente ateísta, negativa. Não existe mente positiva.

O coração é positivo. Assim como a mente diz não, o coração diz sim. Claro, é melhor dizer sim do que dizer não, porque a pessoa não pode viver de verdade dizendo não. Quanto mais diz não, mais retraída, mais fechada, a pessoa fica. Quanto mais diz não, menos viva ela fica. Aos poucos ela vai cometendo suicídio.

Se disser não para o amor, você se torna menos do que era antes; se disser não para a beleza, você se torna menos do que era antes. E, se você continuar dizendo não para tudo e qualquer coisa, pouco a pouco você vai desaparecendo. No final, o que sobra é uma vida vazia, sem sentido, sem significado, sem alegria, dança, celebração.

Foi isso o que aconteceu com a mente moderna. O homem moderno nunca disse tanto não. Por isso as perguntas — Qual é o significado da vida? Por que estamos vivos, afinal de contas? Por que continuamos a viver? Dissemos não para Deus, dissemos não para o transcendental, dissemos não para tudo pelo qual o homem viveu ao longo das eras. Provamos para tudo o que existe no nosso coração que todos os valores pelos quais o ser humano viveu não têm valor nenhum, mas agora estamos em apuros, numa angústia profunda. A vida tornou-se cada vez mais impossível para nós. Só continuamos a viver porque somos covardes; do contrário, destruímos todas as razões para viver. Continuamos a viver porque não somos capazes de nos matar. Temos medo da morte, por isso continuamos a viver. Vivemos por causa do medo, não por causa do amor.

É melhor ser positivo, porque quanto mais positivo você for mais perto chegará do coração. O coração não conhece a linguagem negativa. Ele nunca pergunta, "O que é a beleza?" Ele a aprecia e, apreciando-a, ele descobre o que ela é. Não pode defini-la, não consegue se explicar, porque a experiência é inexplicável, inexprimível. A linguagem não é adequada, os símbolos de nada servem. O coração sabe o que é o amor, mas não pergunta. A mente só conhece as perguntas e o coração só conhece respostas. A mente vive perguntando, mas não sabe responder.

Por isso a filosofia não tem respostas, só perguntas e perguntas e mais perguntas. Toda pergunta aos poucos se transforma em milhares de perguntas. O coração não tem perguntas — esse é um dos mistérios da vida —, ele tem todas as respostas. Mas a mente não ouve o coração; não existe comunhão entre os dois, não existe comunicação, porque o coração só conhece a linguagem do silêncio. Nenhuma outra ele conhece, nenhuma outra ele entende — e a mente nada sabe sobre o silêncio. A mente é só barulho, uma história contada por um idiota, cheia de barulho e fúria, significando nada.

O coração sabe o que é significado. O coração conhece a glória da vida, a alegria imensa da existência pura e simples. O coração é capaz de celebrar, mas nunca de perguntar. Por isso a mente acha que o coração é cego. A mente é cheia de dúvidas, o coração é cheio de confiança; eles são opostos polares.

É por isso que dizem que é melhor ser positivo do que negativo. Mas, lembre-se, o positivo está unido ao negativo, eles são os dois lados do mesmo fenômeno.

Não estou aqui para ensiná-lo sobre os caminhos do coração — sim, eu os uso, mas só como um expediente para tirar você da mente. Eu uso o coração como veículo para levá-lo para outras praias, eu uso o coração como um barco. Depois que chegou na margem, o barco é deixado para trás; você não precisa carregá-lo na cabeça.

O objetivo é ir além da dualidade. O objetivo é ir além tanto do não quanto do sim, porque o sim só tem sentido no contexto do não; ele não pode ficar livre do não. Se ficar, que significado ele tem? O seu sim só pode existir com o não, lembre-se; e o seu não só pode existir com o sim. Eles são opostos polares, mas ajudam um ao outro de um modo sutil. Existe uma conspiração — eles estão de mãos dadas, estão apoiando um ao outro, porque não podem existir separadamente. O sim só tem significado por causa do não; o não só tem significado por causa do sim. E você tem de ir além dessa conspiração. Tem de ir além dessa dualidade.

Eu não estou lhe ensinando um modo positivo de viver nem estou lhe ensinando um modo negativo. Estou lhe ensinando um modo de transcender. Todas as dualidades têm de ser descartadas — a dualidade da mente e do coração, a dualidade da matéria e da mente, a dualidade do pensamento e da emoção, a dualidade do positivo e do negativo, a dualidade do masculino e do feminino, do yin e do yang, do dia e da noite, do verão e do inverno, da vida e da morte... *todas* as dualidades. A dualidade em si tem de ser descartada, porque *você* está além da dualidade.

No momento em que começar a se afastar do sim e do não, você terá os primeiros vislumbres do supremo. Pois o supremo permanece absolutamente inexprimível; você não pode dizer não nem pode dizer sim.

Mas, se for escolher entre o negativo e o positivo, então direi para escolher o positivo, pois é mais simples escapar do sim do que escapar do não. O não não tem muito espaço; ele é uma cela escura. O sim é mais amplo, mais aberto, mais vulnerável. Para sair do não você encontrará muita dificuldade. Você não tem muito espaço, de todos os lados está cerceado e todas as portas e janelas estão cerradas. O não é um espaço fechado. Viver no negativo é a coisa mais idiota que uma pessoa pode fazer, mas milhões estão vivendo assim. O homem moderno, particularmente, está vivendo no negativo. Ele está repetindo a história de Turgenev, porque vivendo assim ele se sente grandioso, seu ego se satisfaz.

O ego é uma cela de prisão criada com os tijolos do não; a negatividade é o que o alimenta. Por isso, se você tiver de escolher entre o negativo e o positivo, escolha o positivo. Pelo menos você terá uma esfera de ação mais ampla; algumas janelas e portas estarão abertas, o vento e o sol e a chuva estarão ao seu alcance. Você terá alguns vislumbres do céu aberto lá fora e das estrelas e da lua. E às vezes a fragrância das flores chegará até você e, outras vezes, você ficará eletrizado com a alegria de simplesmente estar vivo. E é mais fácil passar do sim para o que está além.

Do não vem o sim e do sim vem o além. O além não é nem positivo nem negativo — ele é divindade, é iluminação.

? *Será que um dia conseguiremos combinar cabeça e coração na nossa vida ou eles viverão sempre apartados um do outro? Nós temos de fazer uma escolha consciente entre um e outro?*

Tudo depende de você, porque ambos são mecanismos. Você não é nem a cabeça nem o coração. Pode seguir a cabeça e pode seguir o coração. Claro que você chegará a lugares diferentes, porque os rumos da cabeça e os do coração são diametralmente opostos.

O coração ficará às voltas com os pensamentos, remoendo, filosofando; ele só conhece as palavras, a lógica, o argumento. Mas é extremamente infértil; você não consegue extrair dele nenhuma verdade, porque a verdade não precisa de lógica, não precisa de argumento, não precisa de pesquisa filosófica. A verdade é muito simples; a cabeça é que a torna complexa. Ao longo dos séculos, os filósofos têm buscado a verdade por meio da cabeça. Nenhum deles encontrou nada, mas criaram grandes sistemas de pensamento. Tenho estudado todos esses sistemas e não existe nenhuma conclusão.

O coração também é um mecanismo, diferente da cabeça. Você pode chamar a cabeça de instrumento lógico e o coração de instrumento emocional. É da cabeça que vêm todas as filosofias, todas as teologias; do coração vem todos os tipos de devoção, de prece, de sentimentalismo. Mas o coração também vive às voltas com as emoções.

A palavra "emoção" é ótima. Repare: ela consiste em moção, movimento. Por isso o coração se move, mas é cego. Ele se movimenta rápido,

DA CABEÇA PARA O CORAÇÃO E DO CORAÇÃO PARA O SER

ligeiro, porque não há por que esperar. Ele não tem de pensar, só se precipitar sobre as coisas. Mas não se chega à verdade por meio de qualquer emocionalidade. A emoção é uma barreira assim como a lógica. A lógica é o masculino em você e o coração é o feminino. Mas a verdade não tem nada a ver com o feminino e o masculino. A verdade é a sua consciência. Você pode observar a cabeça pensando, pode observar o coração pulando de emoção. Eles podem ter uma certa ligação...

Normalmente, a sociedade estabelece que a cabeça deve ser o mestre e o coração, o servo, pois a sociedade é criação da mente masculina e da psicologia. O coração é feminino. E assim como o homem escraviza a mulher, a cabeça escraviza o coração. Podemos inverter a situação, o coração pode se tornar o mestre e a cabeça, o servo. Se tivermos de escolher entre os dois, se formos forçados a escolher entre os dois, é melhor que o coração se torne o mestre e a cabeça, o servo.

Há coisas que o coração é incapaz de fazer, e exatamente o mesmo acontece com a cabeça. A cabeça não pode amar, não pode sentir, ela é insensível. O coração não pode ser racional, lógico. Durante todo o nosso passado, eles sempre estiveram em conflito — conflito este que só representa a luta entre homens e mulheres. Se estiver conversando com a sua mulher, você tem de saber — é impossível dialogar, é impossível argumentar, é impossível chegar a uma decisão justa, porque a mulher pensa com o coração. Ela salta de uma coisa para outra sem se importar se existe ligação entre as duas. Ela não pode argumentar, mas pode chorar. Não pode ser racional, mas pode gritar. Não consegue cooperar para que se chegue a uma conclusão. O coração não entende a linguagem da cabeça.

A diferença não é muito grande, no que diz respeito à fisiologia; o coração e a cabeça só estão a alguns centímetros de distância um do outro. Mas, no que diz respeito às qualidades existenciais, eles são absolutamente contrários.

Dizem que meu método é seguir o coração, mas isso não é verdade. O coração lhe dá todo tipo de fantasias, alucinações, ilusões, sonhos doces, mas não pode lhe dar a verdade. A verdade está além de ambos; está na consciência, que não é nem cabeça nem coração. A consciência só pode usar ambos em harmonia porque está separada de ambos.

A cabeça é perigosa em certos campos, porque ela tem olhos, mas não tem pernas — é aleijada. O coração pode funcionar em certas dimensões. Ele não tem olhos, mas tem pernas; é cego, mas pode andar muito bem, a uma grande velocidade — claro, sem saber aonde está indo! Não é simples coincidência o fato de em todas as línguas se dizer que o amor é cego. Não é o amor que é cego, é o coração que não tem olhos.

Quando a sua meditação fica mais profunda, quando a sua identificação com a cabeça e com o coração começa a diminuir, você percebe que está se tornando um triângulo. E a sua realidade está na terceira força em você, a consciência. A consciência pode gerenciar tudo com muita facilidade, porque *ambos*, tanto a cabeça quanto o coração, pertencem a ela.

E já contei a história do mendigo cego e do mendigo aleijado que moravam na floresta, nos arredores de uma aldeia. Claro que eles eram concorrentes, inimigos; pedir esmolas é um negócio como qualquer outro. Mas um dia houve um incêndio na floresta. O aleijado não tinha como fugir, pois não podia se locomover sozinho. Ele tinha olhos para enxergar que caminho tomar para fugir do fogo, mas para que servem os olhos se você não tem pernas? O cego tinha pernas e podia correr depressa e escapar do incêndio, mas como ia encontrar os lugares por onde o fogo ainda não se alastrara?

Ambos iam morrer na floresta, queimados vivos. A urgência era tão grande que eles esqueceram a competição e imediatamente deixaram de lado o antagonismo que existia entre eles — esse era o único jeito de sobreviver. O cego colocou o aleijado nos ombros e eles acharam o caminho para longe do fogo. Um enxergava e o outro corria.

Algo parecido tem de acontecer com você; a cabeça tem olhos e o coração tem coragem para encarar qualquer coisa. Você tem de criar uma síntese entre os dois. E nessa síntese, eu sempre digo, o coração tem de ser o mestre e a cabeça tem de se tornar o servo.

Você tem como servo um grande recurso: o raciocínio. Você não pode ser ludibriado, enganado e explorado. O coração tem todas as qualidades femininas: o amor, a beleza, a graça. A cabeça é bárbara, o coração é muito mais civilizado, muito mais inocente.

DA CABEÇA PARA O CORAÇÃO E DO CORAÇÃO PARA O SER

Uma pessoa consciente usa a cabeça como servo e o coração como mestre. E isso é muito simples para um homem de consciência. Depois que você se desidentifica da cabeça e do coração e se torna simplesmente uma testemunha de ambos, você é capaz de perceber quais qualidades são mais elevadas e quais devem ser o seu objetivo. E a cabeça como serva pode trazer essas qualidades, mas precisa ser comandada e receber ordens. Até o momento, e durante séculos, tem acontecido justamente o oposto: o servo se tornou o mestre. E o mestre verdadeiro é tão educado, tão cavalheiro, que não contra-atacou; aceitou a escravidão voluntariamente. A loucura que impera na Terra é o resultado disso.

Temos de mudar a própria alquimia humana.

Temos de reorganizar todo o interior do homem e a mais básica de todas as revoluções acontecerá quando o coração determinar os valores. Ele não pode decidir pela guerra, não pode defender as armas nucleares; não pode pensar na morte. O coração é o sumo da vida. Quando a cabeça está a serviço do coração, ela tem de fazer o que ele determina. E a cabeça tem uma enorme capacidade de fazer qualquer coisa, só precisa da orientação certa; do contrário, fica frenética, entra em parafuso. Para a cabeça, os valores não existem. Para ela, nada tem significado. Para a cabeça, não existe amor, não existe beleza, não existe graça — só raciocínio.

Mas esse milagre só é possível quando você se desidentifica de ambos. Observe os pensamentos, porque, com essa observação, eles deixam de existir. Então observe as suas emoções, os seus sentimentalismos; com essa observação, eles também deixam de existir. Então o seu coração fica tão inocente quanto o de uma criança e a sua cabeça fica tão grandiosa quanto um gênio como Albert Einstein, Bertrand Russell, Aristóteles.

Mas o problema é bem maior do que você pode conceber. Esta é uma sociedade dominada pelo homem; ele criou todas as regras do jogo, à mulher só cabe segui-las. E o condicionamento se tornou profundo demais, pois ele já dura milhões de anos.

Se a revolução acontecer no indivíduo e o coração voltar a ocupar o seu trono, o seu devido lugar como mestre, e a cabeça voltar a ser uma grande serva, isso afetará toda a estrutura social. Existe uma possibilidade, mas ela requer que uma condição básica seja preenchida: você precisa se tornar mais consciente, uma testemunha, um observador de tudo que se passa dentro de você. O observador fica imediatamente livre da identificação. Porque ele pode ver as emoções, pode ter absoluta certeza de que "Eu não sou as emoções". Ele pode ver os pensamentos; a simples conclusão é, "Eu não sou o meu processo mental".

"Então quem sou eu?" — um puro observador, uma testemunha, e você alcança a possibilidade suprema de inteligência em você. Você se torna um ser humano consciente. Embora o mundo inteiro esteja dormindo, você está acordado, e depois que você acorda os problemas acabam. O seu próprio despertar começa a colocar tudo no devido lugar. A cabeça tem de ser destronada e o coração tem de assumir o trono outra vez. Quando muitas pessoas passarem por essa mudança, surgirá uma nova sociedade, um novo tipo de ser humano no mundo. Ela mudará tantas coisas que você não pode nem imaginar.

A ciência terá uma verve totalmente diferente. Ela não servirá mais à morte, não fará mais armas para matar toda a vida sobre a superfície da Terra. Tornará a vida mais rica, descobrirá energias que deixarão o ser humano mais pleno, que lhe permitirão viver com mais conforto, em meio ao luxo, porque os valores mudarão completamente. Ela ainda será a mente em funcionamento, mas sob a regência do coração.

O meu caminho é o caminho da meditação. Tenho de usar a linguagem, infelizmente. Por isso digo que o meu caminho é o caminho da meditação — nem a cabeça nem o coração, mas a consciência crescente que está além tanto da mente quanto do coração.

Essa é a chave para abrir as portas para um novo ser humano chegar à Terra.

 Depois de ouvir você falando sobre pensar, sentir e ser, e ter de abrir mão de um para chegar ao outro, me ocorreu uma pergunta. "Isso significa que eu terei de abrir mão do amor também?" O amor é um sentimento do ser que sempre existirá? Você poderia dizer alguma coisa sobre sentimento, amor e ser?

Posso dizer muito, mas primeiro quero perguntar a você se sabe o que é amor? Sabe que tem medo de que o amor acabe? As pessoas ficam imaginando coisas...

Houve um julgamento uma vez. Dois amigos, velhos amigos, tinham trocado socos. Foram parar no tribunal. O juiz mal podia acreditar. A cidade era pequena e todo mundo sabia que essas duas pessoas estavam sempre juntas e tinham uma grande amizade. O juiz perguntou, "O que aconteceu? O que causou a briga?"

Um disse ao outro, "Conte você". E o outro retrucou, "Não, conte você".

O juiz decidiu, "Conte qualquer um dos dois, ninguém precisa fazer cerimônia, deixar o outro falar primeiro. Só preciso saber o que aconteceu". Ambos ficaram em silêncio. O juiz engrossou a voz, "Falem! Ou vou mandar os dois para a cadeia!"

Então um deles arriscou, "É muito constrangedor... Na verdade, estávamos os dois sentados na beira do rio e o meu amigo disse que ia comprar uma vaca. Eu disse, 'Esqueça essa idéia. Porque a sua vaca poderia invadir a minha fazenda e comer a minha plantação, e esse seria o fim da nossa amizade. Eu iria matar a vaca'.

"O meu amigo retrucou, 'Mas que atrevimento! Tenho todo o direito de comprar uma vaca ou dez vacas, se quiser. E vacas são vacas — às vezes elas pulam cercas e então veremos o que acontece. Se você matar a minha vaca, eu ponho fogo na sua plantação!'"

E a briga continuou, uma coisa levando à outra. Por fim, o dono da fazenda desenhou com o dedo a sua propriedade na areia e disse, "Esta é a minha fazenda. Deixe a sua vaca invadir o meu terreno e você vai ver o que acontece".

E o homem disse, "Excelência, este homem fez com os dedos cinco vacas invadindo o meu terreno e disse, 'O que vai fazer agora?' Então começamos a bater um no outro — não havia vaca nenhuma, nem fazenda nenhuma. Então eu não podia abater as vacas dele e ele não podia pôr fogo na minha fazenda. Ficamos muito constrangidos, por isso nenhum de nós queria lhe contar o que aconteceu".

O juiz disse, "Isso é pura estupidez! Ele nem tinha comprado a vaca ainda; não há nem plantação na sua fazenda, você não semeou nem uma única semente — e os dois chegam aqui com fraturas?"

Você me pergunta, "Depois que a mente é transcendida, que as emoções, os sentimentos são transcendidos, tenho de ficar sem o amor também?" Por acaso você já *teve* amor? Primeiro compre a vaca!

Eu sei que você não tem, porque, se tivesse, essa pergunta não teria lhe ocorrido. Eu estou dizendo com toda a certeza que você não tem.

Ainda assim, a sua pergunta é importante.

Existem três camadas no ser humano — a fisiologia, o corpo; a psicologia, a mente; e o ser, o eu eterno. O amor pode existir em todos esses três planos, mas as suas qualidades serão diferentes. No plano da fisiologia, o corpo, ele é simplesmente sexualidade. Você pode chamar de amor porque a palavra "amor" parece poética, bela, mas noventa e nove por cento das pessoas estão chamando sexo de "amor". O sexo é biológico, fisiológico. A sua química, os seus hormônios — tudo o que é material.

Você se apaixona por uma mulher ou por um homem. Pode me descrever com exatidão por que essa pessoa atraiu você? Você certamente não pode ver o eu dessa pessoa, pois ainda não vê nem o seu próprio ser. Você também não é capaz de ver a psicologia dela, porque ler a mente de alguém não é uma coisa muito fácil. Então o que você descobriu? Algo na sua fisiologia, na sua química, nos seus hormônios sente-se atraído pelos hormônios, pela fisiologia, pela química da outra pessoa. Isso não é amor, isso é química.

Agora pense: a mulher por quem você se apaixonou vai ao médico e muda de sexo, começa a deixar a barba e o bigode crescerem — será que você ainda vai amá-la? Nada mudou, só a química e os hormônios. Então por que o amor acabou?

Só um por cento das pessoas vai um pouco mais fundo. Os poetas, os pintores, os músicos, os dançarinos, os cantores têm uma sensibilidade que os faz sentir um pouco além do corpo. Eles podem sentir as belezas da mente, as sensibilidades do coração, porque eles mesmos vivem nesse plano.

Tome isto como uma regra básica: enquanto viver, você não pode ver além disso. Se está vivendo no seu corpo, se pensa que você é só o seu cor-

DA CABEÇA PARA O CORAÇÃO E DO CORAÇÃO PARA O SER   **87**

po, você só vai se sentir atraído pelo corpo de outra pessoa. Esse é um estágio fisiológico do amor. Mas um músico, um pintor, um poeta vive num plano diferente. Ele não pensa, ele sente. E, porque ele vive no coração, consegue sentir o coração de outra pessoa. Isso normalmente é chamado de amor. É raro. Estou dizendo que talvez só um por cento, de vez em quando.

Por que tantas pessoas não estão passando para o segundo plano? Afinal, ele é extraordinariamente belo... mas existe um problema. Tudo o que é muito belo também é muito delicado. Não é resistente, é feito de um vidro muito frágil. E, depois que o espelho cai e se quebra, não há como consertá-lo. As pessoas têm medo de se envolver a ponto de atingir as camadas delicadas do amor, pois nesse estágio o amor é extremamente belo, mas muito passível de mudança. Os sentimentos não são pedras, são como rosas. É melhor ter uma flor de plástico, porque ela vive para sempre e todo dia você pode lavá-la embaixo da torneira e deixá-la como nova. Você pode borrifá-la com perfume francês. Se as suas cores desbotarem, você pode pintá-la outra vez. O plástico é uma das coisas mais indestrutíveis que existe neste mundo. Ele é estável, permanente; por isso as pessoas não vão além da fisiologia. Ela é superficial, mas é estável.

Poetas, artistas, sabemos que eles se apaixonam todos os dias. Seu amor é como uma rosa. Enquanto existe ele é tão fragrante, tão vivo! Dançando ao vento, na chuva, no sol, mostrando a sua beleza. Mas, à noite, ele já se foi e você não pode fazer nada para impedir que isso aconteça. O amor mais profundo do coração é como uma brisa que entra em seu quarto, traz com ele frescor, refrigério e depois se vai. Você não consegue agarrar o vento com as mãos. Muito poucas pessoas têm coragem bastante para viver uma vida que muda a todo momento. Por isso, elas decidiram por um amor do qual possam depender.

Eu não sei que tipo de amor você conhece — mais provavelmente o primeiro tipo, talvez o segundo. E você tem receio: se atingir o seu ser, o que acontecerá com o seu amor?

Com certeza você vai perdê-lo, mas não será uma perdedora. Um novo tipo de amor surgirá, um amor que talvez surja em uma pessoa em milhões. Esse amor só pode ser chamado de amorosidade.

O primeiro amor deveria ser chamado de sexo. O segundo deveria ser chamado de amor. O terceiro deveria chamar amorosidade — uma qualidade, que não é dirigida a ninguém, não é possessiva nem deixa ninguém tomar posse de você. Essa qualidade amorosa é uma revolução tão radical que até concebê-la é muito difícil.

Quando chega no ser, você simplesmente tem uma fragrância de amorosidade. Mas não tenha medo. A sua preocupação faz sentido — o que você acha que é amor acabará. Mas o que o substituirá é imenso, infinito. Você será capaz de amar sem se apegar. Você será capaz de amar muitas pessoas, porque amar uma pessoa só é viver na pobreza. Essa pessoa pode lhe dar uma certa experiência de amor, mas amar muitas pessoas... você ficará encantado ao ver que cada pessoa lhe proporciona um novo sentimento, uma nova canção, um novo êxtase.

É por essa razão que eu sou contra o casamento. As pessoas podem viver juntas a vida toda se quiserem, mas essa não deve ser uma necessidade pautada na lei. As pessoas devem mudar, ter o maior número possível de experiências de amor. Elas não devem ser possessivas. A possessividade destrói o amor. E elas não devem ser possuídas, porque isso também destrói o seu amor.

Todos os seres humanos merecem ser amados. Não há por que ficar preso a uma só pessoa a vida toda. Essa é uma das razões por que todas as pessoas ao redor do mundo parecem tão entediadas. Por que elas não podem rir? Por que não podem dançar? Elas estão presas por amarras invisíveis — casamento, família, marido, mulher, filhos. Carregam o fardo de todas as suas obrigações, responsabilidades, sacrifícios. E você quer que elas sorriam, dêem risada, dancem e regozijem? Você está pedindo o impossível.

Torne o amor das pessoas livre, torne as pessoas não-possessivas. Mas isso só pode acontecer se na sua meditação você descobrir o seu ser. Não é nada prático. Não estou lhe dizendo, "Esta noite, você vai sair com outra mulher ou com outro homem só para praticar". Você não vai ganhar nada com isso e ainda pode perder o seu parceiro; e pela manhã vai parecer um idiota. Não é uma questão de praticar, é uma questão de descobrir o seu ser.

A descoberta do ser traz a virtude da amorosidade impessoal. Você simplesmente passa a amar, e esse amor não pára de se expandir. Primeiro são os seres humanos, depois os animais, os pássaros, as árvores, as montanhas, as estrelas. Chega um dia em que toda esta existência é objeto do seu amor. Esse é o nosso potencial, e qualquer um que não atingi-lo está desperdiçando a própria vida.

Sim, você terá de abrir mão de algumas coisas, mas elas não têm valor nenhum. Em contrapartida, terá ganho tanto que nunca mais pensará no que perdeu.

Uma amorosidade pura, impessoal, que pode penetrar no ser de qualquer pessoa — esse é o resultado do estado meditativo, do silêncio, do mergulho profundo no próprio ser. Estou simplesmente tentando persuadir você. Não tenha medo de perder o que tem.

A minha função é basicamente persuadir você a, pouco a pouco, passar da fisiologia para a psicologia — passar da mente para o coração. E depois passar do coração para o ser. A partir desse ponto, abre-se a porta do ser supremo da existência. É impossível descrevê-lo, só é possível apontá-lo — um dedo apontando para a lua.

Mas não se preocupe. Você só perderá a sua pobreza, a sua miséria. Não perderá nada que tenha valor.

PARTE II

SAÚDE EMOCIONAL: REIVINDICANDO A NOSSA HARMONIA INTERIOR

Quando você usa a sua energia como percepção, isso aproxima você do próprio centro da existência. O seu raciocínio vai um pouco mais longe e sua expressão vai até mais longe ainda. Ao passar da expressão para o raciocínio e do raciocínio para o não-pensamento — só percepção pura —, você fica mais próximo do seu próprio centro e do centro da própria existência.

Nas emoções, nos pensamentos, nas expressões, a energia está seguindo em direção à periferia, à circunferência. Quanto mais perto você está da circunferência, mas distante está de si mesmo.

Vá voltando aos pouquinhos. Trata-se de uma jornada para a fonte e a fonte é tudo o que você precisa vivenciar... porque ela não é apenas a sua fonte, mas a fonte das estrelas, da Lua e do Sol. É a fonte de tudo.

COMECE COM A ACEITAÇÃO

O maior desejo deste mundo é o da transformação interior. O desejo por dinheiro não é nada, o desejo por mais poder, mais prestígio não é nada, em comparação; o maior desejo que existe é chamado desejo espiritual. E depois que você cai nas garras do desejo vive infeliz para sempre. A transformação é possível, mas não basta apenas desejá-la. A transformação só é possível quando você encara com descontração o que existe, seja isso o que for. A aceitação incondicional de si mesmo leva à transformação.

Teremos de ir mais fundo nesse fenômeno, porque isso é uma parte central da vida de todo mundo.

O ser humano vive infeliz, vive angustiado; por isso todo mundo está em busca de um estado de bem-aventurança, um estado de unidade com a existência. O ser humano se sente alienado, desarraigado. Por isso é natural o desejo de se enraizar na existência novamente, de ser verde novamente, de florescer novamente.

É preciso meditar sobre essas poucas coisas. Primeiro, estabilizar essa unidade perfeita com a existência, a consciência tem de primeiro unificar a si mesma. E isso só é possível quando não rejeitamos nada que seja experiencialmente real. Essa é a primeira coisa a entender.

Você sente medo — ora, o medo é uma realidade existencial, uma realidade experiencial; ele existe! Você pode rejeitá-lo, mas ao rejeitá-lo você o estará reprimindo. Reprimindo-o você criará uma ferida em seu ser. Você se sente covarde — consegue não olhar para ele, mas ele é um fato, uma realidade. Não vai desaparecer só porque você não olha para ele. Você está se comportando como um avestruz. Diante do inimigo, diante do perigo de morte, o avestruz esconde a cabeça na areia. Mas o inimigo não vai desaparecer porque você escondeu a cabeça na areia, porque fechou os olhos. Na verdade, o avestruz fica mais vulnerável ao inimigo. Por achar que não há mais inimigo pelo fato de não ser mais visto, por achar que a *visão* do inimigo é que o torna real, o avestruz não sente tanto medo. Mas, na verdade, ele está correndo um perigo maior ainda; o inimigo está mais poderoso, porque não está sendo notado.

Algo pode ser feito caso o avestruz não esconda a cabeça na areia. Mas é isso o que as pessoas estão fazendo. Você vê covardia, tenta não reparar nela, mas ela é um fato! Mas, não reparando nela, você criou uma parte do seu ser que não será capaz de ver. Você se dividiu em dois. Ora, um dia surge outra coisa — raiva — e você não quer aceitar que existe raiva em você. Você pára de olhá-la. Então, em outro dia qualquer surge a ganância e por aí em diante. E seja o que for que você pare de olhar, permanece, e você passa a viver encolhido. Muitas outras partes do seu ser estão separadas de você — você se separou delas por vontade própria. E quanto mais fragmentado você está, mais infeliz se sente.

O primeiro passo rumo à felicidade é ser um só. Isso é o que os místicos não cansam de dizer: ser um só é maravilhoso, ser muitos é um inferno. Portanto, tudo que for experiencialmente real, aceite. Você não pode fazer nada negando isso. Negando você cria um problema, e o problema torna-se mais complexo.

É simples: você sente que é covarde e daí? Então diga, "Eu sou covarde". Basta reconhecer! Se conseguir aceitar a covardia, você já será corajoso. Só alguém corajoso consegue aceitar o fato de ser covarde; nenhum covarde aceita. Você já está a caminho da transformação. Portanto, a primeira coisa é saber que nada do que seja vivenciado como fato deve ser uma realidade negada.

Segundo, para chegar a isso, a consciência tem primeiro de se desidentificar de todas as idéias fixas com que ela própria se identificou. Se a sua mente se apegar às idéias que ela tem sobre quem você é, se ela se agarrar a algum conceito fixo e persistente sobre quem você é, não haverá espaço em você para nenhuma realidade que contradiga essas idéias. Se você tem uma certa idéia sobre como deveria ser, então não conseguirá aceitar as verdades experienciais do seu ser. Se tem uma idéia de que precisa ser corajoso, de que a coragem é uma virtude, então será difícil aceitar a sua covardia. Se você acha que tem de ser uma pessoa como Buda, compassiva, absolutamente compassiva, então não vai aceitar a sua raiva. É o ideal que cria o problema.

Se você não tiver nenhum ideal, então não haverá problema nenhum. Você é covarde e ponto final! Por não ter o ideal de ser corajoso, você não condena o fato — não o rejeita, não o reprime, não o atira no porão do seu ser, para não precisar mais olhar para ele.

Qualquer coisa que você relegar ao inconsciente continuará exercendo sua influência dali e criará problemas para você. É como uma doença que você está incubando. Ela estava vindo para a superfície, onde havia possibilidade de tratá-la. Se a ferida vem para a superfície, isso é bom, é sinal que ela pode ser curada — pois é só na superfície que ela entra em contato com o ar fresco e com a luz do Sol e pode ser curada. Se você a obriga a ficar incubada, não deixa que ela aflore, ela acaba se transformando num câncer. Até uma doencinha, se reprimida, pode se tornar uma doença mais grave.

Nenhuma doença deve ser reprimida. Mas a repressão é natural quando você tem um ideal. Qualquer ideal serve. Se você tem o ideal de ser celibatário, o sexo se torna um problema. Você não consegue observá-lo. Se não tem o ideal de ser celibatário, o sexo não é rejeitado. Não existe uma divisão entre você e a sua sexualidade. Há comunhão, e essa comunhão traz alegria.

A comunhão consigo mesmo é a base de toda alegria.

Portanto, a segunda coisa para lembrar é: não cultive ideais. Imagine só, se você tivesse o ideal de ter três olhos, surgiria imediatamente um problema, pois você só tem dois e o seu ideal diz que, se você não tem três, algo está faltando. Agora você anseia pelo terceiro. Você criou um problema insolúvel para si mesmo! Não há como resolvê-lo. O máximo que pode fazer é pintar um terceiro olho na testa. Mas ele será apenas um terceiro olho pintado; é só hipocrisia.

Os ideais criam hipocrisia nas pessoas. Olhe que absurdo: as pessoas têm o ideal de não serem hipócritas e a hipocrisia surge por causa dos ideais. Se não houver mais nenhum ideal, não haverá mais hipocrisia. Como a hipocrisia vai existir? Ela é a sombra do fato de se ter ideais. Quanto maior o ideal, maior a hipocrisia. Na Índia, você vai achar mais hipócritas do que em qualquer outro lugar do mundo, porque a Índia viveu séculos cultivando grandes ideais. Ideais estranhos, obsessivos...

Por exemplo, um monge jainista não fica satisfeito enquanto não é capaz de comer só de vez em quando, como nas histórias mitológicas de Mahavira. Dizem que, em doze anos, Mahavira só comeu o equivalente a um ano. Isso significa que ele só comia de doze em doze dias, o resto do tempo ele jejuava. Ora, se esse for o seu ideal, você vai viver muito infeliz. Se não for, não há problema nenhum.

Veja — o problema nasce do ideal. Ora, o monge cristão não vive atormentado por esse ideal, ele não precisa jejuar. Mas o monge jainista sofre o tempo todo porque não consegue atingir o ideal; ele sempre fracassa.

Se você é realmente puro — essa é a idéia jainista —, o seu corpo não transpirará. Olhe que idéia mais estúpida! O corpo continuará a transpirar e você vai continuar a sofrer.

Quanto mais ideais você tiver mais sofrerá e maior será a sua hipocrisia, pois, se não consegue atingir os ideais, tem pelo menos de fingir. É assim que surge a hipocrisia. O mundo não seria hipócrita se aceitássemos os fatos experienciais sem julgá-los. O que quer que exista, existe e pronto. Se aceitássemos os fatos da vida em vez de vivermos cheios de "deverias", como poderia haver hipocrisia?

Outro dia alguém me perguntou, "Você não é hipócrita? Sempre viveu no conforto, mora numa bela casa, anda num carrão, vive como um rei". Ora, essa pessoa não sabe o que significa a palavra "hipocrisia". Tudo o que eu quero é ensinar as pessoas a viver da maneira mais bela possível. Não sou hipócrita: na verdade, estou vivendo de acordo com o que eu ensino. Se eu pregasse a pobreza e morasse num palácio, isso seria hipocrisia. Mas eu não prego a pobreza; ela não é o meu objetivo. Eu vivo de modo natural; e viver no conforto e com todas as conveniências é muito natural. É simplesmente burrice não viver no conforto se ele é possível. Se não é possível, então a coisa muda de figura. Mas, se é, então viva confortavelmente; dê um jeito de viver com conforto.

Eu vivi em muitos tipos de situação, mas sempre vivi confortavelmente. Quando era estudante, costumava ir andando até a universidade, mais de seis quilômetros todos os dias, mas eu adorava! Caminhava aqueles seis quilômetros todos os dias, mas com grande conforto; eu gostava muito. Quando era professor, eu costumava ir de bicicleta para a universidade; e adorava também. Fosse qual fosse a situação, se eu tivesse uma bicicleta ou uma Mercedes-Benz, não fazia diferença. Eu vivia no conforto. O conforto é uma atitude mental, é um jeito de encarar a vida. Eu morei em casebres. Quando me tornei professor universitário, passei a morar num quarto sem janelas, sem ventilação. O aluguel era de apenas vinte rúpias por mês. Mas eu adorava, gostava muito, para mim não era nenhum problema. Sempre que o momento permitia, eu o usufruía totalmente. Eu me inebriava completamente do momento, nunca me arrependia de nada e nunca cobiçava nada mais; se outra coisa começasse a acontecer, eu apreciava também. Você nunca pode me dizer que sou um hipócrita. É impossível para mim ser hipócrita, porque eu não tenho ideais a alcançar, não tenho "deverias". O que "é" me basta e eu vivo com base nisso.

Por isso a segunda coisa a lembrar é: não cultive certos ideais com relação a si mesmo. As pessoas estão cultivando muitos ideais acerca do que deveriam ser. Se você tem a idéia de ser corajoso, então ser covarde parece uma coisa muito feia. Mas a covardia é um fato e o ideal é só um ideal, uma fantasia da mente.

Sacrifique as fantasias em prol da realidade, jogue fora todos os ideais e a vida começará a ficar mais integrada. Todos os fragmentos rejeitados do seu ser começam a ser reintegrados e os reprimidos começam a vir à tona. Pela primeira vez você começa a se sentir mais coeso; não se sente mais fragmentado.

Por exemplo, se eu pensar em mim mesmo como uma pessoa "gentil", não serei capaz de reconhecer e aceitar sentimentos de raiva quando eles surgirem. As pessoas "gentis" não ficam com raiva. Portanto, para que haja uma unidade na minha consciência, eu tenho de ver que eu sou apenas uma realidade experiencial que muda a todo momento. Em alguns momentos tenho raiva, em outros eu sinto tristeza. Em alguns momentos sou ciumento, em outros sou alegre. A todo instante, qualquer coisa que aconteça é aceita. Aí você se torna um. E essa unidade é a coisa mais importante para se entender.

O meu propósito aqui, a minha função aqui, é afastar de você todos os ideais. Você chegou aqui com ideais; você gostaria que eu enaltecesse esses ideais, gostaria que eu o apoiasse e o ajudasse a se tornar aquilo que quer se tornar. Isso pode ser o que o levou a me procurar, mas não é o meu trabalho. O meu trabalho é o contrário disso: é ajudar você a aceitar-se como é e esquecer todas as fantasias. Eu quero que você se torne mais realista e pragmático. Quero dar a você raízes na terra — e você anseia alcançar o céu e se esqueceu completamente da terra.

Sim o céu também está ao nosso alcance, mas só para aqueles cujas raízes estão fincadas na terra. Se uma árvore quer se elevar em direção ao céu e cochichar com as nuvens, brincar com o vento e comungar com as estrelas, então ela terá de aprofundar as suas raízes na terra. A primeira coisa é fincar raízes na terra, a segunda coisa acontece por conta própria. Quanto mais profundas as raízes mais alto a árvore chega; não é preciso fazer nada mais do que isso.

Todo o meu empenho é fincar as suas raízes no solo da verdade. E a verdade é aquilo que você *é*. Então de repente as coisas começarão a acontecer. Você começará a se elevar. Os ideais que você sempre teve e nunca conseguiu alcançar começarão a se tornar realidade naturalmente.

Se a pessoa consegue aceitar a realidade como é, nessa própria aceitação toda a tensão desaparece. Angústia, ansiedade, desespero — tudo isso simplesmente desaparece. E, quando não existe ansiedade, nenhuma tensão, nenhuma fragmentação, nenhuma divisão, nenhuma esquizofrenia, surge repentinamente a alegria. Surge o amor, surge a compaixão. Eles não são ideais, são fenômenos muito naturais. Tudo o que é preciso é eliminar os ideais, porque esses ideais funcionam como bloqueios. Quanto mais idealista a pessoa é, mais bloqueada ela fica.

Sim, a covardia lhe causa dor, o medo lhe causa dor, a raiva lhe causa dor; essas emoções são negativas. Mas só é possível alcançar a paz aceitando e absorvendo o que lhe causa dor, não rejeitando. Se rejeitar, você vai ficando cada vez menor, menor e menor, e terá cada vez menos poder. E viverá numa guerra interior constante, numa guerra civil em que uma mão brigará com a outra, acabando com toda a sua energia.

Uma coisa fundamental a se lembrar é que só a comunhão com a dor psicológica abre a porta para liberá-la e transcendê-la: *só a comunhão com a dor psicológica*. Tudo o que é doloroso tem de ser aceito; é preciso travar um diálogo com isso. Essa dor é você. Não existe outro caminho para transcender a dor; o único caminho é absorvê-la.

E a dor tem um potencial tremendo. Raiva é energia, medo é energia, e o mesmo vale para a covardia. Tudo o que acontece com você tem um grande ímpeto, uma enorme quantidade de energia oculta em seu interior. Depois que você aceita isso, essa energia se torna sua. Você fica mais forte, você se amplia, começa a ficar mais espaçoso. Seu mundo interior fica maior.

A dor psicológica só acaba quando você a aceita em sua totalidade. A dor psicológica não existe só por causa da presença de algo que você chama de "doloroso". Ela é causada pela sua interpretação da realidade. Tente entender — a dor psicológica é criação sua. A covardia não é dolorosa; o que a torna dolorosa é a sua idéia de que é errado ser covarde, a sua interpretação de que você não deveria ser covarde. Você tem um ego e esse ego continua condenando a covardia. É por causa dessa condenação e dessa interpretação que surge a dor. A covardia *existe*, então ela se torna uma ferida. Você não consegue aceitá-la e não consegue destruí-la rejeitando-a. Não se destrói nada por meio da rejeição; cedo ou tarde você terá de lidar com o que rejeitou. Isso voltará a irromper e mais uma vez acabará com a sua paz.

Você tem aversão de fatos como a covardia, o medo, a raiva e a tristeza. Não tenha. Essa aversão provoca dor. Observe o fato dentro de você, torne-se um laboratório de grandes experiências. Veja, você está sentindo medo, está escuro e você está sozinho; não há uma viva alma por perto. Você está perdido na selva, sentado embaixo de uma árvore, numa noite escura, ouvindo o rugido dos leões — fica com medo. Agora existem duas possibilidades. Ou você rejeita o medo, mantém-se firme para não começar a tremer de medo. Aí o medo se torna uma coisa dolorosa — ele está ali, ele machuca! Mesmo enquanto você se mantém firme, ele persiste e machuca.

A segunda possibilidade é sentir o medo. Deixe que a tremedeira se torne uma meditação. Ela é natural — os leões estão rugindo, a noite está escura, o perigo ronda e a morte pode acontecer a qualquer momento. Sinta esse tremor, deixe que ele se torne uma dança. Depois que você o aceita, ele passa a *ser* uma dança. Coopere com ele e você ficará surpreso; se cooperar com o tremor, se você se *tornar* o tremor, toda a dor desaparece.

Na realidade, se você deixar que o seu corpo trema, em vez de dor você vai sentir um grande fluxo de energia dentro de você. É exatamente isso que o corpo quer fazer. Por que você começa a tremer quando está com medo? O tremor desencadeia um processo químico que libera energia e prepara você para brigar ou bater em retirada. Ele provoca em você um grande e repentino fluxo de energia — trata-se de uma medida de emergência. Quando você começa a tremer o seu corpo começa a se aquecer.

É por isso que você treme quando está frio. Você não está sentindo medo, então por que treme quando está frio? O corpo começa a tremer automaticamente no frio para se aquecer. É um tipo de exercício natural do corpo. Os tecidos internos começam a tremer para se aquecer e enfrentar o frio. E, se você reprime o tremor quando sente frio, isso se torna doloroso.

É exatamente isso o que acontece quando você está com medo. O corpo está tentando se preparar. Ele está liberando substâncias químicas na corrente sanguínea, está preparando você para enfrentar o perigo. Talvez você vá precisar brigar ou talvez tenha de sair correndo para fugir do perigo. Qualquer uma dessas respostas exigirá energia.

Veja a beleza do medo, veja a obra alquímica que ele representa; ele está simplesmente preparando você para a situação, de modo que você possa aceitar o desafio. Mas, em vez de aceitar o desafio, em vez de entender o medo, você começa a rejeitá-lo. Você diz, "Você é tão corajoso, como pode estar tremendo? Lembre-se que a morte não existe, que a alma é imortal. Uma alma imortal tremendo?! Lembre-se que a morte não pode destruir você, o fogo não pode queimar você, as armas não podem atingi-lo. Lembre-se, não trema, contenha-se!"

Agora você está criando uma contradição. O seu processo natural é ter medo e você está cultivando idéias pouco naturais para contradizer o medo. Você está alimentando ideais para interferir no processo natural. Haverá dor porque haverá conflito.

Não se incomode em pensar se a alma é imortal ou não. Neste momento, a verdade é que o medo existe. Ouça esse momento e entregue-se totalmente a ele; deixe que ele tome posse de você e não haverá dor. O medo então se torna uma dança sutil de energias dentro de você. Ele prepara você; é um amigo, não é seu inimigo. Mas as suas interpretações continuam fazendo algo errado com você. A lacuna que você cria entre o sentimento e o seu ser — o medo, a raiva e você mesmo — faz com que você se divida em dois. Você se torna o observador e a coisa observada. Você diz, "Eu estou aqui, o observador, e existe dor, a coisa observada. Eu não sou a dor". Agora essa *dualidade* está criando dor.

Você não é a coisa observada e não é o observador, você é ambos. Você é o observador e a coisa observada, ambos.

Não diga, "Estou sentindo medo". Esse é um jeito errado de falar. Não diga, "Estou com medo", esse também é um jeito errado de dizer isso. Diga simplesmente, "Eu sou o medo. Neste momento, eu sou o medo". Não crie nenhuma divisão.

Quando você diz, "Estou sentindo medo", você se mantém separado do sentimento. Você está lá, em algum lugar distante, e o sentimento está à sua volta. Essa é a desunião básica. Diga, "Eu sou o medo" e observe — é justamente isso o que acontece! Quando surge o medo, você é o medo. Não é que às vezes você sente amor. Quando existe amor de fato, você é amor. E, quando existe raiva, você é a raiva.

Isso é o que Krishnamurti quer dizer quando repete vezes sem conta, "O observador é a coisa observada". O vidente é a visão e o experienciador é a experiência. Não crie uma divisão entre o sujeito e o objeto. Essa é a causa básica de toda infelicidade, de toda cisão.

Simplesmente uma percepção do que existe, sem que se faça nenhuma escolha — essa é a maior chave para desvendar o mistério essencial do ser. Não diga que algo é bom, não diga que algo é ruim. Quando diz que algo é bom, surge o apego, a atração. Quando diz que algo é ruim, surge a aversão. Medo é medo, não é nem bom nem ruim. Não avalie, só aceite. Aceite a coisa como ela é. Nessa percepção sem escolhas toda a dor psicológica simplesmente evapora como gotas de orvalho sob o Sol da manhã e o que sobra é puro espaço, um espaço virginal. Isso é o "um", o Tao, ou você pode chamá-lo de Deus. Esse "um" é o que resta quando toda a dor desaparece, quando você não está dividido de maneira alguma, quando o observador se torna a coisa observada: essa é a experiência da divindade, da iluminação ou seja qual for o nome que você dê a ela.

E, nesse estado, não existe um eu, porque não existe um observador/controlador/juiz. A pessoa é só aquilo que irrompe e muda a cada momento. Em alguns momentos pode ser entusiasmo, em outros pode ser tristeza, compaixão, destrutividade, medo, solidão. Ela não deve dizer, "Eu estou triste" ou "Eu sinto tristeza", mas "Eu sou tristeza" — porque as duas primeiras frases dão a entender que o eu está separado do que ele é. Na realidade, não existe um "eu" a quem o sentimento possa acontecer. Só existe o próprio sentimento.

Medite sobre isto: só existe o próprio sentimento.

Não existe nenhum eu que esteja sentindo o medo; esse ser *é* medo num dado momento. Em outros, esse ser não é medo. Mas você não está separado do momento, do que está irrompendo; só existe o sentimento em si. Portanto, nada pode ser feito a respeito do que está surgindo experiencialmente no momento. Não existe ninguém para "fazer" nada.

Tudo o que existe é belo — até a feiúra. Seja o que for será, quer você aceite quer não. A sua aceitação ou rejeição não faz nenhuma diferença para a facticidade disso. O que é é. Se você aceita, a alegria brota em você; se rejeita, surge a dor, mas a realidade continua a mesma. Você pode ter dor, dor psicológica — ela é criação sua, porque você não foi capaz de aceitar e absorver algo que está surgindo. Você rejeitou a verdade; com essa rejeição, você se tornou um prisioneiro. A verdade liberta, mas você a rejeitou; por isso você está acorrentado. Rejeite a verdade e você ficará cada vez mais aprisionado.

A verdade permanece. Se você rejeitá-la ou aceitá-la, isso não muda o fato, só muda a sua realidade psicológica. E existem duas possibilidades: ou a dor ou a alegria, ou a doença ou a saúde. Se você rejeitá-la, haverá doença, desconforto, porque você estará decepando um pedaço do seu ser; isso deixará feridas e cicatrizes em você. Se aceitar, haverá celebração, saúde e completude.

Nenhuma verdade jamais aprisiona ninguém; essa não é uma característica da verdade. Mas, quando você a rejeita, essa rejeição faz com que você se feche e fique aprisionado. Essa rejeição deixa você aleijado, paralisado.

E, lembre-se, a própria idéia de se libertar é também um ideal. A liberdade não é um ideal, é uma conseqüência da aceitação de tudo o que você é. A liberdade é uma conseqüência; não é um objetivo que você tenha de se esforçar para atingir. Ela não é conquistada por meio de um grande esforço, ela acontece quando você relaxa. E como você pode relaxar se não aceita a sua covardia? Se não aceita o seu medo, se não aceita o seu amor, se não aceita a sua tristeza, como pode relaxar?

Por que as pessoas não conseguem se relaxar? Qual é a causa básica da sua tensão crônica e constante? Esta é a causa básica: durante séculos, as chamadas religiões têm ensinado você a rejeitar tudo. Elas lhe ensinam a renunciar, ensinam que tudo está errado. Você tem de mudar isso, tem de mudar aquilo, só então será aceito por Deus. Elas criaram tanta rejeição que você não é nem mesmo capaz de aceitar a si mesmo; você não é aceitável para as pessoas com quem convive, como pode ser aceito por Deus?

A existência já aceita você — é por isso que você está aqui. Do contrário não estaria. Esse é o meu ensinamento básico. A existência já aceita você. Você não tem de se tornar merecedor, você já é merecedor. Relaxe, aprecie o caminho que a natureza traçou para você. Se ela fez de você um covarde, deve haver uma razão. Confie e aceite. O que há de errado em ser covarde? O que há de errado em ter medo? Só os idiotas não sentem medo, os imbecis não sentem medo. Se uma cobra cruza o seu caminho, você imediatamente dá um pulo. Só os imbecis, os estúpidos, os idiotas não terão medo da cobra. Mas, se você é inteligente, quanto mais inteligente for mais rápido irá pular! Isso faz parte da inteligência, está perfeitamente certo. O medo contribui para a sua vida, protege você.

Mas as pessoas lhe propuseram ideologias estúpidas e você continua insistindo em velhos padrões. Você não ouve o que eu estou dizendo. Estou dizendo: não importa o que você seja, aceite isso incondicionalmente — e a aceitação é a chave da transformação.

Não estou dizendo para se aceitar com a intenção de ser transformado — do contrário você não vai se aceitar coisa nenhuma, pois lá no fundo o desejo é de ser transformado. Você diz, "Tudo bem, se isso causa transformação, vou me aceitar". Mas isso não é aceitação; você não entendeu nada. Ainda está desejando a transformação. Se eu garanto isso a você e você se aceita por causa dessa garantia, onde está a aceitação? Você está usando a aceitação como um meio; o objetivo é ser transformado, ser livre, atingir a auto-realização, o nirvana. Onde está a aceitação?

A aceitação tem de ser incondicional, por nenhuma razão, sem nenhuma motivação. Só assim ela liberta você. Provoca uma alegria imensa, traz uma grande liberdade, mas a liberdade não é um fim em si mesmo. A própria aceitação é outro nome para a liberdade. Se você aceitou de fato, se entendeu o que eu quero dizer por aceitação, a liberdade acontece — imediatamente, instantaneamente.

Não que você primeiro se aceite, pratique a aceitação, para um dia ter liberdade, não. Aceite-se e há liberdade, porque a dor psicológica desaparece no ato.

Experimente. O que estou dizendo é experimental. Você mesmo pode fazer, não é uma questão de acreditar em mim. Você tem lutado contra o seu medo; aceite-o e veja o que acontece. Apenas sente-se silenciosamen-

COMECE COM A ACEITAÇÃO　　105

te e aceite-o, e diga, "Eu tenho medo, portanto *sou* medo". Nesse próprio estado meditativo, "Eu sou medo", a liberdade começa a tomar conta de você. Quando a aceitação é total, a liberdade acontece.

? *Às vezes, quando os lados sombrios da minha mente vêm à tona, isso realmente me assusta. É muito difícil para mim aceitar que se trata apenas do oposto polar dos lados mais iluminados. Eu me sinto sujo e culpado e nada merecedor. Você pode falar a respeito disso?*

O básico é entender que você não é a mente — nem a iluminada nem a sombria. Se você se identifica com a parte bonita, então é impossível se desidentificar da parte feia; elas são os dois lados da mesma moeda. Você pode tê-la inteira ou pode deixá-la inteira de lado, mas não pode dividi-la.

Toda a ansiedade do ser humano é que ele quer escolher o que parece belo, iluminado. Quer escolher o lado ensolarado e ignorar o lado sombrio. Mas não sabe que o lado ensolarado não pode existir sem o lado sombrio. A escuridão é o pano de fundo, absolutamente necessário para que a luz apareça.

Escolher é criar ansiedade, é criar problema para si mesmo. Não escolher significa que a mente está ali, com seu lado sombrio e o seu lado iluminado — e daí? O que isso tem a ver com você? Por que você deveria se preocupar com isso?

No momento em que você não escolhe, toda a preocupação desaparece. Surge uma grande aceitação de que a mente é assim mesmo, de que essa é a natureza dela — e isso não é problema seu, porque você não é a mente. Se você *fosse* a mente, não haveria problema nenhum. Então quem escolheria e quem pensaria em transcender? Quem tentaria aceitar e entender a aceitação?

Você está separado, totalmente separado. Você é só uma testemunha e nada mais. Mas você está sendo um observador que se identifica com alguma coisa que parece agradável e esquece que o desagradável a acompanha como uma sombra. Você não tem problema nenhum com o lado agradável, você se alegra com ele. O problema surge quando o seu oposto polar entra em cena — aí você fica arrasado.

Mas foi você quem criou o problema todo. Quando deixou de ser uma testemunha, você se identificou.

A história bíblica da queda é só uma ficção. A verdadeira queda acontece quando você deixa de ser uma testemunha e passa a se identificar com algo, perdendo o seu testemunho.

Experimente, de vez em quando: deixe a mente ser o que ela quiser. Lembre-se, você não é a mente. E você vai ter uma grande surpresa. À medida que vai se identificando menos, a mente começa a perder a sua força — porque a força dela vem da sua identificação. Ela suga o seu sangue. Mas, quando você começa a ficar mais distante e alheio, a mente começa a minguar.

No dia que você se desidentificar completamente da mente, mesmo que seja por um instante apenas, há uma revelação. A mente simplesmente morre; ela deixa de existir. Em vez de ficar tão cheia de pensamentos, em vez de funcionar continuamente — dia e noite, no sono ou na vigília — de repente ela deixa de existir. Você olha em volta e só vê um vazio, um nada.

E, junto com a mente, o eu também desaparece. Só fica uma certa qualidade de percepção destituída de um "Eu". Você pode, na máximo, dizer que existe um "sou", mas não um "Eu". Para ser ainda mais exato, existe uma "esseidade", porque até no "sou" ainda existe uma sombra de "Eu". No momento em que você conhece a sua esseidade, ela se torna universal. Quando desaparece a mente, desaparece o eu. E muitas coisas que são importantes para você, que lhe causam tanto aborrecimento, desaparecem. Você tentava resolvê-las e elas ficavam ainda mais e mais complicadas; tudo era um problema, uma preocupação, e parecia não haver uma saída.

Vou lembrá-lo da história: "O ganso está do lado de fora". Ela diz respeito à mente e à esseidade.

O mestre diz ao discípulo para que ele medite sobre um koan:

Um filhote de ganso é colocado numa garrafa, alimentado e tratado. O ganso vai crescendo e ficando cada vez maior, até ocupar toda a garrafa. Agora ele está grande demais; não pode sair pela boca da garrafa — a boca é muito estreita. O koan consiste em descobrir como tirar o ganso da garrafa sem quebrá-la e sem matar o ganso.

Ora, trata-se de um quebra-cabeça. O que você pode fazer? O ganso é grande demais; você só pode tirá-lo dali se quebrar a garrafa, mas isso não é permitido. Nem pode tirá-lo matando-o, sem ligar se ele sairá dali vivo ou morto. Isso também não é permitido.

Dia após dia o discípulo medita sem encontrar saída, considerando várias possibilidades — mas o fato é que não existe uma solução. Cansado, absolutamente exausto, uma revelação repentina... de repente ele entende que o mestre não está interessado nem na garrafa nem no ganso; eles devem representar outra coisa. A garrafa é a mente, você é o ganso. E com o testemunho, é possível. Embora não seja a mente, você fica tão identificado com ela que começa a pensar que está dentro dela! O discípulo corre para procurar o mestre e dizer que o ganso está do lado de fora. E o mestre diz, "Você entendeu. Agora mantenha-o do lado de fora. Ele nunca esteve dentro".

Se você continuar lutando com o ganso e a garrafa, não haverá meio de solucionar o enigma. É a constatação de que ele representa outra coisa, do contrário o mestre não teria lhe proposto esse enigma. O que mais ele poderia ser? — Porque toda a função entre o mestre e o discípulo, todo o negócio, é sobre a mente e a percepção.

A percepção é o ganso — que não está na garrafa, mas você acredita que ele está e fica perguntando a todo mundo como tirá-lo de lá. E existem idiotas que ajudarão você a tirá-lo de lá. Eu posso chamá-los de idiotas porque eles não entendem a coisa toda — o ganso está do lado de fora, nunca esteve dentro da garrafa, por isso não há por que pensar num jeito de tirá-lo.

A mente é só uma sucessão de pensamentos passando diante de você na tela do cérebro. Você é um observador. Mas começa a se identificar com coisas bonitas, sedutoras. Depois que se deixa seduzir por elas, você também se identifica com as feias, porque a mente não pode existir sem dualidade.

A percepção não pode existir com dualidade e a mente não pode existir sem dualidade.

A percepção não é dual; a mente é dual. Então simplesmente observe. Eu não ensino soluções, eu ensino a solução: só dê um passo para trás e observe. Crie uma distância entre você e a mente. Seja algo bom, belo, deli-

cioso, algo que você gostaria muito de apreciar de perto, ou algo feio —
continue tão distante quanto possível, olhe para isso assim como olharia
para um filme. Mas as pessoas se identificam até com filmes...

Tenho visto pessoas soluçando ao assistir a um filme, com os olhos
cheios de lágrimas — e nada daquilo está acontecendo! É bom que a sala
de cinema fique escura quando o filme está passando; assim elas não ficam
constrangidas. Eu costumava perguntar ao meu pai, "Você viu? O homem
ao seu lado está chorando!"

Ele dizia, "Todo mundo está chorando. A cena é tão tocante ..."

Mas havia apenas uma tela e nada mais. Ninguém tinha morrido, não
havia nenhuma tragédia acontecendo — só a projeção de um filme, só ima-
gens se sucedendo na tela. E as pessoas riam, choravam, durante três horas
elas ficavam quase totalmente absortas. Tornavam-se parte do filme, iden-
tificavam-se com algum personagem.

Meu pai me dizia, "Se você ficar fazendo perguntas sobre a reação das
pessoas, não vai se divertir com o filme".

Eu dizia, "Eu posso me divertir com o filme sem chorar; não vejo di-
versão nenhuma nisso. Posso vê-lo como um filme, mas não quero fazer
parte dele. Essas pessoas todas se tornaram parte dele".

Meu avô tinha um velho barbeiro que era viciado em ópio. Ele levava
duas horas para fazer algo que só exigia uns cinco minutos, e falava sem parar. Mas eles eram velhos amigos desde a infância. Eu ainda posso ver o meu
avô sentando na cadeira do velho barbeiro... e ele era muito bom de conversa. Esses viciados em ópio sabem conversar e contar histórias sobre a vida deles, sobre o que acontece no dia-a-dia; é verdade. Meu avô ficava simplesmente dizendo, "Sim, é verdade, que ótimo..."

Eu disse a ele um dia, "Para tudo você diz, 'Sim, é verdade, que ótimo'. Às vezes ele está falando uma besteira, algo simplesmente irrelevante".

Ele disse, "O que você quer? Esse homem é viciado em ópio". E o barbeiro costumava usar uma navalha para barbear. "Ora, o que você quer que
eu diga? — com esse homem que tem uma faca afiada na mão, encostada
na minha garganta. Dizer não a ele... ele me mata! E ele sabe. Às vezes me
diz, 'Você nunca diz não. Sempre diz sim, sempre diz que ótimo'. Eu res-

pondi, 'Você precisa entender que sempre está sob a influência do ópio. É impossível conversar com você, discutir com você, discordar de você. Você tem uma faca na minha garganta e quer que eu diga não ao que você está falando!?'"

Perguntei ao meu avô, "Por que não muda de barbeiro? Existem tantos barbeiros na aldeia e esse homem demora duas horas para fazer um serviço que demora cinco minutos. Às vezes ele faz a sua barba pela metade e diz, 'Volto logo', e você fica lá sentado uma hora, porque ele se envolveu numa briga e esqueceu completamente que havia um cliente esperando, sentado na cadeira. Então ele volta e diz, 'Meu Deus, você ainda está sentado aí?'"

Meu avô respondeu, "O que posso fazer? Não posso ir para casa com metade da barba por fazer". Ele perguntava para o barbeiro onde ele tinha ido e o barbeiro dizia, "Eu me meti numa boa briga com um sujeito e me esqueci completamente de você. Ainda bem que ele foi embora, se não você ficaria sentado aí o dia inteiro".

Às vezes, ele nem fechava a barbearia à noite. Simplesmente ia para casa e se esquecia de fechá-la. De vez em quando um cliente ficava na cadeira, esperando ele voltar, enquanto ele ia para casa dormir. Alguém tinha de dizer ao cliente, "É melhor ir embora; o barbeiro só vai voltar amanhã de manhã. Ele esqueceu de fechar a barbearia e de você também. Já está dormindo a sono solto lá na casa dele".

E se a pessoa ficava zangada... Às vezes um cliente novo aparecia na barbearia e ficava zangado. Ele dizia, "Calma... O máximo que pode acontecer é você não precisar me pagar. Eu só fiz metade da sua barba. Não quero brigar. Você não precisa me pagar; não quero que me pague nem a metade".

Mas ninguém pode ir embora com apenas a metade da barba feita — ou metade da cabeça raspada! O sujeito só pedia para ele fazer a barba e ele começava a raspar a cabeça dele e, quando ele notava, o estrago já estava feito. Então ele lhe perguntava, "Agora o que você quer? — porque quase um quarto do trabalho já está feito. Se você quiser, pode ir embora assim; se não quiser, eu termino de raspar. Mas eu não vou cobrar nada porque, se você está dizendo que não queria que eu cortasse, então a culpa é minha e o prejuízo também. Não cobrarei nada de você".

O homem era perigoso! Mas o meu avô costumava dizer, "Ele é perigoso, mas é um sujeito formidável e eu me identifico tanto com ele que não posso nem imaginar a possibilidade de ele morrer antes de mim e eu ter de procurar outro barbeiro. Não quero nem imaginar..., pois ele foi meu barbeiro a vida toda. A identidade é tão grande que talvez eu deixe a barba crescer, em vez de procurar outro barbeiro".

Mas infelizmente o meu avô morreu antes do barbeiro viciado em ópio.

Você se identifica com qualquer coisa. As pessoas se identificam umas com outras e depois criam sofrimento para si mesmas. Eles se identificam com as coisas e depois sofrem se aquilo lhes falta.

A identificação é a origem do seu sofrimento. E toda identificação é identificação com a mente.

Dê simplesmente um passo para o lado e deixe a mente passar.

E logo você conseguirá ver que não há problema nenhum — o ganso está do lado de fora. Você não tem de quebrar a garrafa e também não tem de matar o ganso.

? *Às vezes eu me pergunto se realmente quero me livrar dos meus problemas, aceitá-los em vez de lutar contra eles. Eu sinto como se uma parte da minha identidade estivesse muito identificada com essa luta, a idéia de deixá-los de lado me assusta um pouco.*

É verdade — as pessoas se agarram às suas doenças, se agarram às suas queixas, se agarram a tudo que as aflige. Elas vivem dizendo, "Isso é como uma ferida e eu gostaria que ela fosse curada". Mas lá no fundo elas continuam criando feridas, porque, se todas as feridas forem curadas, elas têm receio de que também deixarão de existir.

Basta observar as pessoas — elas se agarram à sua doença. Falam sobre ela como se fosse algo que valesse a pena falar a respeito. As pessoas falam sobre doença, sobre suas indisposições, muito mais do que falam sobre qualquer outra coisa. Ouça-as e você verá que elas gostam de falar sobre isso. Toda noite as pessoas me procuram e eu tenho de ouvi-las — durante muitos anos eu as ouço e fico olhando a cara delas. Elas estão adorando! São mártires... sua doença, sua raiva, seu ódio, este problema e aquele, sua ganância, sua ambição. E, quando você simplesmente olha, a coisa toda é uma loucura — porque elas estão pedindo para se livrar dessas coisas todas, mas, quando você olha no rosto delas, vê que estão adorando. Se esses problemas realmente acabarem, com que elas vão se divertir? Se todas essas doenças acabarem e elas ficarem completamente curadas e saudáveis, não terão mais do que falar.

As pessoas vão ao psiquiatra e depois ficam falando sobre isso — contam que foram ao psiquiatra e tal e que estiveram com este professor e aquele. Na verdade, elas adoram poder dizer, "Nenhum deles acertou comigo. Eu continuo igual, ninguém conseguiu me mudar". Como se elas ganhassem alguma coisa provando que nenhum psiquiatra conseguiu curá-las!

Ouvi a história de um homem que era hipocondríaco e falava o tempo todo das suas doenças. Ninguém acreditava nele, pois era examinado de todas as maneiras possíveis e não descobriam nada errado com ele. Mas todo dia ele se apressava em procurar o médico para dizer que estava com um problema grave.

Pouco a pouco o médico começou a entender o que acontecia com o homem. Sempre que ele ouvia alguma coisa — um comercial da TV sobre algum remédio, alguém falando sobre alguma doença —, imediatamente sentia os sintomas da mesma doença. Se ele lesse sobre uma doença numa revista, imediatamente, no dia seguinte, ele estava no consultório médico doente, completamente doente. E sempre apresentava todos os sintomas. Então o médico disse a ele, "Não se preocupe tanto, porque eu leio as mesmas revistas que você e ouço os mesmos programas de TV e percebo que, no dia seguinte, você está aqui com os mesmos sintomas".

O homem disse, "O que você está pensando? Que é o único médico da cidade?"

Ele parou de ir àquele médico, mas não parou de ter a mesma loucura sobre doença. Então morreu, como todo mundo um dia morre. Antes de morrer, ele disse à mulher para escrever umas poucas linhas no seu epitáfio, e elas ainda estão escritas lá. Em letras garrafais está escrito, "Agora vocês acreditam em mim?"

As pessoas vivem muito felizes com o próprio sofrimento. Eu também me pergunto às vezes: se todo sofrimento desaparecesse da face da Terra, o que as pessoas fariam? Elas ficariam tão desocupadas que simplesmente cometeriam suicídio. E observei que, se ajudá-las a se livrarem de um problema, no dia seguinte elas voltam com outro. Você as ajuda a sair de uma dificuldade e elas já preparam outra, como se estivessem apegadas ao sofrimento. Elas estão ganhando alguma coisa com ele — é um investimento que está valendo a pena.

Qual é o investimento? O investimento é que, quando o sapato está apertando o seu calo, quando ele incomoda, você se sente mais vivo. Quando o sapato se ajusta perfeitamente, você simplesmente relaxa. Se ele cabe perfeitamente no pé, não só o pé fica esquecido como o "Eu" também desaparece. Não pode existir nenhum "Eu" com uma consciência bem-aventurada — é impossível! Só com uma mente infeliz o "Eu" pode existir; o "Eu" não passa de uma combinação de todas as suas desgraças. Portanto, só quando está realmente pronto para abrir mão do "Eu" você se liberta dessas desgraças. Ninguém pode ajudá-lo, porque você está num caminho que é autodestrutivo, que provocará a sua própria ruína.

Então, da próxima vez que me procurar com um problema, primeiro se pergunte se você gostaria que ele fosse solucionado, porque, cuidado, eu posso lhe dar uma solução. Você está realmente interessado em resolvê-lo ou só quer falar sobre ele? Você se sente bem falando sobre ele.

Volte-se para dentro e pergunte. Você verá que todo o seu sofrimento existe porque você dá força a ele. Sem a sua força nada pode existir. Como você lhe dá a sua energia, ele existe; se não lhe der, ele não pode existir.

E quem está forçando você a lhe dar energia? Mesmo quando você está triste, é preciso energia, porque, sem energia você não pode ficar triste. Para que o fenômeno da tristeza aconteça, você tem de lhe dar energia. É por isso que depois da tristeza você se sente tão exaurido, sem forças. O que aconteceu? Na sua depressão, você não estava fazendo nada, estava simplesmente triste — por que se sente tão exausto e desvitalizado? Você pensava que sairia da sua tristeza cheio de energia, mas não.

Lembre-se, todas as emoções negativas precisam de energia, elas drenam você. E todas as emoções positivas e atitudes positivas são dínamos que produzem energia; elas criam mais energia, nunca drenam você. Se está feliz, de repente o mundo inteiro flui na sua direção com energia, o mundo inteiro ri com você. As pessoas estão certas quando dizem, "Ria e o mundo todo rirá com você. Chore e você chorará sozinho". É verdade, é a mais pura verdade. Quando você é positivo, toda a existência continua oferecendo mais a você, porque quando está feliz toda a existência fica feliz com você. Você não é um fardo, você é uma flor; você não é uma rocha, você é um pássaro. Toda a existência fica feliz com você.

Quando é como uma rocha, parado no lugar, cheio de tristeza, acalentando essa tristeza, ninguém está com você. Ninguém pode estar com você. É como se houvesse simplesmente um abismo entre você e a vida. Então, seja o que for que esteja fazendo, você tem de depender apenas da sua própria fonte de energia. Ela se esgotará. Você está desperdiçando a sua energia, está se exaurindo por causa da sua própria insensatez.

Mas uma coisa é verdade: quando está triste e é negativo, você sente mais o ego. Quando está feliz, alegre, extasiante, você não sente o ego. Quando está feliz e extasiante, não existe nenhum "Eu". Você está ligado com a existência, não está separado dela; vocês estão juntos. Quando está triste, com raiva, cheio de ganância, voltado apenas para si mesmo e lambendo as suas feridas, olhando para elas e brincando com elas, tentando ser mártir, existe um abismo entre você e a existência. Você é deixado sozinho e nessa solidão você sente o "Eu". Quando sente o "Eu", é como se toda a existência fosse hostil a você. Não que ela seja, só parece ser. Se você sente que todo mundo é seu inimigo, você se comporta de um jeito que faz com que todo mundo tenha de ser seu inimigo.

Quando aceita a natureza e se dissolve nela, você se move com ela. A canção do todo é a sua canção, a dança do todo é a sua dança. Você não está mais separado dele. Você não sente que "Eu sou" — você simplesmente sente que "O todo é. Eu sou só uma onda, indo e vindo, chegando e partindo, sendo e não sendo. Eu venho e vou, o todo permanece. E eu existo por causa do todo, o todo existe por meu intermédio".

Às vezes ele toma forma, às vezes se torna informe — dos dois jeitos é belo. Às vezes surge num corpo, às vezes desaparece do corpo. Ele tem de ser assim, porque a vida é um ritmo. Às vezes você tem de estar numa forma, para depois descansar dessa forma. Às vezes tem de estar ativo e em movimento, ser uma onda, e outras vezes você vai para as profundezas e descansa, imóvel. A vida é um ritmo.

A morte não é o inimigo. Ela é só uma mudança de ritmo, a transição para outro ritmo. Logo você nascerá — vivo, mais jovem, mais cheio de vigor. A morte é uma necessidade. Não é *você* quem morre na morte; é só o pó que se acumulou à sua volta que é disperso. Essa é a única maneira de rejuvenescer. Não foi só Jesus que ressuscitou, tudo ressuscita na existência.

Agora mesmo, a amendoeira lá fora perdeu todas as folhas velhas e outras novas estão nascendo no lugar. É desse jeito que acontece! Se a árvore se apegasse às folhas velhas nunca haveria outras novas e ela apodreceria. Por que criar um conflito? O velho acaba para dar lugar ao novo. Ele dá espaço, dá lugar para que o novo aconteça. E o novo sempre virá substituí-lo e o velho sempre dará lugar ao novo.

Você não morre. Só as folhas mortas se vão, para dar lugar às novas. Aqui você morre, lá você renasce; aqui você desaparece, lá você aparece. Da forma para o informe, do informe para a forma; do corpo para o não-corpo, do não-corpo para o corpo; movimento, descanso; descanso, movimento — esse é o ritmo. Se você percebe o ritmo, não se preocupa com nada. Você confia.

RAIVA, TRISTEZA E DEPRESSÃO

GALHOS DA MESMA ÁRVORE

Normalmente, a raiva não é ruim. Normalmente, ela faz parte da vida natural; ela surge e vai embora. Mas, se você a reprime, então ela se torna um problema. Você começa a acumulá-la. Ela deixa simplesmente de surgir e ir embora; torna-se o seu próprio ser. Não é que às vezes você fique com raiva; você vive com raiva, vive em fúria, só à espera de alguém que o provoque. Basta uma leve provocação e você se inflama e faz coisas das quais mais tarde diz, "Eu estava fora de mim".

Analise essa expressão — "fora de mim". Como você pode fazer algo enquanto está fora de si mesmo? Mas a expressão está absolutamente correta. A raiva reprimida se torna uma loucura temporária. Às vezes ela fica incontrolável. Se você pudesse controlá-la, faria isso, mas ela de repente transbordou. De repente ela extravasou, você não conseguiu fazer nada, ficou impotente — e ela aflorou. Uma pessoa assim pode não estar com raiva, mas ela vive e se movimenta com raiva.

Se você um dia já observou as pessoas... pare na calçada e só observe; você verá dois tipos de pessoa. Continue observando o rosto delas. Toda a humanidade se divide em dois tipos de pessoa. Um é o tipo triste, que tem uma aparência muito triste, anda se arrastando por aí. O outro é o tipo zangado, vive borbulhando de raiva, pronto para explodir por causa de qualquer coisa.

A raiva é a tristeza ativa; a tristeza é a raiva inativa. Elas não são duas coisas diferentes.

Observe o seu próprio comportamento. Quando você fica triste? Você fica triste só em situações em que não pode ficar com raiva. O seu chefe no escritório diz alguma coisa e você não pode ficar com raiva, pode perder o emprego. Você não pode demonstrar raiva, tem de continuar sorrindo. Então você fica triste. A energia se torna inativa.

O marido sai do trabalho, vai para casa e, quando está com a esposa, encontra uma pequena desculpa, algo sem importância, e fica com raiva. As pessoas gostam de ter raiva, ela traz alívio, pois pelo menos elas sentem que estão fazendo alguma coisa. Na tristeza, você sente que estão fazendo alguma coisa a você. Você é a parte passiva, a parte receptiva. Fizeram-lhe algo e você estava indefeso, não pode retrucar, não pode revidar, não pode reagir. Se tem raiva, você se sente um pouco melhor. Depois de um grande acesso de raiva, você se sente mais relaxado e isso traz bem-estar. Você está vivo! Você também pode *fazer* coisas! Claro que você não pode fazer essas coisas ao chefe, mas pode fazer com a sua esposa.

Então a esposa espera os filhos chegarem em casa — porque não é muito sensato descarregar a raiva no marido, ele pode se divorciar dela. Ele é o chefe e a mulher depende dele e é arriscado se zangar com ele. Ela esperará pelos filhos. Eles chegarão da escola e ela então saltará sobre eles e os castigará — para o próprio bem deles. E o que os filhos farão? Eles irão para o quarto e atirarão longe os livros, chorarão ou castigarão as bonecas, os cachorros, ou torturarão os gatos. Eles têm de fazer alguma coisa. Todo mundo tem de fazer alguma coisa, do contrário fica triste.

As pessoas que você vê na rua com uma aparência triste, que vivem tão tristes que o rosto delas parece uma máscara de tristeza, são pessoas tão impotentes, que estão num degrau tão baixo da escada, que não encontram ninguém com quem possam ficar com raiva. Essas são as pessoas tristes, e nos degraus mais altos você encontrará as pessoas com raiva. Quanto mais alto você chega, mais raivosas são as pessoas que encontra. Quanto mais baixo, mais tristes elas são.

Na Índia, você verá que os intocáveis, a casta mais baixa, têm uma aparência triste. Então olhe os brâmanes; eles são cheios de raiva. Um brâmane está sempre com raiva; qualquer coisinha o tira do sério. Um intocável é simplesmente triste, porque não há ninguém abaixo dele em quem possa descarregar a raiva.

Raiva e tristeza são as duas faces da mesma energia, reprimida.

A raiva comum não tem nada de errado. Na verdade, as pessoas que conseguem ficar com raiva e esquecer tudo no minuto seguinte são pessoas realmente muito boas. Você sempre as achará amistosas, vibrantes, amorosas, compassivas. Mas aquelas que estão sempre reprimindo as emoções, controlando tudo, não são pessoas boas. Elas estão sempre tentando mostrar que são mais virtuosas que você, mas você pode ver raiva nos olhos delas. Você pode ver raiva no rosto delas, em cada gesto que fazem — no jeito como andam, como falam, como se relacionam com os outros, você pode vê-la sempre ali, borbulhando. Elas estão sempre prontas para explodir. Esses são os assassinos, os criminosos, são os verdadeiros malfeitores.

A raiva é humana, não há nada de errado com ela. É simplesmente uma situação em que você é provocado e, por estar vivo, você reage. Ela significa que você não cederá, que essa não é uma situação que você possa aceitar; que essa é uma situação em que você quer dizer não. Ela é um protesto e não há nada de errado com ela.

Veja uma criança quando ela está com raiva de você. Olhe o rosto dela! Ela está com tanta raiva, tão vermelha, que gostaria de matar você. Ela diz, "Nunca mais vou falar com você. Acabou!" e no minuto seguinte ela está sentada no seu colo, conversando de um jeito encantador. Ela já esqueceu tudo. Qualquer coisa que tenha dito no momento de fúria, não sente mais. Não se tornou uma bagagem na mente dela. Sim, no ardor do momento, ela estava com raiva e disse algumas coisas, mas agora a raiva passou e tudo o que ela disse não vale mais. Ela não ficará comprometida com isso para sempre, foi um ataque momentâneo, uma ondinha na superfície da água. Mas ela não ficou congelada naquele ataque, ela é um fenômeno fluido. A ondulação surgiu, uma onda se avolumou, mas agora não existe mais. Ela não vai carregá-la para sempre. Mesmo que você a lembre, ela rirá e dirá, "Bobagem minha!" Dirá, "Não me lembro. Eu disse isso?" Dirá, "Eu disse mesmo isso? Impossível!" Foi só um acesso de raiva.

Isso tem de ficar bem claro. A pessoa que vive de instante em instante às vezes fica com raiva, às vezes fica feliz, às vezes fica triste. Mas você pode ter certeza de que ela não carregará com ela essas emoções para sempre. A pessoa que é muito controlada e não deixa que nenhuma emoção aflore em seu ser é perigosa. Se você a insulta, ela não fica zangada; ela se contém. Pouco a pouco ela vai acumulando tanta raiva que acaba fazendo algo realmente maldoso.

Não há nada de errado com um acesso momentâneo de raiva — num certo sentido, ele é belo. Simplesmente mostra que você ainda está vivo. O acesso momentâneo simplesmente mostra que você não está morto, que você responde às situações e de maneira autêntica. Quando você sente que a situação exige que você fique com raiva, ela irrompe. Quando sente que a situação requer felicidade, a felicidade também irrompe. Você dança conforme a música, não tem preconceitos nem contra nem a favor. Você não tem nenhuma ideologia.

Eu não sou contra a raiva, eu sou contra raiva acumulada. Eu não sou contra o sexo, sou contra sexualidade acumulada. Qualquer coisa surgida no momento é boa, qualquer coisa trazida do passado é ruim, é uma doença.

Antigamente, chamavam de "melancolia". Hoje chamam de "depressão", e ela é praticamente uma epidemia nos países desenvolvidos. As explicações para a depressão variam desde as químicas até as psicológicas, mas de uma maneira ou de outra ela parece afligir um número cada vez maior de pessoas o tempo todo. O que é depressão? É uma reação a um mundo deprimente, um tipo de hibernação durante "o inverno do nosso descontentamento"?

O ser humano sempre viveu com esperança, um futuro, um paraíso em algum lugar distante. Ele nunca viveu no presente, sua era dourada estava sempre no futuro. Isso lhe dava entusiasmo, porque o melhor ainda estava para acontecer; todos os seus anseios seriam realizados. Havia uma grande alegria por antecipação.

Ele sofria no presente; era infeliz no presente, mas tudo isso ficava completamente esquecido nos sonhos que seriam realizados no futuro. O amanhã era sempre vivificante.

Mas a situação mudou. A situação anterior não era boa porque o amanhã — a realização dos sonhos — nunca se concretizava. O ser humano morria cheio de esperança. Até mesmo na morte ele tinha esperança na vida futura, mas nunca vivenciava realmente nenhuma alegria, nenhum sentido.

Mas era tolerável. Era só uma questão de suportar o dia de hoje: ele passaria e o amanhã não demoraria a chegar. Os profetas religiosos, os messias, os salvadores viviam prometendo às pessoas toda sorte de delícias no paraíso. Os líderes políticos, os idealistas sociais, os utopistas prometiam a mesma coisa — não no paraíso, mas aqui na Terra mesmo, em alguma época bem distante no futuro, quando a sociedade passasse por uma profunda revolução e não houvesse mais pobreza, não houvesse mais governo, e o ser humano fosse absolutamente livre e tivesse tudo de que precisasse.

Nos dois casos, estava-se preenchendo basicamente a mesma necessidade psicológica. Aqueles que eram materialistas se sentiam mais atraídos pelas utopias ideológicas, políticas, sociológicas. Aqueles que não eram materialistas se sentiam mais atraídos pelos líderes religiosos. Mas o objeto do desejo era mais ou menos o mesmo: tudo o que você pode imaginar, tudo o que pode sonhar, tudo a que pode almejar seria plenamente satisfeito. Com esses sonhos aos quais recorrer, as desgraças do presente pareciam insignificantes. Havia entusiasmo no mundo; as pessoas não viviam deprimidas.

A depressão é um fenômeno contemporâneo e que passou a existir porque agora não existe mais amanhã. Todas as ideologias políticas caíram por terra. Não há possibilidade de que um dia haja igualdade entre os homens, não há possibilidade de que haja um tempo em que não existam mais governos, não há possibilidade de que todos os sonhos sejam satisfeitos. Isso provocou um grande choque. Ao mesmo tempo, o ser humano amadureceu. Ele pode ir à igreja, à mesquita, à sinagoga, ao templo, mas esses lugares não passam de conformidades sociais. E ele não quer se sentir sozinho num estado tão sombrio e deprimente; ele quer estar em meio a uma multidão. Mas, basicamente, ele sabe que não existe nenhum paraíso; sabe que nenhum messias virá nos salvar.

Os hindus esperaram cinco mil anos pela volta de Krishna. Ele prometeu que viria não apenas uma vez, mas sempre que houvesse aflição, sofrimento, sempre que o vício prevalecesse sobre a virtude, sempre que pessoas boas, simples e inocentes fossem exploradas por outras astutas e hipócritas. Ele disse, "Eu farei de mim mesmo uma realidade ao longo de toda a era que está por vir". Mas durante cinco mil anos não se viu nem sinal dele.

Jesus prometeu que voltaria, e quando lhe perguntaram quando, ele disse, "Muito em breve". Ora, eu posso esticar esse "muito em breve", mas não por dois mil anos. Isso é demais!

A idéia de que a nossa aflição, a nossa dor, a nossa angústia nos serão tiradas já não convence mais. A idéia de que existe um Deus que se importa conosco parece simplesmente uma piada. Se olharmos o mundo, não parece que existe alguém que se importe.

A realidade é que o ser humano sempre viveu na pobreza. A pobreza tem uma coisa que é bela: ela nunca destrói a sua esperança, nunca contradiz os seus sonhos, sempre traz entusiasmo com relação ao amanhã. A pessoa fica esperançosa, acreditando que as coisas serão melhores: "Este período sombrio já está passando; logo haverá luz". Mas essa situação mudou. E, lembre-se, o problema da depressão não é epidêmico nos países em desenvolvimento. Nos países pobres, as pessoas ainda têm esperança — a depressão só existe nos países desenvolvidos, onde as pessoas já conseguiram tudo que sempre almejaram. Agora o paraíso não serve mais, nem uma sociedade sem classes. Nenhuma utopia vai resolver alguma coisa.

Eles atingiram o objetivo e é justamente isso que causa a depressão. Agora não há mais esperança. O amanhã é sombrio e depois de amanhã é mais sombrio ainda.

RAIVA, TRISTEZA E DEPRESSÃO

Todas essas coisas com que eles sonhavam eram muito bonitas, mas eles nunca pensaram nas suas implicações. Agora que eles as têm, têm também as suas implicações. Quando uma pessoa é pobre, ela tem apetite. O rico não tem apetite, não tem fome. E é melhor ser pobre e ter apetite do que ser rico e não ter apetite. O que você vai fazer com todo o seu ouro, com toda a sua prata, com todos os seus dólares? Você não pode comê-los.

Você tem tudo, mas o apetite acabou, a fome e a esperança que impulsionaram a sua luta o tempo todo. Você foi bem-sucedido — e eu vivo dizendo que não existe fracasso maior que o sucesso. Você chegou ao lugar onde queria estar, mas não se deu conta das conseqüências. Você tem milhões de dólares, mas não consegue dormir.

Quando Alexandre o Grande estava na Índia, conheceu um místico nu no deserto. Ele se apresentou, "Eu sou Alexandre o Grande".

O místico disse, "Não pode ser".

Alexandre disse, "Que bobagem é essa! Eu mesmo estou dizendo e você pode ver meus exércitos por todo o lugar".

O místico respondeu, "Eu posso ver os seus exércitos, mas uma pessoa que se auto-intitula 'O Grande' ainda não tem nenhuma grandiosidade — pois a grandiosidade torna as pessoas humildes. E por isso ela é um fracasso, um fracasso retumbante".

Alexandre era discípulo de Aristóteles e treinado por ele na mais primorosa lógica. Ele não conseguia aceitar toda essa lengalenga mística. Ele disse, "Não acredito em nada disso. Eu conquistei o mundo todo".

O místico perguntou a ele, "Se, neste deserto, você tiver sede e não houver água num raio de quilômetros, e eu puder lhe oferecer um copo d'água. Quanto você me daria por ele?"

Alexandre disse, "Eu lhe daria metade do meu reino".

O místico disse, "Não, eu não o venderia por metade do reino. Ou você tem o seu reino ou tem o corpo d'água. E você tem sede e está morrendo e não há possibilidade nenhuma de encontrar água em nenhum lugar — o que fará?

Alexandre disse, "Então, naturalmente, eu lhe darei todo o meu reino".

O místico riu e disse, "Então é isso que vale todo o seu reino — um simples copo d'água! E você acha que conquistou o mundo inteiro? De hoje em diante, você deve começar a dizer que conquistou um copo d'água inteiro".

Quando o ser humano conquista aquilo que mais almeja, ele se dá conta de que existem muitas coisas em torno dele. Por exemplo, durante a vida toda você tentou ganhar dinheiro, pensando que um dia, quando o tivesse, conseguiria ter uma vida tranqüila. Mas, nesse meio tempo, você viveu tenso a vida toda, a tensão se tornou a sua disciplina — e no final da vida, quando conquistou todo o dinheiro que sempre quis, não conseguiu relaxar. Uma vida inteira praticando a tensão e a angústia e a preocupação não deixou que você relaxasse. Você não é um vencedor, é um perdedor. Você perdeu o apetite, destruiu a sua saúde, destruiu a sua sensibilidade, a sua sensitividade. Você destruiu o seu senso estético, porque não havia tempo para todas essas coisas que não produzem dinheiro.

Você está correndo atrás de dinheiro — quem tem tempo para olhar as rosas? Quem tem tempo para olhar os pássaros voando? Quem tem tempo para olhar a beleza dos seres humanos. Você adiou todas essas coisas para que um dia, quando tiver tudo, você possa relaxar e aproveitar. Mas, quando tiver tudo, você terá se tornado um certo tipo de pessoa disciplinada — cega para as flores, cega para a beleza, incapaz de apreciar a música, incapaz de entender a dança, incapaz de entender a poesia, que só pode entender o dinheiro. Mas esse dinheiro não traz satisfação.

Essa é a causa da depressão. É por isso que ela só prevalece nos países desenvolvidos, e entre as classes mais abastadas dos países desenvolvidos. Nesses países também existem pessoas pobres, mas elas não sofrem de depressão. Mas você não pode dar esperança a um homem rico para que ele acabe com essa depressão, pois ele tem tudo, ele já tem mais do que você poderia prometer lhe dar. Ele está numa condição realmente lamentável. Nunca pensou nas implicações, nunca pensou nas conseqüências, nunca pensou no que perderia desperdiçando a vida inteira para ganhar dinheiro. Ele nunca pensou que perderia tudo que poderia lhe fazer feliz — e simplesmente porque ele deixou todas essas coisas de lado. Ele não tinha tempo e a competição era acirrada e ele tinha de ser duro. No final, ele descobriu que o seu coração não batia mais, que a sua vida não tinha mais significado. Ele não vê que existe possibilidade de mudança no futuro, pois o que mais poderia haver?

O contentamento é algo que tem de ser cultivado. É uma certa disciplina, um tipo de arte — como ter contentamento. E leva tempo para se entrar em contato com as grandes coisas da vida. Mas a pessoa que está correndo atrás de dinheiro ignora tudo que seja uma porta para o divino, e com o tempo ela percebe o que perdeu, ela está no fim da estrada e não existe nada diante dela a não ser a morte.

Toda a vida dela foi um desastre. Ela a tolerou, ignorou-a na esperança de que as coisas fossem mudar. Agora ela não pode mais ignorá-la nem ter esperança de que ela vá mudar, porque amanhã só haverá a morte e nada mais. A infelicidade acumulada de toda a vida que ela ignorou, o sofrimento que ela ignorou explodiu em seu ser.

O homem mais rico do mundo, num certo sentido, é o mais pobre também. Ser rico e não ser pobre é uma grande arte. Ser pobre e ser rico é a outra face dessa arte. Existem pessoas pobres que você achará imensamente ricas. Elas não têm nada, mas são ricas. Não são ricas em coisas, mas em seu ser, em suas experiências multidimensionais. E existem pessoas ricas que têm tudo, mas são absolutamente pobres, ocas e vazias. Ali dentro existe só uma sepultura.

Não se trata de uma depressão da sociedade, pois, se fosse, afetaria os pobres também. É simplesmente a lei natural e as pessoas agora terão de aprender com ela. Até hoje não havia necessidade, porque não eram muitas as pessoas que chegavam ao ponto de ter tudo o que queriam, enquanto interiormente havia completa escuridão e ignorância.

A primeira coisa na vida é descobrir significado no momento presente. O aroma básico do seu ser deve ser amor, alegria, celebração. Então você pode fazer qualquer coisa; então o dinheiro não destruirá você. Mas, em vez disso, você coloca tudo de lado para simplesmente correr atrás de dinheiro, achando que o dinheiro compra tudo. Então um dia você descobre que o dinheiro não pode comprar nada, e você devotou toda a sua vida a ele.

Essa é a causa da depressão.

E, particularmente no Ocidente, a depressão vai se agravar ainda mais. No Oriente sempre existiram pessoas ricas, mas existia também uma outra dimensão ao alcance delas. Quando o caminho da riqueza chegava ao fim, elas não ficavam empacadas ali; partiam para outra direção. Essa nova direção estava no ar, disponível há séculos.

No Oriente, os pobres aprenderam sobre o contentamento, por isso eles não se incomodam em satisfazer as suas ambições. E os ricos entenderam que um dia terão de renunciar a tudo e sair em busca da verdade, em busca de significado. No Ocidente, no final a estrada simplesmente acaba. Você tem de dar meia volta, mas dar meia volta não ajuda a curar a sua depressão. Você precisa seguir numa nova direção.

Gautama Buda, Mahavira e muitos outros místicos do Oriente estavam no auge da riqueza quando viram que ela era quase um fardo. Era preciso encontrar outra coisa antes que a morte os levasse — e eles foram corajosos o suficiente para renunciar a tudo. Essa renúncia foi mal-interpretada. Eles renunciaram a tudo porque não queriam desperdiçar mais nem um minuto com dinheiro, poder, porque eles tinham chegado no topo e visto que não havia nada ali. Eles chegaram no degrau mais alto da escada e descobriram que ela não levava a lugar nenhum; era só uma escada levando a lugar nenhum. Enquanto você está no meio da escada ou nos degraus mais baixos, você tem uma esperança — porque existem degraus mais altos para subir. Mas chega um ponto em que você atinge os degraus mais altos da escada e ali só existe suicídio, loucura ou hipocrisia, e você continua sorrindo até a morte o levar. Mas, lá no fundo, você sabe que desperdiçou a sua vida.

No Oriente, a depressão nunca foi um problema. Os pobres aprenderam a apreciar o pouco que tinham e os ricos aprenderam que ter o mundo inteiro aos seus pés não significa nada; você tem de sair em busca de significado, não de dinheiro. E eles tinham precedentes; sabiam que, durante milhares de anos, as pessoas saíram em busca da verdade e a encontraram. Não era preciso cair em desespero, em depressão; você só tinha que partir para uma dimensão desconhecida. Eles podiam nunca tê-la explorado, mas, quando começavam a explorar essa nova dimensão, que significava uma jornada interior, uma jornada pelo seu próprio eu — tudo o que eles tinham perdido começava a retornar.

O Ocidente precisa urgentemente de um grande movimento de meditação; do contrário, essa depressão vai matar as pessoas. E essas pessoas são as que têm talento — porque elas conquistaram o poder, ganharam dinheiro, conseguiram tudo o que queriam. Elas são as mais talentosas e estão caindo em desespero. Isso vai ficar perigoso, porque os mais talentosos não têm mais entusiasmo pela vida. Os pouco talentosos têm esse entusiasmo, mas não têm nem os talentos necessários para ter poder, dinheiro, educação, respeitabilidade. Por não ter talento eles estão sofrendo, sentindo-se em desvantagem. Estão se tornando terroristas, recorrendo a uma violência desnecessária para se vingar, pois não podem fazer nada além disso, só destruir. E os ricos estão quase sempre prontos para se enforcar em qualquer árvore, pois não têm razão para viver. O coração deles parou de bater há muito tempo. Eles são apenas cadáveres — bem enfeitados, homenageados, mas totalmente vazios e fúteis.

O Ocidente está de fato em piores condições que o Oriente — embora, para aqueles que não têm compreensão, pareça que o Ocidente está em situação melhor, porque o Oriente é pobre. Mas a pobreza não é um problema tão grave quanto o fracasso da riqueza, quando o ser humano é *realmente* pobre. Um pobre comum pelo menos tem sonhos, esperanças. Mas o rico não tem nada.

O que está faltando é um grande movimento de meditação que atinja todas as pessoas.

E, no Ocidente, essas pessoas com depressão procuram psicanalistas, terapeutas e todos os tipos de charlatões que, são, eles mesmos, depressivos, mais depressivos que os próprios pacientes — naturalmente, porque ficam ouvindo o dia inteiro os pacientes falarem de depressão, desespero, falta de sentido. E ao ver tanta gente talentosa em tão mau estado, eles próprios começam a ficar desanimados. Não podem ajudar; eles mesmos precisam de ajuda.

Se conseguirem enxergar que existem pessoas que não estão depressivas — pelo contrário, que estão imensamente felizes —, talvez uma esperança possa nascer dentro deles. Agora eles podem ter tudo e não precisam se preocupar. Podem meditar.

Eu não prego a renúncia nem aos bens materiais nem a coisa nenhuma. Vamos deixar tudo como está. Só acrescente uma coisa à sua vida. Até agora você só acrescentou *coisas* à sua vida. Agora acrescente algo ao seu ser — e isso criará a música, isso operará o milagre, isso fará a mágica. Gerará mais vibração, mais juventude, mais frescor.

Não se trata de nada insolúvel. O problema é grande, mas a solução é muito simples.

? *Eu não sou rica nem tenho tudo de que preciso. Mas, mesmo assim, eu me sinto sozinha, confusa e deprimida. Existe alguma coisa que eu possa fazer quando esse tipo de depressão acontece?*

Se está deprimida, fique deprimida; não "faça" nada. O que você pode fazer? Qualquer coisa que faça, fará por causa da depressão e isso a deixará mais confusa. Você pode rezar a Deus, mas rezará de modo tão deprimente que deixará até Deus deprimido com as suas orações! Não cometa essa violência contra o pobre Deus. A sua oração será uma oração deprimente. Como você está deprimida, qualquer coisa que fizer virá acompanhada de depressão. Causará mais confusão, mais frustração, porque você não vai ser bem-sucedida. E, quando não é bem-sucedida, você fica mais deprimida, e esse é um ciclo sem fim.

É melhor ficar com a depressão original do que criar um segundo ciclo e depois um terceiro. Fique com o primeiro; o original é belo. O segundo será falso e o terceiro será um eco longínquo. Não crie esses últimos dois. O primeiro é belo. Você está deprimida, portanto, é assim que a existência está se manifestando para você neste momento. Você está deprimida, então continue assim. Espere e observe. Você não vai poder ficar deprimida por muito tempo, porque neste mundo nada é permanente. Este mundo é um fluxo. Ele não pode mudar as suas leis básicas por você, de modo que possa continuar deprimida para sempre. Nada aqui é para sempre; tudo está em movimento e em mudança. A existência é um rio; ela não pode parar para você, para que você possa continuar deprimida para sempre. Ela está em movimento — já mudou. Se você observar a sua depressão, verá que nem ela é a mesma; é diferente, está em mutação. Só observe, continue com ela e não faça nada. É assim que a transformação acontece: por meio do não-fazer.

Sinta a depressão, prove-a em profundidade, vivencie-a, esse é o seu destino — quando menos esperar você sentirá que ela desapareceu, porque a pessoa que aceita até mesmo a depressão não pode ficar deprimida. A pessoa, a mente que consegue aceitar até a depressão não permanece deprimida! A depressão precisa de uma mente sem aceitação: "Isso não é bom, isso não é nada bom; isso não devia ter acontecido, não devia; as coisas não deveriam ser desse jeito". Tudo é negado, é rejeitado — não aceito. O "não" é a reação básica; até a felicidade será rejeitada por uma mente como essa. Essa mente descobrirá algo para rejeitar a felicidade também. Você ficará em dúvida quanto a ela. Sentirá que algo está errado. Estará feliz, por isso achará que existe alguma coisa errada: "Bastou meditar durante alguns dias para eu ficar feliz? Isso não é possível!"

A mente sem aceitação não aceita nada. Mas, se conseguir aceitar a sua solidão, a sua depressão, a sua confusão, a sua tristeza, você já estará transcendendo. Aceitação é transcendência. Você eliminou o próprio motivo da depressão, então ela não pode continuar.

Experimente isto:

Seja qual for o seu estado de espírito, aceite-o e aguarde até que esse estado mude por si só. Você não estará mudando nada, poderá sentir a beleza que se assoma quando o seu estado de espírito muda naturalmente. Você verá que é como o sol nascendo pela manhã e se pondo à noite. Então, mais uma vez ele se elevará no céu para depois se pôr à noite, e assim dia após dia. Você não precisa fazer nada a respeito. Se conseguir sentir os seus estados de espírito mudando naturalmente, você vai ficar indiferente. Vai ficar a quilômetros de distância, como se a mente estivesse em outro lugar. O sol está nascendo e se pondo; a depressão está surgindo, a felicidade está surgindo, depois indo embora, mas você não está participando disso. Ela vem e vai embora por conta própria; os estados irrompem, mudam e desaparecem.

Com a mente confusa, é melhor esperar e não fazer nada, para que a confusão desapareça. Ela vai desaparecer; nada é permanente neste mundo. Você só precisa de muita paciência. Não tenha pressa.

Eu lhe contarei uma história que eu sempre repito. Buda estava atravessando uma floresta. O dia estava quente — o sol estava a pino — ele tinha sede, por isso pediu ao seu discípulo Ananda, "Volte. Nós cruzamos um córrego. Volte e pegue um pouco de água para mim".

Ananda voltou, mas o córrego era estreito demais e algumas carroças estavam passando por ele. A água, agitada, tinha ficado barrenta. Toda a sujeira do fundo viera à superfície, tornando a água imprópria para consumo. Então Ananda pensou, "Terei de voltar de mãos vazias". Ele voltou e disse ao Buda, "A água ficou barrenta, não dá para beber". Deixe-me seguir na frente. Sei que há um rio a alguns quilômetros daqui, eu irei até lá e buscarei água".

Buda disse, "Não! Volte ao córrego". Ananda voltou para não desobedecer ao Buda, mas foi contrariado. Ele sabia que a água não ficaria límpida outra vez e que iria apenas desperdiçar seu tempo, além de estar com sede também. Mas ele não podia desobedecer ao Buda. Mais uma vez voltou ao riacho para em seguida refazer o trajeto e dizer a Buda, "Por que o senhor insiste? A água não é potável!"

Buda disse, "Vá outra vez". E como ordenou Buda, Ananda aquieceu.

Na terceira vez que ele voltou ao riacho, a água estava cristalina como de costume. A sujeira tinha baixado, as folhas mortas descido rio abaixo e a água estava límpida outra vez. Então Ananda riu. Ele encheu seu cântaro de água e voltou dançando. Ao chegar, caiu aos pés do Buda e disse, "Os seus métodos de ensino são miraculosos. Você me ensinou uma grande lição — que só é preciso ter paciência e que nada é permanente".

E esse é o ensinamento básico do Buda: nada é permanente, tudo é transitório, então para que se preocupar? Volte ao mesmo riacho. Agora, tudo já deve ter mudado. Nada continua igual. Tenha simplesmente paciência e a sujeira vai se assentar, a água vai ficar cristalina outra vez.

Ananda também tinha perguntado ao Buda, depois de voltar do córrego pela segunda vez, "Você insiste para que eu vá, mas eu posso fazer alguma coisa para que a água fique mais limpa?"

Buda disse, "Por favor, não faça nada; do contrário, você a deixará mais enlameada ainda. E não entre no córrego. Fique apenas do lado de fora, es-

RAIVA, TRISTEZA E DEPRESSÃO

perando na margem. Se entrar, você só piorará as coisas. O córrego flui naturalmente, portanto, deixe-o fluir".

Nada é permanente; a vida é um fluxo. Heráclito disse que você não pode entrar no mesmo rio duas vezes. É impossível entrar duas vezes no mesmo rio porque o rio nunca pára de fluir; tudo já terá mudado. E não só o rio flui, você também flui. Você também estará diferente; você também é um rio fluindo.

Veja essa impermanência de tudo. Não tenha pressa; não tente fazer coisa alguma. Apenas espere! Espere num total não-fazer. E, se conseguir esperar, a transformação acontecerá. Essa espera é a transformação.

? *O que me deixa deprimida é começar a me julgar por ser tão pouco atenta, por não apreciar a beleza da vida, ter ciúme e raiva e agir de maneira tão idiota em tantas situações. Sinto que, quanto mais consciente estou do meu comportamento, mais deprimida eu fico! Você pode falar sobre a autocondenação, o que ela é e de onde vem?*

É uma maneira de continuar igual, é um truque da mente; em vez de entender, a energia começa a se voltar para a condenação. E a mudança vem do entendimento, não da condenação. Portanto, a mente é muito astuta — no momento em que você começa a ver algum fato, a mente salta à frente e começa a condená-lo. Toda a energia passa a ficar envolvida com a condenação. O entendimento é deixado de lado, é ignorado, e a sua energia se volta para a condenação — e a condenação não ajuda em nada. Ela pode deixar você deprimida, pode deixá-la com raiva, mas deprimida e com raiva você nunca muda. Você permanece a mesma e continua no mesmo círculo vicioso de sempre.

O entendimento é libertador. Então, quando vir um certo fato, não precisa se condenar, não precisa se preocupar. Só precisa olhar para ele de frente e entendê-lo. Se eu disse algo e atingir você — e essa era a minha única intenção: atingir você —, você tem de olhar para a razão por que isso o atingiu e em que ponto o atingiu e qual é o problema; você tem de olhar para isso de frente.

Olhe de frente, olhe em torno também e observe de todos os ângulos... Se se condenar, você não vai conseguir olhar, não vai conseguir abordar o fato de todos os ângulos. Você já decidiu que ele é ruim; você já o julgou sem lhe dar ao menos uma chance.

Olhe para o fato, mergulhe dentro dele, contemple-o, reflita sobre ele — e quanto mais capaz você for de observá-lo mais capaz será de superá-lo. A capacidade de entender e a capacidade de superar são apenas dois nomes diferentes para o mesmo fenômeno.

Se eu entendo uma determinada coisa, sou capaz de superá-la, de transcendê-la. Se não a entendo, não posso superá-la.

Portanto, a mente continua fazendo isso com todo mundo; não é só com você. No mesmo instante você pensa naquilo e diz, "Está errado! Eu não deveria sentir isso. Eu não presto, isso está errado, aquilo está errado", e se sente culpada. Agora toda a energia está se voltando para a culpa.

Meu trabalho aqui é fazer com que você sinta o menos culpada possível. Portanto, não importa o que você veja, não leve para o lado pessoal. Isso não tem nada a ver com você particularmente, é só o jeito como a mente funciona. Se houver ciúme, se houver possessividade, se houver raiva, isso é só a maneira como a mente funciona — a mente de todo mundo funciona assim; a diferença é apenas de grau.

A mente tem outro mecanismo: ou ela quer elogiar ou quer condenar, ela nunca encontra um meio-termo. O elogio torna você especial e o ego fica inflado; por meio da condenação você também se torna especial. Olhe o truque! Dos dois jeitos você se torna especial — ou é um santo, um grande santo, ou é o maior dos pecadores, mas das duas maneiras o ego se sente preenchido. Das duas maneiras você está dizendo que é especial.

A mente não quer ouvir que ela é simplesmente comum — o ciúme, a raiva, esses problemas de relacionamento e de comportamento são comuns, todo mundo tem. Eles são tão comuns quanto ter cabelo. Talvez alguns tenham mais, outros tenham menos, um tem cabelos pretos e o outro tem cabelos ruivos, mas isso não importa muito. Eles são comuns; todos os problemas são comuns. Todos os pecados são comuns e todas as virtudes são comuns, mas o ego quer se sentir especial. Ou ele diz que você é o melhor ou diz que você é o pior.

Você diz para si mesmo, "Você não deve ficar deprimida. Você não é assim, isso vai prejudicar a sua imagem, vai acabar com a sua reputação — e você é uma garota tão linda! Por que está deprimida?" Você julga, condena, em vez de tentar entender.

Depressão significa que, por algum motivo, existe raiva em você num estado negativo. A depressão é um estado negativo de raiva. A própria palavra está carregada de significado — ela diz que algo está sendo *pressionado*; esse é o sentido da palavra "deprimido". Você está pressionando algo aí dentro, e quando a raiva é pressionada demais ela se torna tristeza. A tristeza é um modo negativo de ficar com raiva, é o jeito feminino de ficar com raiva. Se você tirar a pressão, ela se tornará raiva. Você tem de ficar com raiva de algumas coisas, talvez até da sua infância, mas não está expressando essa raiva; por isso a depressão. Tente entendê-la!

E o problema é que a depressão não pode ser solucionada, porque não é o problema real. O verdadeiro problema é a raiva — e você vai continuar condenando a depressão, por isso está brigando com uma sombra.

Primeiro veja o porquê de estar deprimida: olhe bem fundo a depressão e você encontrará raiva. Uma enorme raiva dentro de você — talvez contra a sua mãe, contra o seu pai, contra o mundo, contra si mesma, não importa. Você está carregando uma grande raiva dentro de si e, desde a infância, está tentando sorrir, não ficar com raiva, porque não é bom ficar com raiva. Ensinaram-lhe isso e você aprendeu muito bem. Então, na superfície você parece feliz, na superfície você está sorrindo — e todos esses sorrisos são falsos. Lá no fundo, você guarda uma fúria imensa. Ora, você não pode expressá-la, então a abafa — isso é que é depressão; então você se sente deprimida.

Deixe essa raiva fluir, deixe que ela aflore. Depois que ela aflorar, essa depressão acaba. Você já observou que depois de um acesso de raiva, você se sente muito bem, muito vibrante?

Faça da raiva uma meditação diária... vinte minutos por dia é o suficiente. [Ver pág. 244 para a descrição.] Depois do terceiro dia, você vai gostar tanto do exercício que começará a aguardá-lo com expectativa. Ele lhe trará um alívio imenso... e você verá que a sua depressão começará a desaparecer. Pela primeira vez, você *realmente* sorrirá. Porque com essa depressão você não pode sorrir, só pode fingir.

Ninguém pode viver sem sorrisos, então a pessoa tem de fingir — mas um sorriso fingido é algo que machuca demais. Não deixa você feliz, simplesmente a faz lembrar como você é infeliz.

Mas, quando você se dá conta disso, é bom. Sempre que algo machuca, isso ajuda. As pessoas estão tão doentes que qualquer coisa que ofereça uma ajuda machuca, toca alguma ferida interior. Mas é bom.

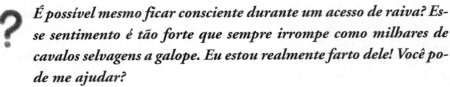

É possível mesmo ficar consciente durante um acesso de raiva? Esse sentimento é tão forte que sempre irrompe como milhares de cavalos selvagens a galope. Eu estou realmente farto dele! Você pode me ajudar?

Você tem o mais simples dos problemas; está fazendo drama à toa. "Como milhares de cavalos selvagens a galope" — uma raiva como essa já teria consumido você! De onde você tirou essa idéia?

Ouvi dizer que mulá Nasruddin estava fazendo uma entrevista para conseguir emprego num navio, e havia três oficiais entrevistando-o. Um deles perguntou, "Um grande ciclone está se aproximando, ondas gigantescas, e o navio está quase afundando — o que você faria?"

O mulá respondeu, "Isso não é problema. Eu faria o que é tecnicamente correto — desligaria os motores e baixaria a âncora".

O outro oficial perguntou, "Mas uma outra onda gigante está se aproximando e o navio está a ponto de afundar. O que você faria?"

O mulá respondeu, "A mesma coisa: baixaria outra âncora; todo navio tem âncoras".

O terceiro oficial o interpelou, "Mas então outra onda gigantesca se aproxima..."

E o mulá interrompeu-o, dizendo: "Vocês estão me fazendo perder tempo. Eu faria exatamente a mesma coisa — baixaria outra âncora para estabilizar o navio quando a onda passasse".

O primeiro oficial então o desafiou, "E de onde você tiraria todas essas âncoras?"

Então o mulá se surpreendeu, "Que pergunta mais estranha! De onde vocês tiraram todas essas ondas gigantescas? Todas do mesmo lugar! Se podem imaginar ondas gigantescas, então por que não podem imaginar âncoras também? Vocês vão continuar arranjando essas ondas gigantescas e eu vou ter que continuar baixando âncoras cada vez mais pesadas?"

A raiva é uma coisinha insignificante. Se você conseguir simplesmente esperar e observar, não encontrará "milhares de cavalos selvagens". Se conseguir encontrar ao menos um burrico, já será suficiente! Só observe-o e, bem devagar, ele começará a ir embora. Entrará por um lado e sairá pelo outro. Você só tem de ter um pouquinho de paciência para não montar nele.

Raiva, ciúme, inveja, ganância, competitividade... todos os nossos problemas são muito pequenos, mas nosso ego os aumenta, tornando-os tão grandes quanto possível. O ego não pode fazer nada diferente disso; a sua raiva também tem de ser grande. Com a sua grande raiva, o seu grande sofrimento, a sua grande ganância e a sua grande ambição, o ego também fica grande.

Mas você não é o ego, você é só um observador. Apenas dê um passo para o lado e deixe os milhares de cavalos passarem — "Vamos ver quanto tempo leva para eles passarem". Não há por que se preocupar. Assim como vieram — eles *são* selvagens — também irão embora.

Mas não perdemos a oportunidade de montar até num pequeno burrico; nós imediatamente saltamos sobre ele! Você não precisa de milhares de cavalos selvagens, só uma coisinha basta para você se encher de raiva e se inflamar. Você rirá disso mais tarde, de como você foi idiota.

Se conseguir observar, sem se envolver, como se fosse algo passando numa tela de cinema ou de tevê... algo está passando, observe. Não se espera que você faça algo para evitá-la, reprimi-la, destruí-la, sacar uma espada e matá-la, pois de onde você vai sacar essa espada? Da mesma fonte de onde vem a raiva. É tudo imaginação.

Só observe e não faça nada, nem contra nem a favor, e você ficará surpreso: aquilo que parecia muito grande fica muito pequeno. Mas o nosso hábito é exagerar.

Um menininho de não mais de 3 anos entra em casa correndo e fala para a mãe, "Mãe, um leão enorme, rugindo, está correndo atrás de mim há quilômetros! Mas eu consegui dar um jeito de escapar. Ele chegou perto muitas vezes. Estava quase me atacando quando consegui correr mais rápido".

A mãe olhou para a porta e lá fora viu um cachorrinho parado, abanando o rabo. Ela olhou para o menino e disse, "Tommy, já lhe disse *milhões* de vezes para não exagerar!"

"Milhões de vezes" — nossa mente é especialista em exageros. Você tem uns probleminhas e, se conseguir parar de exagerar e simplesmente observar, verá o pobre cachorrinho parado do lado de fora da porta. E não precisa correr quilômetros; a sua vida não está em perigo.

Se a raiva assomar em você, ela não vai matá-lo. Ela já esteve com você muitas vezes e você sempre conseguiu sobreviver. É a mesma raiva que você já sentiu antes. Basta que faça uma coisa nova, que nunca fez antes. Em vez disso, toda vez você a deixa envolvê-lo, briga com ela. Desta vez, observe-a como se ela não lhe pertencesse, como se se tratasse da raiva de outra pessoa. E você terá uma grande surpresa: ela desaparecerá em segundos. E, quando a raiva desaparece sem que você lute contra ela, ela deixa atrás de si uma extraordinária beleza, um silêncio e um estado de amor.

A mesma energia que podia ter se transformado em luta contra a raiva fica dentro de você. Energia pura é alegria — Estou citando William Blake — "Energia é alegria". Só energia, sem nome, sem nenhum adjetivo. Mas você nunca deixa que a energia se conserve pura. Ou ela é raiva, ou é ódio, ou é amor, ou é ganância, ou é desejo. Ela está sempre envolvida por alguma coisa; você nunca a deixa em sua pureza.

Toda vez que algo assomar em você, existe uma grande chance de que você sinta energia pura. Simplesmente observe e o burrico irá embora. Ele pode levantar um pouco de poeira, mas essa poeira também logo se assentará naturalmente; você não tem de assentá-la. Você simplesmente espera. Mantenha-se esperando e observando, e logo você vai estar circundado de uma energia pura, que não foi usada para brigar, para reprimir ou para ficar com raiva. E energia é certamente alegria. Depois que conhecer o segredo da alegria, você apreciará cada emoção.

RAIVA, TRISTEZA E DEPRESSÃO

E toda emoção que aflora em você é uma grande oportunidade. Só observe e faça com que a alegria se derrame sobre o seu ser. Pouco a pouco todas as emoções desaparecerão; elas não ocorrerão mais — não aparecerão sem serem chamadas. Atenção plena, estado de alerta, percepção ou consciência, todos esses são diferentes nomes para designar o mesmo fenômeno de testemunho. Essa é a palavra-chave.

Este é um mundo muito estranho. Se você está atento, então em todo lugar os milagres estão acontecendo. Mas você não vê milagres porque raramente está atento, muito raramente. Na maior parte do tempo, você está de olhos abertos; na maior parte do tempo, você não está roncando. Mas isso não significa que esteja acordado. Significa simplesmente que está fingindo estar acordado, mas lá no fundo há tantos pensamentos, tamanha confusão, tantos cavalos selvagens... como você pode ver alguma coisa? Como pode ouvir alguma coisa? Embora os seus olhos estejam abertos, eles não enxergam. Embora os seus ouvidos estejam abertos, eles não escutam.

É um estranho fenômeno que a natureza não tenha feito olhos assim como fez os ouvidos. Você não pode fechar os ouvidos, mas pode fechar os olhos. Você tem pálpebras para fechar, para abrir, mas e o que dizer dos ouvidos? A natureza nunca se importou em dar a eles umas palpebrazinhas, porque sabe que você fica tão ocupado com a mente que nem precisa deles. Os seus ouvidos são sempre moucos; você não ouve — ou só ouve o que quer ouvir.

Ouvi dizer que num domingo, depois da missa, o padre parou um homem que havia roncado durante todo o sermão. O padre o pegou pelo braço e disse, "Isso não está certo! Enquanto eu fazia o sermão, você estava roncando!"

O homem respondeu, "Me desculpe. Da próxima vez, vou prestar mais atenção".

O padre disse, "Você tem de prestar mais atenção, porque havia muitas pessoas dormindo e você as incomodou. Não estou preocupado que você ouça o meu sermão, estou preocupado com o restante da congregação, que dormia a sono solto. Você roncava tão alto que podia acordá-las. Eu vivo repetindo o mesmo sermão todos os domingos e, se você começar a acordar todo mundo, isso vai significar mais trabalho para mim. Eu terei de preparar outros sermões, o que é uma chateação desnecessária. Eu tenho feito o mesmo sermão há anos e ninguém nunca reclamou, porque ninguém jamais o ouviu".

Você vai à igreja e percebe que as pessoas estão dormindo — aquele é um lugar para dormir, para descansar um pouquinho dos afazeres do dia-a-dia, do mundo e das suas tensões. Mas, no que se trata da espiritualidade, as pessoas dormem durante vinte e quatro horas. No seu sono, você vê raiva e vê ganância, elas tomam tamanha proporção, ficam tão grandes que é muito fácil ser enredado por elas.

A pessoa que tem simplesmente a arte da atenção plena tem uma chave de ouro. Nesse caso não importa se se trata de raiva, ganância, sensualidade, luxúria ou desvario. Pode ser qualquer tipo de doença, não interessa — o mesmo remédio funciona. Só observe e você ficará livre disso. E, ao observar, aos poucos a mente vai ficando cada vez mais vazia, até que um dia ela própria desaparece. Ela não pode existir sem raiva, sem medo, sem amor, sem ódio — tudo isso é absolutamente necessário para a mente existir.

Observando você não só se livrará da raiva como se livrará de parte da mente. E um dia você de repente acorda e não há mais mente nenhuma. Você é só um observador, um observador no topo da montanha. Esse é o momento mais belo que existe. Só então começa a sua vida de verdade.

ENTENDA AS RAÍZES DO CIÚME

O que faz você ter ciúme? A possessividade. O ciúme propriamente dito não é a raiz. Você ama uma mulher, você ama um homem, e quer possuir essa pessoa só por medo de que amanhã ela talvez possa abandoná-lo por outro. O medo do amanhã destrói o seu hoje, e trata-se de um círculo vicioso. Se o dia-a-dia é destruído por causa do medo do amanhã, mais cedo ou mais tarde a pessoa vai procurar outro parceiro, porque você é simplesmente um chato de galocha. E, quando o homem começa a procurar outra mulher, ou a mulher começa a se voltar para outro homem, você acha que tinha razão de ter ciúme. Na verdade, foi o seu ciúme que provocou a coisa toda.

Portanto, a primeira coisa a lembrar é: não se preocupe com o dia de amanhã. O hoje já é suficiente! Alguém ama você — deixe que hoje seja um dia de alegria, um dia de celebração. Viva esse amor tão totalmente hoje que a sua totalidade e o seu amor sejam suficientes para evitar que a outra pessoa se afaste de você. O seu ciúme só vai distanciá-la; só o seu amor pode mantê-la ao seu lado. O ciúme da outra pessoa vai afastar você; o amor vai mantê-lo ao lado dela.

Não pense no amanhã. No momento em que pensa no amanhã, você passa a viver o hoje sem entusiasmo. Viva simplesmente o hoje e esqueça o amanhã, ele seguirá o seu próprio curso. E lembre-se de uma coisa: o amanhã é fruto do hoje. Se o hoje for uma experiência de grande beleza, for uma bênção, por que se preocupar com ele?

Algum dia o homem que você amou, a mulher que você amou pode encontrar outra pessoa. Ser feliz é simplesmente humano — mas a sua mulher é feliz com outro homem. Não faz diferença se ela é feliz com você ou com outra pessoa — ela é feliz. E, se você a ama tanto, como pode destruir a felicidade dela?

Um amor de verdade ficará feliz mesmo se o parceiro sentir prazer na companhia de outra pessoa. Nessa situação — quando uma mulher está com outra pessoa e você ainda está feliz e cheio de gratidão por ela e lhe diz, "Você tem liberdade absoluta; seja simplesmente feliz e essa será a minha felicidade. Não importa com quem você se sente feliz, o que importa é a sua felicidade" — tenho o palpite de que ela não conseguirá ficar longe de você por muito tempo, ela voltará. Quem consegue deixar um homem assim?

O seu ciúme destrói tudo, a sua possessividade destrói tudo. Você tem de entender o que está ganhando com isso. Você está borbulhando por dentro e quanto mais ciúme, raiva e ódio você tem mais aversão provoca na outra pessoa. É simplesmente aritmética: você não vai ser feliz; você está destruindo justamente aquilo que quer preservar. É pura idiotice.

Apenas tente entender um simples fato: os seres humanos são seres humanos. Chega uma hora que todo mundo cansa de ficar o tempo todo com a mesma pessoa. Seja factual; não viva de ficções. Chega uma hora que todo mundo fica pelas tampas; isso não significa que o amor tenha acabado, significa simplesmente que uma pequena mudança é necessária. Faz bem para a sua saúde e faz bem para a saúde do seu parceiro. Vocês dois precisam de umas férias um do outro. Por que não fazer isso conscientemente? "Nosso relacionamento está estagnado, então que tal umas férias de uma semana? Eu amo você, você me ama; essa certeza é tão grande que não há por que ter medo."

De acordo com a minha observação, basta um dia apenas de férias para que vocês voltem a cair de amores um pelo outro, num nível muito mais elevado e profundo, porque agora vocês conseguirão avaliar o quanto se amam. Vocês não conseguirão nem mesmo ver a tristeza que surge naturalmente na convivência.

Não possuam um ao outro. Mantenham a liberdade intacta, de modo que um não interfira na privacidade do outro e respeite sua dignidade. Feito isso, de vez em quando vocês podem tirar umas férias separados e depois voltar um para o outro, não há por que se preocuparem. Você se surpreenderá quando a sua mulher voltar, depois de ter passado uma semana com outro homem, ou quando o seu marido voltar, depois de passar uma semana com outra mulher, pois ambos terão aprendido coisas novas. Vocês podem ter uma segunda lua-de-mel. Vocês estão novos e revigorados, e terão aprendido novos truques. E é sempre bom ter novas experiências — é enriquecedor.

Você só precisa ter inteligência e entender o ser humano para que o ciúme acabe.

O ciúme é uma das áreas em que mais prevalece a ignorância psicológica com relação a nós mesmos, com relação aos outros e, particularmente com relação aos relacionamentos. As pessoas acham que sabem o que é amor; elas não sabem. E esse mal-entendido sobre o amor provoca ciúme. As pessoas acham que "amor" é uma espécie de monopólio, de possessividade, sem entender um simples fato da vida: no momento que possui um ser humano você mata essa pessoa.

A vida não pode ser possuída. Você não pode prendê-la nas mãos. Se quiser tê-la, terá de ficar de mãos abertas.

Mas a coisa vem sendo deturpada há séculos; essa idéia se impregnou tanto em nós que não conseguimos separar o amor do ciúme. Eles se tornaram quase a mesma energia.

Por exemplo, você sente ciúme se o seu namorado sai com outra garota. Isso perturba você agora, mas eu gostaria de lhe dizer que se não sentir ciúme você se sentirá pior ainda, pois achará que não o ama, pois se o amasse sentiria ciúme. O ciúme e o amor viraram uma miscelânea.

Na verdade, eles são opostos polares. A mente que sente ciúme não é capaz de amar e vice-versa: a mente que é amorosa não é capaz de sentir ciúme.

Qual é a dificuldade? Você tem de olhar para isso como se não fosse problema seu; só assim vai conseguir se distanciar um pouco e divisar o quadro todo.

O sentimento de ciúme é um efeito secundário do casamento.

No mundo dos animais, dos pássaros, não existe ciúme. De vez em quando acontece uma briga por causa de um objeto de amor, mas uma briga é mil vezes melhor do que ter ciúmes, muito mais natural do que cair nas garras do ciúme e queimar o coração com as próprias mãos.

O casamento é uma instituição inventada, não é natural; por isso a natureza não deu a você uma mente que se adapte ao casamento. Mas a sociedade acha necessário que exista um tipo de contrato legal entre dois amantes, porque o amor propriamente dito é fantasia. Não é algo confiável; hoje ele existe, amanhã não existe mais.

Você quer segurança amanhã, a vida inteira. Agora você é jovem, mas logo ficará velho e gostaria que sua mulher, seu marido, continuasse ao seu lado na velhice, na doença. Mas, para tanto, é preciso firmar alguns compromissos, e sempre que se firma um compromisso surgem problemas.

O casamento provocava suspeitas. O marido vivia desconfiado, perguntando-se se a criança nascida era mesmo dele ou não. O problema é que o pai não tinha como afirmar que o filho era dele. Só a mãe sabia. Como o pai nunca podia afirmar com absoluta convicção, ele foi erigindo muros e mais muros em torno da mulher — essa era a única possibilidade, a única alternativa — para afastá-la do resto da humanidade. Não para instruí-la, porque a educação dá asas às pessoas, possibilita-lhes pensamentos, faz com que sejam capazes de se revoltar, por isso não havia educação para as mulheres. Nenhuma educação religiosa para as mulheres, porque a religião produz santos e, numa sociedade há tantos séculos dominada pelo sexo masculino, o homem não podia admitir que uma mulher fosse mais elevada e virtuosa do que ele.

O homem começou a cortar pela raiz qualquer possibilidade de que a mulher se desenvolvesse. Ela era só uma fábrica de fazer filhos. Não era considerada em pé de igualdade em nenhuma cultura deste planeta. No mundo todo, a mulher tem sido reprimida. Quanto mais reprimida, mais a energia feminina vai se tornando amarga. E, como ela não tem liberdade nenhuma e o homem tem total liberdade, todas as emoções, sentimentos e pensamentos reprimidos — toda a sua individualidade volta-se para um fenômeno de ciúme. Ela tem um medo constante de que o marido a abandone, que saia com outra mulher, que possa se interessar por outra. Ele poderia abandoná-la e ela não tem estudo, não é capaz de garantir o próprio sustento. Ela tem sido levada a viver de maneira que não tenha condições de enfrentar o mundo lá fora; ela tem ouvido desde a infância que ela é fraca.

Segundo as escrituras indianas, na infância, é o pai quem deve proteger a filha; na juventude, o marido deverá protegê-la; e na velhice, quem fará isso será o filho dela. Ela tem de ser protegida desde o berço até o túmulo. Ela não pode se revoltar contra essa sociedade masculina chauvinista; tudo o que pode fazer é continuar encontrando falhas, que fatalmente acontecerão. Na maioria dos casos ela não está errada; ela está certa.

Sempre que um homem se apaixona por outra mulher, algo dentro dele muda com relação à esposa. Eles passam a ser estranhos, não há mais nenhuma ligação. Ela foi mutilada, escravizada e agora é abandonada. Toda a vida dela é uma vida de agonia e, dessa agonia, brota o ciúme.

O ciúme é a raiva dos fracos — de alguém que não pode fazer nada a não ser fervilhar interiormente, que gostaria de incendiar o mundo todo, mas não pode fazer nada a não ser chorar e gritar e ter ataques de cólera. Essa situação continuará assim até que o casamento se torne uma peça de museu.

Agora já não há mais necessidade de casamento. Talvez ele tenha sido útil no passado, talvez não tenha, mas era só uma desculpa para escravizar as mulheres. As coisas poderiam ter sido de outro jeito, mas não há por que perpetuar o passado. Certo ou errado, uma coisa o passado tem de bom: ele não existe mais!

No que se refere ao presente e ao futuro, o casamento é absolutamente irrelevante, incoerente com relação à evolução humana e contraditório no que concerne a todos os valores que mais apreciamos: a liberdade, o amor e a alegria.

Como o homem queria que a mulher ficasse totalmente aprisionada, ele escreveu escrituras religiosas que a fizeram temer o inferno e cobiçar o céu — isso se ela seguir as regras. Essas regras existem para as mulheres, não para os homens. Agora isso está tão claro que fazer com que as mulheres continuem vivendo nessa situação nociva de ciúme é algo que prejudica a saúde psicológica delas. E a saúde psicológica das mulheres influencia a saúde psicológica de toda a humanidade. A mulher tem de se tornar um indivíduo independente.

A dissolução do casamento será o acontecimento mais importante e festivo da face da Terra, e ninguém está impedindo você de viver com a sua mulher ou com o seu marido a vida inteira se de fato amá-lo(a). O fim do casamento simplesmente devolve a você a sua individualidade. Agora ninguém mais o possui. Você não vai mais fazer amor com um homem só porque ele é o seu marido e tem direito de exigir isso. Na minha visão, se uma mulher faz amor com um homem porque é *obrigada* a isso, trata-se de prostituição — não é varejo, é atacado!

O varejo é melhor, você tem possibilidade de troca. Essa prostituição por atacado que acontece no casamento é perigosa, você não tem direito de troca. E, especialmente no primeiro casamento, você deveria ter chance de trocar, pois ainda é um amador. Alguns casamentos a mais tornariam você mais maduro; talvez então você conseguisse encontrar o parceiro certo. E quando digo parceiro certo não estou me referindo à pessoa que "foi feita para você".

Nenhuma mulher foi feita para determinado homem e nenhum homem foi feito para uma determinada mulher. Quando digo parceiro certo quero dizer que, se você teve chance de compreender alguns relacionamentos, se já travou alguns, saberá que tipo de coisa criará situações infelizes entre vocês e que situações criarão uma vida de paz, amor e alegria. Viver com várias pessoas diferentes é uma educação indispensável para uma vida correta no que diz respeito ao amor.

ENTENDA AS RAÍZES DO CIÚME

Você deveria primeiro se graduar travando alguns relacionamentos. Na faculdade, na universidade, você deveria passar por alguns relacionamentos. E não deveria ter pressa para decidir — não há necessidade, o mundo é grande, e cada pessoa tem uma qualidade e beleza especiais.

Quando você vive alguns relacionamentos, começa a ter consciência do tipo de mulher, do tipo de homem que pode ser seu amigo — não um mestre, não um escravo. E a amizade não precisa de casamento, porque a amizade é algo muito mais elevado.

Se sente ciúme, é porque você herdou esse sentimento. Você terá de mudar muitas coisas, não porque estou dizendo para mudá-las, mas porque você compreende que uma mudança drástica é necessária.

Por exemplo, disseminou-se pelo mundo inteiro a idéia de que o marido às vezes sai com outra mulher, ou que a esposa às vezes sai com outro homem, e que isso é algo que destrói o casamento. Isso não é verdade. Pelo contrário, se todos os casais tiverem os fins de semana livres, isso deixará o relacionamento entre eles ainda mais forte — porque o casamento não está tolhendo a liberdade deles e ambos entendem a necessidade que o parceiro tem de variar um pouco. Essa é uma necessidade humana.

Os padres e os moralistas e os puritanos primeiro decidem qual é o ideal. Criam lindos ideais e depois impõem esses ideais sobre você. Eles querem que todos sejam idealistas. Há dez mil anos temos vivido sob a sombra escura e melancólica do idealismo. Eu sou realista. Não tenho nenhum ideal. Para mim, entender a realidade e viver de acordo com ela são a única maneira de um homem ou de uma mulher inteligente viver.

Segundo o meu entendimento, se o casamento não fosse uma coisa imposta, tão rígida, mas fosse flexível, só uma amizade... de modo que a mulher pudesse dizer a você que encontrou um belo rapaz e vai passar o fim de semana com ele — "E se estiver interessado eu posso trazê-lo comigo, pois você também vai ficar encantado com ele". E o marido pudesse dizer, não como um hipócrita, mas como um autêntico ser humano, que "A alegria de minha esposa, a felicidade dela é a minha felicidade. Divirta-se, pois sei que, assim que você voltar, depois de sentir esse novo amor revigorante, você também se sentirá remoçada. Um novo amor fará você recuperar a sua juventude. Vá este fim de semana e no próximo eu farei o meu programa também".

Isso é amizade. E, quando eles chegarem em casa, poderão conversar a respeito do tipo de homem que encontrou, como ele se portou, contar que não foi tão bom assim... E ele pode contar a ela sobre a mulher com quem esteve... A sua casa é um refúgio. Você pode sair lá fora de vez em quando, para ver o céu, livre e selvagem, e voltar, pois o seu parceiro estará sempre à sua espera — não para brigar, mas para dividir com você as suas aventuras.

Só é preciso um pouco de entendimento. Não tem nada a ver com moralidade, trata-se apenas de um comportamento um pouco mais inteligente.

Você sabe perfeitamente bem que, por mais belo que seja um homem ou uma mulher, mais cedo ou mais tarde ele(a) vai começar a lhe dar nos nervos. A mesma geografia, a mesma topografia, a mesma paisagem... A mente humana não foi feita para a monotonia; nem foi feita para a monogamia. É absolutamente natural buscar variedade. E isso não é contra o amor. Na verdade, quanto mais você conhece outra mulher, mais apreciará a sua própria mulher; o seu entendimento ficará maior. A sua experiência ficará mais rica. Quanto mais conhecer alguns homens, mais capaz você será de entender o seu próprio marido. A idéia de ciúme vai desaparecer — vocês dois são livres, e não estão escondendo nada um do outro.

Para os amigos nós contamos tudo, principalmente os momentos de maior beleza — momentos de amor, momentos de poesia, momentos de música. E esses momentos devem ser compartilhados. Desse modo a sua vida ficará cada vez mais rica. Vocês podem ficar tão sintonizados que passarão a vida inteira juntos, mas sem casamento.

O ciúme continuará a existir enquanto o casamento continuar sendo o alicerce básico da sociedade.

Basta dar ao homem, com sinceridade, liberdade absoluta. E dizer-lhe que ele não precisa esconder nada: "Esconder as coisas para mim é um insulto. Isso significa que você não confia em mim". E o mesmo acontece com o homem, que pode dizer à esposa: "Você é tão independente quanto eu.

Estamos juntos para sermos felizes, estamos juntos para termos mais felicidade ainda. E faremos qualquer coisa um pelo outro, mas não vamos servir de carcereiros para quem amamos".

Dar liberdade é uma alegria, ter liberdade é uma alegria. Você pode ter a mesma alegria, mas vai transformar toda a energia em sofrimento, em ciúme, em brigas, num esforço contínuo para manter o outro sob o seu jugo.

E é fácil: se você entender a si mesmo, será capaz de entender o seu parceiro também. Você não sonha com outras pessoas? Na verdade, ver o seu próprio marido ou mulher nos sonhos é um fenômeno raro. As pessoas nunca vêem os cônjuges nos sonhos, elas já os vêem por tempo suficiente quando estão acordadas! Ora, mas nem mesmo a noite, nem mesmo nos sonhos, vamos ter liberdade?

Não, nos seus sonhos você tem a mulher do vizinho, o marido da vizinha. Você precisa entender que, por algum motivo, nós criamos uma sociedade equivocada, uma sociedade que não está de acordo com a natureza humana. O desejo de variar é uma qualidade essencial em qualquer pessoa inteligente. Quanto mais inteligente você for mais variedade vai querer — existe uma relação entre inteligência e variedade. A vaca fica satisfeita com um tipo de capim; durante a vida toda ela não experimentará outro. Ela não tem mente para mudar, para conhecer outras coisas, para descobrir novos territórios, para se aventurar em novos espaços.

Os poetas, os pintores, os dançarinos, os músicos, os atores — você percebe que essas pessoas são mais amorosas, mas o amor delas não é focado nos indivíduos. Elas são mais amorosas, mas com tantos quantos entrarem em contato com elas. Elas são pessoas inteligentes, representam nossa parte criativa. Os idiotas não querem mudar nada. Eles têm medo de mudar, porque qualquer mudança significa que terão de aprender algo outra vez. O idiota quer aprender uma coisa só e continuar com isso a vida inteira. Pode ser uma máquina, uma esposa, um marido, não importa. Você conheceu uma mulher, conhece suas rabugices, acostumou-se a elas. Às vezes não só se acostumou como ficou viciado. Se, de uma hora para outra, a sua mulher parar de ralhar com você, você perderá o sono — o que aconteceu? O que há de errado?

Um dos meus amigos vivia reclamando da mulher para mim: "Ela está sempre triste, com a cara fechada, eu tenho medo até de entrar em casa... fico o tempo todo passando de bar em bar, mas quando volto para casa lá está ela..."

Eu disse a ele, "Faça uma coisa só por experiência. Como ela é tão séria e rabugenta, não imagino que você entre em casa sorrindo".

Ele disse. "Você acha que eu consigo? No momento em que a vejo gelo por dentro — como vou sorrir?"

Eu disse, "Experimente. Hoje faça uma coisa: leve lindas rosas e o melhor sorvete que houver na cidade. E chegue em casa sorrindo, cantando!"

Ele disse, "Vou fazer isso, mas não acho que vá fazer diferença".

Eu disse, "Eu entro atrás de você e vejo se vai ou não fazer alguma diferença".

O pobre sujeito se esforçou. Muitas vezes começou a rir no trajeto do trabalho para casa e eu perguntei a ele "Por que está rindo?"

"Estou rindo do que estou fazendo! Quero que você me aconselhe a me divorciar dela e você me sugere que eu aja como se estivesse em lua-de-mel!"

"Então imagine que está em lua-de-mel... faça o melhor que pode".

Ele abriu a porta e a mulher estava lá. Ele sorriu e então riu de si mesmo por causa do sorriso... e a mulher continuava parada lá como uma pedra. Ele estendeu para ela as flores e o sorvete, depois entrou.

A mulher mal pode acreditar no que estava acontecendo. Quando o marido foi ao banheiro ela me perguntou, "O que está acontecendo? Ele nunca me trouxe nada, nunca sorriu, nunca me levou para sair, nunca me fez me sentir amada, respeitada. Que mágica é essa?"

Eu disse, "Mágica nenhuma. Vocês dois estão agindo da maneira errada. Agora, quando ele sair do banheiro, lhe dê um bom abraço".

Ela disse, "Um abraço?"

"Vamos lá! Você já deu a ele tantas coisas, agora lhe dê um abraço. Ele é o seu marido, vocês optaram por viver juntos. Ou vivam felizes ou se separem definitivamente, não há razão para continuar assim. A vida é muito curta. Por que desperdiçar a vida dos dois desnecessariamente?"

Nesse momento o marido entrou na sala. A mulher hesitou um pouco, mas eu a incentivei com os olhos e ela abraçou o marido. Ele ficou tão chocado que caiu no chão! Ele nunca imaginou que ela fosse abraçá-lo.

Eu tive de ajudá-lo um pouco. Eu disse "O que foi?"

Ele disse, "É que eu nunca imaginei que esta mulher pudesse abraçar e beijar — mas ela pode! E, quando sorriu, ficou tão bonita!"

Duas pessoas que se amem vivendo juntas deveriam ter a meta de fazer o relacionamento evoluir continuamente, trazer mais flores a cada estação, criar mais alegrias. Sentar um ao lado do outro em silêncio já é suficiente. Mas tudo isso só é possível se descartarmos a idéia de casamento. Ter mais do que uma amizade não é uma coisa natural e, se o casamento for registrado em cartório, esse registro o matará. Você não pode pôr o amor sob o jugo da lei.

O amor é a lei suprema. Você só tem de descobrir as suas belezas, os seus tesouros. Você não pode ficar apenas repetindo, como um papagaio, todos os grandes valores que tornam os seres humanos a mais elevada expressão de consciência deste planeta. Você tem de exercitá-los no seu relacionamento.

De acordo com o que tenho observado, se um dos parceiros começa a trilhar o caminho certo, mais cedo ou mais tarde o outro o acompanha. Porque ambos têm sede de amor, mas não sabem como praticar esse amor.

Nenhuma universidade ensina que o amor é uma arte e que a vida não é algo que você receba de bandeja; é algo que você tem de começar a aprender do bê-á-bá. Mas é bom que tenhamos de descobrir com as nossas próprias mãos todos os tesouros ocultos na vida. E o amor é um dos maiores tesouros da existência.

Mas, em vez de nos tornarmos companheiros de viagem na busca pelo amor, pela beleza e pela verdade, as pessoas ficam desperdiçando tempo com brigas, com ciúme.

Viva simplesmente um pouco mais alerta e comece você mesmo a mudar; não espere isso de ninguém. A outra pessoa também vai começar a mudar. E não custa nada sorrir, não custa nada amar, não custa nada compartilhar a sua felicidade com a pessoa que ama.

? *Parece, aos meus olhos, que o ciúme acontece não só nos relaciona-mentos românticos, mas em qualquer tipo de interação com outras pessoas. Talvez "inveja" fosse a palavra mais adequada, mas ela ainda significa que fico ressentido com a pessoa que tem o que eu quero, mas não tenho. Você pode falar sobre esse tipo de ciúme?*

Somos ensinados a comparar, somos condicionados a sempre comparar. Fulano tem uma casa melhor, Sicrano tem um corpo mais bonito, Beltrano tem mais dinheiro ou uma personalidade mais carismática. Compare, continue se comparando com todo mundo que cruza o seu caminho e o resultado será uma enorme inveja. Ele é a conseqüência do condicionamento para comparar.

Se não fosse assim, se você não comparasse mais, a inveja deixaria de existir. Então você simplesmente saberia que você é você mesmo e mais ninguém e que não é preciso fazer comparações. É melhor que você não se compare às árvores, do contrário começará a ter muita inveja: por que você não é verde? E por que a vida tem sido tão dura com você? Você não é capaz de fazer brotar nem uma flor?! É melhor que não se compare aos pássaros, aos rios, às montanhas; do contrário sofrerá. Você só se compara com seres humanos, porque foi condicionado a só se comparar com seres humanos. Você não se compara com os pavões ou com os papagaios. Se não fosse assim, a sua inveja ficaria maior ainda: você ficaria tão cheio de inveja que não conseguiria nem viver.

A comparação é uma atitude extremamente tola, porque cada pessoa é única e incomparável. Depois que você entender isso, a inveja desaparece. Cada pessoa é única e incomparável. Você é só você mesmo; nunca houve ninguém como você antes, e nunca haverá. E você também não precisa ser igual a ninguém. A existência só cria originais, ela não acredita em cópias.

Um bando de galinhas ciscava no quintal quando uma bola de futebol atravessou a cerca e caiu no meio do terreiro. O galo se aproximou da bola, examinou-a e então disse, "Não estou reclamando, meninas, mas vejam que ótimo trabalho que eles estão fazendo no vizinho".

No vizinho, grandes coisas acontecem. A grama é mais verde, as rosas são mais belas, todo mundo parece mais feliz — exceto você. Você vive se comparando. E o mesmo acontece com as outras pessoas, elas também vivem se comparando. Talvez achem que a sua grama seja mais verde — ela sempre parece mais verde à distância — e que a sua mulher parece mais bonita. Você já está cansado dela, não sabe onde estava com a cabeça quando se casou com essa mulher, não sabe o que fazer para se livrar dela — e o seu vizinho pode estar morto de inveja, imaginando como você pode ter uma mulher tão bonita! Você pode ter inveja dele pela mesma razão e ele pode sentir o mesmo pela mulher dele.

Todo mundo tem inveja de todo mundo. E é por causa dessa inveja que nossa vida vira um inferno — e nós ficamos mesquinhos.

Um velho fazendeiro lamentava as perdas que tivera devido às enchentes. "Hiram!", gritou o vizinho por cima da cerca, "Os seus porcos foram arrastados pela enchente".

"E os porcos de Thompson?", perguntou o fazendeiro.

"Foram levados também."

E os de Larsen?

"Também."

"Ah!", grunhiu o fazendeiro, mais animado. "Então a coisa não foi tão ruim quanto eu pensava."

Se todo mundo está na miséria, é mais fácil suportar a tragédia. Se todo mundo saiu perdendo, então tudo bem. Mas, se todo mundo está feliz e cheio de prosperidade, a tragédia fica mais negra ainda. Mas por que você pensa primeiro no que aconteceu ao outro? Mais uma vez deixe-me lembrá-lo: é porque você não deixou que a sua própria alegria fluísse.

Você não deixou que a sua própria felicidade crescesse, não deixou que o seu próprio ser florescesse; por isso se sente vazio por dentro. Mas você olha o exterior das pessoas à sua volta, porque só o exterior pode ser visto. Você sabe o que existe no seu interior e sabe como é o exterior das outras pessoas — isso cria inveja. Eles sabem como é o seu exterior e sabem o que existe no interior deles mesmos — isso cria inveja.

Ninguém mais sabe o que existe no seu interior. E você sabe que não existe nada ali, nada digno de nota. E os outros, externamente, parecem felizes. O sorriso deles pode ser forçado, mas como você vai saber? Talvez o coração deles também esteja sorrindo. Você sabe que o seu próprio sorriso é forçado, porque o seu coração não está sorrindo, ele pode estar soluçando de dor.

Você conhece a sua interioridade — e só você a conhece, mais ninguém. Você conhece o exterior de todo mundo, e as pessoas procuram deixá-lo mais bonito, assim como você. O lado exterior das pessoas é uma simples fachada e não corresponde à realidade.

Existe uma antiga história sufi:

Um homem, curvado sob o peso do sofrimento, costumava rezar toda noite a Deus: "Por que eu? Todo mundo parece tão feliz, por que apenas eu tenho de sofrer?" Um dia em que estava em profundo desespero, ele rezou: "Jogue sobre os meus ombros o sofrimento de qualquer pessoa, estou pronto para aceitá-lo. Mas, por favor, livre-me do meu; não agüento mais, ele é insuportável".

Nessa noite ele teve um lindo sonho — lindo e revelador. Sonhou que Deus aparecia no céu e disse a todos, "Tragam todo o seu sofrimento ao templo". Todo mundo estava cansado de sofrer — na verdade, todo mundo reza uma vez ou outra, fazendo o mesmo pedido a Deus: "Estou pronto para aceitar o sofrimento de qualquer pessoa, mas livre-me do meu. Ele é pesado demais, não posso mais suportar".

Então todas as pessoas acondicionaram o seu sofrimento numa mala e seguiram para o tempo, com um grande sorriso de alegria estampado no rosto. Finalmente, as suas preces tinham sido atendidas! E esse homem também correu para o templo.

Então Deus disse, "Coloquem todas as malas encostadas na parede". Todos obedeceram e então Deus declarou, "Agora podem escolher. Cada um de vocês pega uma mala".

E aconteceu uma coisa surpreendente: o tal homem, que nunca se cansara de rezar, correu para pegar a sua própria mala antes que alguém pudesse escolhê-la! E ele também teve uma surpresa, porque todas as outras pessoas também correram para pegar a própria mala e ficavam felizes quando conseguiam.

Qual a razão disso? Pela primeira vez, todos tinham visto o sofrimento, a felicidade alheia — e as malas dos outros eram tão grandes quanto as deles, às vezes até maior!

E a segunda razão é que todo mundo já está acostumado com a própria dor. Agora escolher a dor dos outros?... Quem sabe que tipo de sofrimento haverá dentro da mala? Para que arranjar problema? Pelo menos você já conhece as suas feridas e já se acostumou com elas. E elas são suportáveis; porque você já as suporta há muitos anos, então por que escolher o desconhecido?

Todo mundo voltou para casa satisfeito. Nada tinha mudado, eles carregavam de volta o mesmo sofrimento, mas todo mundo estava feliz e sorrindo por ter conseguido recuperar a própria mala.

Pela manhã, o homem rezou a Deus, agradecendo, "Muito obrigado pelo sonho; nunca pedirei isso outra vez. Qualquer sofrimento que me foi reservado é bom para mim, deve ser bom para mim; foi por isso que você o mandou para mim".

Por causa da inveja você vive em constante sofrimento e se tornou mesquinho com os outros. Por causa da inveja, você se tornou mascarado, começou a fingir. Começou a fingir coisas que você não é, começou a fingir coisas que você não *pode* ser, que não são naturais em você. Você se tornou mais e mais artificial. Imitar os outros, competir com os outros, o que mais você pode fazer? Se alguém tem alguma coisa que você não tem e você não tem uma possibilidade natural de consegui-la, a única saída é arranjar um substituto barato para ela.

Jim e Nancy Smith divertiram-se muito na Europa este verão; foram a todos os lugares e fizeram de tudo. Paris, Roma... o que você perguntar eles viram e fizeram. Mas foi muito constrangedor voltar para casa e ter de passar pela Alfândega! Você sabe como os funcionários da alfândega reviram as bagagens. Eles abriram uma delas e tiraram dali três perucas, uma calcinha de seda, um perfume, uma tinta de cabelo... realmente constrangedor. E isso tudo estava na mala de Jim!

Olhe dentro da sua mala e você encontrará muitas coisas artificiais, falsas, imitações — por quê? Por que você não pode ser natural e espontâneo? Por causa da inveja.

A pessoa invejosa vive num inferno. Pare de se comparar e a inveja acaba, a mesquinhez acaba, a falsidade acaba.

Mas você só consegue se livrar de tudo isso se começar a cultivar os seus tesouros interiores; não existe outro modo. Cresça, torne-se uma pessoa mais autêntica a cada dia. Ame-se e respeite-se do jeito que a existência o fez e imediatamente as portas do céu se abrirão para você. Elas sempre estiveram abertas, você simplesmente não olhava para elas.

? ***Eu sempre desconfio da minha mulher, embora saiba que ela é inocente. Como posso me livrar dessa desconfiança?***

Deve existir algo em você do qual você realmente desconfia. A menos que possa confiar em si mesmo, nunca vai confiar na sua mulher ou em ninguém mais. Se desconfia de si mesmo você projetará essa desconfiança nas pessoas à sua volta. O ladrão acha que todo mundo é ladrão. É natural, porque ele se conhece e essa é a única maneira de conhecer os outros.

O que você pensa dos outros é basicamente uma declaração do que você pensa a seu respeito. Você sabe que, se a sua mulher não ficar de olho em você o tempo todo, você fará alguma coisa. Você começará a flertar com outras mulheres — você sabe disso! Por isso o medo: "Enquanto estou no escritório, sabe-se lá, a minha mulher pode estar flertando os vizinhos". Você sabe perfeitamente bem o que está fazendo com a secretária; é isso que está criando o problema.

É por isso que você diz, "Embora eu saiba que a minha mulher é inocente, ainda assim desconfio dela". Você continuará desconfiando até que algo mude em você. Não se trata da sua mulher; todas as questões que vêm à tona estão, na verdade, relacionadas a você.

ENTENDA AS RAÍZES DO CIÚME

Um homem saiu de casa para fazer uma breve viagem, mas ficou um longo período fora. Depois de algumas semanas, ele mandava para a esposa um telegrama dizendo, "Não posso voltar. Ainda fazendo compras". Todo telegrama dizia a mesma coisa, "Não posso voltar. Ainda fazendo compras". Isso durou uns três ou quatro meses, até que a mulher finalmente enviou um telegrama ao marido dizendo, "Melhor voltar para casa. Estou vendendo o que você está comprando!"

É assim que as coisas são na vida.

O casal de ressaca conversava sobre a festa alucinante em que tinham ido na noite anterior.

"Querida, eu sei que é meio constrangedor, mas tenho de lhe perguntar: 'Foi com você que eu transei na biblioteca na noite passada?'

A mulher olhou para o marido pensativa, 'A que horas?'"

A desconfiança básica só pode ser de você mesmo. Você desconfia de si mesmo: talvez esteja se reprimindo demais e qualquer pessoa que reprime algo começa a projetar isso nos outros. O homem que tem um instinto assassino sempre acha que os outros estão pensando em matá-lo; ele fica paranóico. A pessoa muito violenta está sempre com medo: "As pessoas são tão violentas! Preciso estar sempre prevenido".

Como as pessoas não confiam em si mesmas, não confiam em ninguém — nem na esposa, no amigo, no pai, na mãe, no filho ou na filha. As pessoas sofrem de uma desconfiança crônica. Mas a causa básica disso é a sua incapacidade de aceitar a sua facticidade.

Aceite-se como é. Essa própria aceitação fará com que você aceite os outros também. E, sim, existe uma possibilidade — se às vezes você se interessa por outra mulher, nada é impossível, a sua mulher também pode se interessar por outro homem. Mas, se você entender a si mesmo e se aceitar, aceitará a sua mulher também.

Se conseguir aceitar isso, esse "Às vezes eu me sinto atraído por outra mulher", então não há nada errado. A sua mulher também pode se sentir atraída por outro homem. Mas, se rejeitar isso em seu próprio ser, se condenar isso em seu próprio ser, você o condenará nos outros seres também.

Segundo os meus critérios, santo é aquele capaz de aceitar a todos e a todo mundo, porque ele conhece a si mesmo. Mas os seus santos são incapazes de perdoar. Os seus santos continuam inventando infernos cada vez mais tecnologicamente perfeitos. Por quê? Porque ainda não são capazes de aceitar a si mesmos.

Conta-se por aí a história de um jovem e atraente advogado que vivia dizendo que nenhuma mulher era capaz de resistir aos seus encantos. Um dia, o escritório onde ele trabalhava contratou uma nova secretária extremamente bela que, durante semanas, todos os homens tentaram seduzir.

O jovem advogado gabava-se de que, se lhe oferecessem uma soma considerável, conseguiria levar a moça para a cama. Quando os outros lhe perguntaram como conseguiria provar isso, ele disse que gravaria tudo numa fita-cassete deixada embaixo da cama.

Depois que todos fizeram as suas apostas, ele saiu no encalço da moça para marcar um encontro e, no final da noite, ela não só estava no apartamento dele, como de fato acabou em sua cama — onde ele finalmente ligou o gravador.

Em alguns momentos, para apoiar a reputação do rapaz, a secretária começou a gemer freneticamente e no auge da loucura começou a gritar alto, "Não pare de beijá-lo, amor, não pare de beijá-lo!"

Foi então que o advogado inclinou-se para alcançar o gravador debaixo da cama e lhe ditou: "Deixe-me voltar a fita: "A senhorita referiu-se ao seu seio esquerdo".

A mente de um advogado está constantemente desconfiada e esperando o pior. Agora ele ficou preocupado, "Não pare de beijá-lo, amor, não pare de beijá-lo!" Não pare de beijar quem? A gravação não explicava e isso poderia levantar suspeitas.

Mas assim é a mente de todo mundo. A mente é astuta, calculista, desconfiada. A mente vive num estado constante de desconfiança, de dúvida. A atmosfera da mente é toda ela de dúvida.

Por isso, não é uma questão de aprender a confiar na sua mulher, é uma questão de aprender a *confiar*. A mente vive num clima de dúvida, ela se alimenta da dúvida. E, a menos que você saiba desligar a mente quando ela não é necessária, e se voltar para o coração, não saberá confiar.

O coração confia. A mente não confia; é incapaz de confiar e nós todos vivemos na cabeça. Por isso, mesmo quando dizemos que confiamos, na verdade não confiamos. Insistimos em dizer que confiamos, mas a nossa própria insistência mostra que isso não é verdade. Queremos confiar, fingimos confiar, queremos que os outros *acreditem* que confiamos, mas não confiamos. A cabeça é impotente no que diz respeito à confiança. A cabeça é o mecanismo da dúvida; ela vive constantemente com um ponto de interrogação.

Você terá de aprender a se voltar para o coração. Que tem sido ignorado pela sociedade. A sociedade não ensina os caminhos do coração, só ensina os caminhos da mente. Ensina matemática, lógica, ensina ciências, etc., etc., etc. — mas todas elas são o cultivo da dúvida.

A ciência se desenvolveu por meio da dúvida, a dúvida tem sido uma bênção para a ciência. Mas, à medida que a ciência progrediu, o ser humano se atrofiou. A humanidade acabou, o amor tornou-se quase um mito. O amor não é mais uma realidade na Terra. Como pode ser? O próprio coração parou de bater.

Até quando está amando, você *acha* que está amando; o amor vem da cabeça. E a cabeça não tem aptidão para o amor.

Comece a meditar. Comece a calar o constante tagarelar da cabeça. Aos poucos, a mente sossega. Faça coisas em que não seja preciso usar a cabeça — por exemplo, dançar. Dance e entregue-se à dança, pois na dança a mente não é necessária. Você pode se perder na dança. Quando se perde na dança, o coração começa a funcionar novamente.

Mergulhe na dança. E pouco a pouco você verá que existe um mundo totalmente diferente do coração. E no coração sempre existe confiança. O coração não conhece a dúvida, assim como a mente não conhece a confiança.

DO MEDO PARA O AMOR

Olhe que absurdo as pessoas me perguntam: como amar, como dançar, como meditar? Como viver? Perguntas absurdas... mas elas mostram a pobreza, a pobreza interior do ser humano. Ele tem adiado tudo e, pouco a pouco, se esquecido.

Toda criança sabe amar, e toda criança sabe dançar, e toda criança sabe viver. Toda criança vem ao mundo completa, com tudo preparado. Ela só precisa começar a viver.

Você já reparou? Se você está chorando e uma criança pequena vê, ela se aproxima de você. Não sabe dizer muita coisa, não sabe convencer você a parar de chorar, mas ela põe a mão sobre a sua. Já sentiu o toque? Nunca mais ninguém o tocará do mesmo jeito, como uma criança — ela sabe tocar. Posteriormente, as pessoas ficam frias, duras. Elas tocam, mas nada flui das mãos delas. Quando a criança toca você — a ternura da mão dela, a suavidade, a mensagem... ela derrama ali todo o seu ser.

Todas as pessoas nasceram com tudo o que é preciso para viver. E quanto mais você vive mais é capaz de viver. Essa é a recompensa. Quanto menos vive, menos capaz você é. Esse é o castigo.

A inteireza que você tem buscado está dentro de você. Você tem de observar a sua vida momento a momento e deixar de lado tudo que parece momentâneo, fragmentário. Isso pode parecer muito empolgante, mas no fim se revela inútil. Jogue fora! Olhe fundo aqueles momentos que podem não ser tão empolgantes. O eterno não pode ser muito empolgante, pois aquilo que tem de existir para sempre tem de ser muito silencioso, cheio de paz. É alegre, disso não há dúvida, mas não é empolgante. Profundamente extasiante, mas sem barulho nenhum à sua volta. É mais silêncio do que som. Você terá de crescer em consciência para poder percebê-lo.

O medo faz parte da sua inteligência, não há nada de errado com ele. O medo simplesmente indica que a morte existe; e nós seres humanos só viveremos aqui por alguns instantes. O tremor indica que não viveremos aqui para sempre, que não somos eternos aqui, mais alguns dias e teremos ido embora.

Na verdade, é por causa do medo que os seres humanos têm buscado com tanto fervor o que se entende por "ser religioso"; do contrário não haveria motivo para essa busca. Nenhum animal é religioso, pois nenhum animal vive com medo. Nenhum animal pode ser religioso porque nenhum animal tem consciência da morte. Os seres humanos têm consciência da morte. A todo momento a morte está à espreita, cercando você em todos os lugares — a qualquer momento ela o levará. Isso o faz tremer de medo. Por que ficar embaraçado, trêmulo? Mas o ego mais uma vez diz, "Não!... *Você* está com medo? Isso não é para você, é para os covardes. Você é valente!"

Não é para os covardes, renda-se ao medo: entregue-se a ele. Só é preciso entender uma coisa: quando você der vazão ao medo e ao tremor, observe-o, desfrute-o. Ao observar você o transcenderá. Você verá que o corpo está tremendo, verá que a mente está agitada, mas você passará a sentir um ponto dentro de você, um centro mais profundo, que não é afetado. A tempestade passa, mas em algum ponto lá no fundo de você existe um centro que permanece impassível, é o olho do ciclone.

Dê vazão ao medo, não brigue com ele. Observe o que está acontecendo. Continue observando. Quando a sua observação se tornar mais penetrante e intensa, o corpo tremerá, a mente se agitará, mas lá no fundo você terá consciência de que é apenas uma testemunha, que só observa. Ele permanece intacto, como uma flor de lótus na água. Só quando você atinge esse ponto consegue chegar ao destemor.

Mas esse destemor não deixa de ter medo, esse destemor não é valentia. Esse destemor é uma constatação de que você é dois: uma parte de você morre e uma parte de você é eterna. Essa parte que vai morrer sempre vai ter medo, e a parte que não vai morrer, que é imortal, não tem por que ter medo. Então surge uma profunda harmonia. Você pode usar o medo para meditar. Usar tudo que você tem para meditar, de modo que vá além.

? *A emoção mais forte que eu tenho é o ódio da morte. Eu quero acabar com ela de uma vez por todas!*

Odiar a morte é odiar a vida. Elas não estão separadas nem podem estar. A morte e a vida coexistem, não há jeito de separá-las. A separação é só uma abstração da mente; ela é completamente falsa. Vida implica morte, morte implica vida. Eles são opostos polares, mas se complementam.

A morte é o pináculo da vida. Se você odeia a morte como pode amar a vida? E esse é um grande mal-entendido — as pessoas que acham que amam a vida sempre odeiam a morte, e odiando a morte elas se tornam incapazes de viver. A capacidade de viver, de viver ao máximo, só é adquirida quando se está pronto para morrer, e pronto para morrer ao máximo. Essas duas coisas são proporcionais. Se você tem uma vida morna terá uma morte morna. Se vive intensamente, totalmente, perigosamente, também morrerá num profundo orgasmo. A morte é um crescendo, a vida chega ao seu auge na morte. O orgasmo que você conhece por meio do amor não é nada comparado ao orgasmo provocado pela morte. Todas as alegrias da vida empalidecem diante da alegria que a morte traz.

O que é exatamente a morte? A morte é o desaparecimento de uma falsa entidade em você, o ego. A morte também acontece no amor, mas numa escala menor, de maneira parcial; por isso a beleza do amor. Por um instante você morre, por um instante desaparece. Por um instante você não existe mais, e o todo se apodera de você. Você desaparece como parte, entra no ritmo do todo. Não existe como uma marola no oceano, mas como o oceano em si.

É por isso que todas as experiências orgásmicas são experiências oceânicas. O mesmo acontece no sono profundo: o ego desaparece, a mente deixa de funcionar, você volta à alegria original. Mas isso não é nada comparado à morte. São coisas parciais. O sono é uma pequena morte, toda manhã você acorda novamente. Ainda assim, se tiver dormido profundamente, a alegria se estende pelo resto do dia — uma certa tranqüilidade continua envolvendo o seu coração. O seu dia é diferente depois de uma boa noite de sono. Se não conseguiu dormir bem, o dia fica conturbado. Você fica incomodado, irritado, por motivo nenhum. Coisas insignificantes trazem uma grande inquietação. Você fica com raiva, não de alguém em particular; fica simplesmente com raiva. A sua energia não está no seu ponto de origem, ela está dispersa. Você se sente fora do chão.

A morte é um grande sono. Todo o tumulto da vida... setenta, oitenta, noventa anos de tumulto, e todas as desgraças da vida, e todos os alvoroços, distrações e preocupações simplesmente desaparecem, deixam de ter importância. Você cai de volta na unidade original da existência. Torna-se parte da terra. O seu corpo desaparece na terra, o seu hálito desaparece no ar, o seu fogo volta para o sol, a sua água volta para os oceanos e o seu céu interior se encontra com o seu céu exterior. Isso é morte. Como você pode odiá-la?

Deve ser um mal-entendido. Você deve estar cultivando a idéia de que a morte é sua inimiga. Ela não é. A morte é a nossa maior amiga. Ela tem de ser muito bem-vinda, tem de ser aguardada com o coração cheio de amor. Se você considera a morte sua inimiga, mesmo assim você vai morrer — todo mundo tem de morrer, o que você pensa não vai fazer a mínima diferença —, mas vai morrer em agonia, porque estará resistindo, estará lutando. Nessa resistência, nessa luta, você destruirá todas as alegrias que a morte, e apenas a morte, pode lhe trazer. A morte, que pode ser um grande êxtase, será simplesmente uma agonia.

E, quando algo provoca uma agonia tão grande, a pessoa cai na inconsciência. Existe um limite para se tolerar a dor, a partir daí a pessoa não agüenta. Por isso 99% das pessoas morrem num estado de inconsciência. Elas lutam, resistem até o fim. E quando não é mais possível lutar — elas empenham toda a sua energia nessa luta —, elas como que desmaiam. Morrem uma morte inconsciente.

E isso é uma grande calamidade, porque você não se lembrará do que aconteceu. Não se lembrará de que a morte é uma porta para o divino. Você será levado a transpor essa porta, mas deitado numa maca, inconsciente. Perderá mais uma vez uma grande oportunidade.

É por isso que continuamos esquecendo-nos das nossas vidas passadas. Se morrer conscientemente, você não esquecerá, porque não haverá uma lacuna, haverá uma continuidade. Você se lembrará da sua vida passada — e se lembrar da sua vida passada é muito importante. Se se lembrar, você não cometerá os mesmos erros. Do contrário, ficará num círculo vicioso — o mesmo ciclo, a mesma roda girará vezes e vezes sem conta. Você acalentará os mesmos sonhos e cometerá as mesmas tolices de antes, porque pensará que as está cometendo pela primeira vez. Você já as cometeu milhões de vezes, mas toda vez que morre surge uma lacuna porque você estava inconsciente. Você se torna descontínuo com relação ao passado. Então a sua vida começa novamente do bê-á-bá.

É por isso que você não evolui até chegar à condição de buda. A evolução requer uma consciência contínua do passado, de modo que os mesmos erros não sejam cometidos. Aos poucos, eles vão rareando. Aos poucos, você fica mais consciente do círculo vicioso; aos poucos se torna capaz de sair dele também.

Se morrer inconscientemente, nascerá inconscientemente também — porque a morte é um dos lados da porta e o nascimento é o outro lado da mesma porta. De um lado da porta está escrito "Morte" e do outro lado está escrito "Nascimento". Ela é uma entrada e uma saída — trata-se da mesma porta.

É por isso que você nasceu, mas não se lembra do seu nascimento. Não se lembra daqueles nove meses no útero, não se lembra de passar pelo canal no nascimento, não se lembra da agonia que sentiu, não se lembra do trauma do parto. E esse trauma continua afetando você; durante toda a sua vida você sofre a influência desse trauma.

Esse trauma tem de ser compreendido, mas a única maneira de compreendê-lo é se lembrar dele. E como você vai se lembrar? Você tem tanto medo da morte e tem tanto medo do nascimento que o próprio medo impede que se lembre.

Você diz, "A emoção mais forte que eu tenho é o ódio da morte". É o seu ódio da vida. Ame a vida e você começará naturalmente a sentir amor pela morte também, pois é a vida que traz a morte. A morte não é contra a vida, a morte é o florescimento de tudo o que a vida contém na forma de semente. A morte não surge do nada — ela cresce em você, é o seu florescimento, o seu desabrochar.

Você já viu um homem de verdade morrendo? É muito raro ver um homem de verdade morrendo, mas se você já viu ficará surpreso ao perceber que a morte deixa a pessoa mais bonita. Ela nunca foi tão bela antes — nem na infância, porque foi ignorante, não na juventude, porque a paixão era como uma febre. Mas, quando a morte vem, ela está totalmente relaxada. A tolice da infância não existe mais e a loucura da juventude também não. As desgraças da velhice, as doenças e as limitações da velhice, tudo isso terá passado. A pessoa está livre do corpo. Uma grande alegria brota em seu íntimo e se espalha por todo o seu ser.

Nos olhos de um homem de verdade em seus estertores você vê uma chama que não é deste mundo. E, em seu rosto, você vê uma grandeza transcendente. E você pode sentir o silêncio, o silêncio sem luta, o silêncio sem resistência, de um homem que desliza lentamente para a morte... com uma enorme gratidão e aceitação por tudo o que a vida lhe deu e pela generosidade que a existência o recebeu. A gratidão o envolve.

Você perceberá um espaço bem diferente à volta dele. Ele morrerá como uma pessoa deve morrer. E ele exalará tamanha liberdade que as pessoas próximas a ele ficarão simplesmente paralisadas nessa liberdade, serão transportadas.

No Oriente, este tem sido um aspecto de suma importância — sempre que um mestre morre, milhares, talvez milhões de pessoas se reúnem para observar esse grande fenômeno. Só para ficar ali nas proximidades, perto do mestre, para ver a última fragrância sendo exalada, para ver a última canção que o homem vai cantar, e ver a luz que se acende quando o corpo e a alma se separam. É deslumbrante; é uma grande iluminação.

Agora os cientistas sabem perfeitamente bem que, se você dividir o átomo, uma grande energia é liberada na divisão, na fissura. Uma quantidade muito maior é liberada quando o corpo e a alma se dividem. Eles estiveram juntos por milhões de vidas — agora, subitamente, chega o momento de se separarem. Nessa separação, uma grande energia é liberada. Essa energia pode se tornar uma onda gigantesca na qual você pode surfar. Essas ondas têm grandes experiências extáticas.

Não odeie a morte. E eu sei que não é só o autor da pergunta que odeia a morte, é quase todo mundo, pois nos ensinaram uma filosofia muito equivocada. Disseram-nos que a morte é contra a vida — ela não é. Disseram-nos que a morte vem e destrói a vida. Isso é pura bobagem. A morte vem e preenche a vida.

Se a sua vida tem sido bonita, a morte a embelezará ao máximo. Se a sua vida tem sido uma vida de amor, então a morte lhe dará a máxima experiência de amor. Se a sua vida tem sido uma vida de meditação, então a morte lhe trará a suprema consciência. A morte só enaltece — claro, se a sua vida é uma vida equivocada, a morte enaltecerá isso também. A morte é uma grande lente de aumento. Se você viveu só na raiva, na morte você verá apenas o inferno que existe dentro de você, apenas fogo. Se viveu com ódio, então a morte ampliará esse ódio. O que ela pode fazer? Ela aumenta as coisas, ela reflete — mas você é o culpado. A morte é só um fenômeno refletor.

Não odeie a morte. Do contrário você não vai aproveitá-la e nem à vida também.

Você diz, "A emoção mais forte que tenho é o ódio à morte". Você está desperdiçando a sua mais forte emoção desnecessariamente.

Ame a vida. Nunca seja negativo, as negativas não levam a lugar nenhum. Não odeie a escuridão, ame a luz. Coloque toda a sua energia no amar e você ficará surpreso, você ficará pasmo. Se amar a luz, um dia você reconhecerá de repente que a escuridão nada mais é que uma fase da luz, uma fase estacionária da luz.

Não odeie o mundo, como já foi dito tantas vezes no passado pelos seus chamados santos. Ame a vida, ame este mundo, porque quando o seu amor atinge toda a sua intensidade você descobrirá a divindade aqui e agora. Ela está oculta. Está oculta nas árvores, nas montanhas, nos rios, nas pessoas — na sua mulher, no seu marido, nos seus filhos. Se você odiar a vida, se odiar o mundo e quiser fugir dele, você vai se distanciar da divindade.

Afirme a vida, deixe que as suas energias fiquem focadas no positivo. O negativo não é o melhor jeito de viver; ninguém pode viver no negativo. No negativo, as pessoas só cometem suicídio. Todas as negativas são suicidas. Só a afirmação, a total afirmação, traz você para a realidade.

Você diz, "A emoção mais forte que tenho é o ódio à morte. Quero acabar com ela de uma vez por todas!"

Você não pode fazer isso. Ninguém pode, é impossível; não faz parte da natureza das coisas. No dia em que você nasceu, a morte passou a ser uma certeza. Agora não há como evitá-la. A morte só pode acabar quando o nascimento acabar. Você já morreu! No dia em que nasceu, você morreu — porque no próprio nascimento, a morte é determinada. Se você realmente não quer nascer de novo, então terá de fazer alguma coisa para não nascer outra vez.

Nisso se resume a abordagem oriental: como não nascer novamente. Existe maneiras de não se nascer mais. Se o desejo acabar, você não virá para cá outra vez. É o desejo que traz você para o corpo; o desejo é a cola que o mantém preso ao corpo. Um corpo acaba e o desejo cria outro corpo, e assim sucessivamente. Acabe com o desejo, de modo que você não precise mais nascer. Se acabarem os nascimentos, a morte também vai acabar por conta própria. Então a vida será eterna; sem nascimentos e sem mortes.

Esse é o maior remédio — o remédio da ausência de nascimentos e mortes. Esse é o critério de toda a abordagem oriental, da constatação oriental, da descoberta oriental. Mas, lembre-se, você não pode lutar contra a morte. Você pode acabar com o nascimento e então acabar com a morte. Mas o que acontece é que normalmente nós adoramos o nascimento, adoramos a vida e por isso odiamos a morte. Agora você está criando uma impossibilidade que vai levá-lo à loucura.

Você diz, "Quero acabar com ela!" Se você realmente quer acabar com ela, aceite-a. Aceite-a integralmente — e nessa aceitação a morte desaparece. Porque você *nunca* morre de verdade, só o ego morre. E, se aceitar a morte por completo, você renuncia ao ego de livre e espontânea vontade. Depois disso não resta mais nada para a morte fazer; você já fez pessoalmente o trabalho. O que a morte pode tirar de você? Ela tirará o seu dinheiro, tirará a sua mulher, o seu marido, os seus relacionamentos, o seu mundo. Não se apegue a essas coisas — então o que sobrará para a morte tirar de você? Ela tirará o seu ego, a sua auto-identidade. A idéia de que "Eu existo como um ser separado"; a morte só tirará isso de você.

Você pode acabar com ela. É disso que se trata a meditação. É uma decisão consciente, voluntária, em que a pessoa diz: "Eu vou acabar com este ego, não vou mais me agarrar a ele". Se não se agarrar ao ego, o que restará então? Você já morreu. E só aqueles que já morreram conquistam a morte e uma vida abundante.

? *Toda vez que me sinto muito atraída por alguém e percebo que posso me apaixonar, o medo aparece. Isso acontece até mesmo quando é evidente que a outra pessoa também se sente atraída por mim. Por isso não acho que seja só um medo de rejeição. É mais como algum tipo estranho de terror existencial. Você pode me ajudar a entender o que é isso?*

O amor sempre deixa a pessoa nervosa, e existem razões para que isso aconteça. O medo vem do inconsciente e todas as suas capacidades vêm do consciente; todas as suas habilidades, todo o seu conhecimento, estão no consciente. O amor vem do inconsciente e você não sabe lidar com ele, o que fazer com ele, ele é demais para você.

O inconsciente é nove vezes maior que o consciente, por isso o que quer que venha do inconsciente é avassalador. Por isso as pessoas têm medo das emoções, dos sentimentos. Elas os reprimem, tem receio que provoquem um caos — eles provocam, mas o caos é maravilhoso!

É preciso ordem e é preciso caos também. Quando a ordem for necessária, recorra à ordem, recorra à mente consciente; quando o caos for necessário, recorra ao inconsciente e entregue-se ao caos. A pessoa inteira, uma pessoa total, é aquela que é capaz de recorrer a ambos — que não deixa o consciente interferir no inconsciente ou que o inconsciente interfira no consciente. Existem coisas que você só pode fazer conscientemente. Por exemplo, se tiver de fazer um cálculo aritmético, só poderá fazer isso por meio do consciente. Mas não é esse o caso do amor, não é esse o caso da poesia; eles vêm do inconsciente. Portanto, você tem de pôr o consciente de lado.

É o consciente que tenta reprimir as coisas porque tem medo. Parece que algo grande demais está chegando, como um tsunami; será que ele vai sobreviver? Ele tenta evitar, tenta se afastar; quer fugir, se esconder em algum lugar. Mas isso não está certo. É por isso que as pessoas se tornam tão entorpecidas e mortas. Todas as primaveras da vida estão no inconsciente. O consciente é só um utilitário; ele é útil, mas não é a alegria da vida, não é celebração. O consciente é bom se você estiver pensando no seu sustento, mas não na sua vida. A vida vem do inconsciente, do desconhecido, e o desconhecido sempre assusta.

Deixe o inconsciente livre. É nisso que se resume o meu trabalho aqui, ajudar a você a dar vazão ao inconsciente. E depois que você começar a gostar disso, o nervosismo desaparece. Não há necessidade de controlá-lo; você não precisa se esforçar vinte e quatro horas por dia.

Uma vez um imperador chinês procurou um grande mestre zen. O mestre zen rolava no chão e dava risada e seus discípulos riam com ele — ele tinha contado uma piada ou algo parecido. O imperador ficou embaraçado. Ele não podia acreditar no que via, pois o comportamento deles era extremamente desrespeitoso. Sem conseguir se conter, ele disse ao mestre, "Isso é um desrespeito! Não é o que se espera de um homem como o senhor; é preciso ter certo decoro. O senhor está rolando pelo chão e rindo como um tresloucado!"

O mestre olhou para o imperador, que segurava na mão um arco. Naquele tempo os imperadores eram guerreiros e carregavam arco e flechas. O mestre disse, "Diga-me uma coisa: você sempre mantém esse arco esticado ou deixa que ele relaxe de vez em quando?"

O imperador respondeu, "Se eu mantê-lo sempre esticado, ele perderá a elasticidade, não terá nenhuma utilidade. Então precisa ficar solto para ter elasticidade quando necessário". E o mestre disse, "Pois é isso que eu estou fazendo!"

Existem momentos em que as pessoas têm de relaxar, relaxar a tal ponto que não precisem seguir nenhum tipo de formalidade. E o amor é esse relaxamento. A pessoa não precisa ficar em atividade frenética vinte e quatro horas por dia. Enquanto trabalha, use a mente consciente; fique alerta, seja calculista. Seja inteligente, seja habilidoso, seja eficiente. Mas essa é só a parte prática da vida. Ao sair do escritório, relaxe e se deixe mergulhar no inconsciente; deixe que ele se aposse de você e vá à loucura.

Do contrário é um círculo vicioso. Você fica nervoso, reprime a energia. Reprime a energia e essa energia cria mais tensão dentro de você, de modo que fica mais nervoso ainda; você fica mais nervoso, reprime mais e assim por diante. Quanto mais você reprime, mais nervoso fica; quanto mais nervoso fica, mais reprime. Você tem de quebrar esse círculo vicioso, sair dele. Simplesmente dê um salto.

? *Você pode fazer algum comentário sobre a relação entre a culpa e o medo? Às vezes eu acho difícil separar os dois.*

O medo é natural, a culpa é uma criação dos sacerdotes. A culpa foi inventada pelo homem. O medo está embutido em nós, e é fundamental. Sem medo você não consegue sobreviver. O medo é normal. É por causa dele que você não põe a mão no fogo. É por causa dele que você dirige na pista da direita ou da esquerda, dependendo das leis de trânsito do seu país. É por causa dele que você não toma veneno. É por causa dele que, ao ouvir a buzina de um caminhão, você salta para a calçada.

Se a criança não tiver medo, ela não tem nenhuma chance de sobreviver. O seu medo é uma medida de proteção. Mas, por causa dessa tendência natural para se proteger... e não há nada de errado com ela, você tem esse direito. Você tem uma vida preciosa a zelar e o medo simplesmente o

DO MEDO PARA O AMOR 167

ajuda. Medo é inteligência. Só os idiotas não têm medo, os imbecis não têm medo; por isso você tem de proteger essas pessoas, do contrário elas se queimam ou pulam de um viaduto, ou se atiram no mar sem saber nadar... podem fazer qualquer coisa.

Medo é inteligência — quando vê uma cobra cruzando o seu caminho, você dá um salto para trás. Isso não é covardia. É inteligência. Mas esse fenômeno natural dá margem a duas possibilidades. O medo pode se tornar anormal, patológico. E nesse caso você passa a ter medo do que não precisa, embora você possa encontrar argumentos que justifiquem esse medo anormal.

Por exemplo, uma pessoa tem medo de entrar numa casa. Logicamente, você pode provar que ela está errada. Ela diz, "Quem garante que a casa não vai cair?" Ora, algumas casas de fato já foram abaixo, então por que não pode acontecer o mesmo com essa? Pessoas já ficaram soterradas sob os escombros. Ninguém pode garantir que *essa* casa não vai cair — pode acontecer um terremoto, qualquer coisa é possível. Um outro sujeito não consegue viajar de trem porque tem medo dos desastres ferroviários. Outro tem medo de andar de carro por causa dos desastres automobilísticos. Outro tem medo de avião. Se você tiver esse tipo de medo, não está sendo inteligente. Então você também poderia ficar com medo da sua cama, porque quase 99% das pessoas morrem na cama — portanto esse é o lugar mais perigoso que pode existir! Pela lógica, você deveria ficar o mais longe possível da cama, nunca se aproximar dali. Mas com isso a sua vida ficaria impossível.

O medo pode se tornar anormal, patológico. E por causa dessa possibilidade, os sacerdotes se valem do medo, os políticos se valem do medo, todos os tipos de opressor se valem do medo. Eles o tornam patológico e depois fica muito fácil explorar você. Os sacerdotes o deixam com medo do inferno. Basta dar uma olhada nas escrituras, na satisfação com que descrevem todo tipo de tortura. Fazem isso com prazer! Adolf Hitler deve ter lido essas escrituras; deve ter tirado grandes idéias das descrições do inferno. Ele próprio não teria tanta criatividade para criar campos de concentração e tantas espécies de atrocidades. Deve ter visto tudo isso nas escrituras religiosas — já estavam lá, os sacerdotes já tinham feito o trabalho. Ele só praticou o que os sacerdotes pregavam. Era de fato um homem religioso! Os sacerdotes só falavam sobre o inferno que aguarda você depois da morte. Hitler dizia, "Para que esperar tanto? Eu criarei o inferno aqui para que você possa ter uma amostra do que ele é".

Os sacerdotes logo se deram conta de que podiam tirar vantagem do medo instintivo do ser humano. Ele pode ficar com tanto medo a ponto de cair aos pés do clero e implorar "Salve-nos! Só você pode nos salvar!" E o sacerdote concordará em salvá-los caso eles concordem em segui-lo. Se seguirem os rituais prescritos pelo sacerdote, ele os salvará. E por causa desse medo as pessoas têm seguido todo tipo de estupidez, de superstição.

Os políticos também se deram conta de que é possível provocar muito medo nas pessoas. E, se deixá-las com medo, você pode dominá-las. É por causa do medo que existem as nações. Os indianos têm medo dos paquistaneses e os paquistaneses têm medo dos indianos e o mesmo acontece no mundo inteiro. É uma idiotice! Temos medo uns dos outros e por causa do medo o político se tornou importante. O político diz que salvará você aqui, neste mundo, e o padre dirá que o salvará no outro mundo. Todos eles conspiram juntos.

É o medo que gera a culpa, mas não o medo em si. O medo cria a culpa por meio dos sacerdotes e dos políticos. Os sacerdotes e os políticos criam em você uma patologia, um estremecimento. E, naturalmente, o ser humano é tão delicado e tão frágil que fica com medo. Depois disso você pode mandá-lo fazer qualquer coisa que ele fará; sabendo perfeitamente bem que é uma estupidez, sabendo, lá no fundo, perfeitamente bem que é tudo bobagem — mas quem sabe? Por causa do medo uma pessoa pode ser forçada a fazer qualquer coisa para se salvar. E como a patologia que foi incutida em você não é natural, a sua natureza se rebela contra ela. Então de vez em quando você faz algo natural, que vai contra esse medo não-natural e surge a culpa.

Culpa significa que você tem uma idéia antinatural na cabeça sobre como a vida tem de ser, sobre o que deveria ser feito. Então um dia você se pega seguindo a sua natureza e fazendo o que é natural, contrariando a ideologia que cultiva. Pelo fato de contrariar essa ideologia, surge a culpa e você se envergonha. Sente-se inferior, imprestável.

Mas não é dando às pessoas idéias antinaturais que você vai transformá-las. É por isso que os sacerdotes conseguem explorar as pessoas, mas não conseguem transformá-las. Eles não estão interessados em transformar você; a idéia é mantê-lo para sempre escravizado. Eles lhe deram uma voz da consciência. Essa voz não é *sua* de verdade, ela foi criada pelas religiões. Elas dizem, "Isso está errado". Você pode saber, no fundo do seu coração, que não há nada de errado nisso, mas elas dizem que está errado e continuam hipnotizando-o desde a infância. A hipnose vai ficando cada vez mais profunda, mergulhando fundo dentro de você, e passa a fazer parte do seu ser. Ela o reprime.

Dizem que sexo é errado — mas o sexo é um fenômeno natural que atrai você. E não há nada demais em se sentir atraído por uma mulher ou por um homem. Isso simplesmente faz parte da natureza. Mas a sua consciência diz, "Isso está errado". Então você se reprime. Metade de você quer se aproximar do outro e metade não deixa. Você não consegue tomar uma decisão; está sempre dividido, em conflito. Se decidir que sairá com a mulher ou com o homem, a voz da sua consciência o torturará, "Você cometeu um pecado!" Se não sair, a sua natureza torturará você, "Quer me deixar à mingua?!" Você fica num dilema. De qualquer maneira sofrerá e quanto mais sofrer mais procurará os conselhos do padre. Quanto mais sofrer, mais buscará a salvação.

Bertrand Russell está absolutamente certo quando diz que, se o ser humano conseguir se libertar totalmente dessa voz da consciência e da moralidade, se for auxiliado a se tornar um ser natural, integrado — inteligente, cheio de entendimento, vivendo a sua vida de acordo com a sua própria luz e não de acordo com os conselhos de outra pessoa — as chamadas religiões desaparecerão da face da Terra.

Eu concordo plenamente com ele. As chamadas religiões vão certamente desaparecer deste mundo. Se as pessoas não estiverem sofrendo, elas não buscarão a salvação. Mas Bertrand Russell vai mais longe e diz que o conceito de religião também vai desaparecer. Nesse ponto eu não concordo com ele. As chamadas religiões vão desaparecer e por causa disso surgirá, pela primeira vez neste mundo, uma oportunidade para que surja a verdadeira religiosidade. Não haverá cristãos, não haverá hindus, não haverá muçulmanos — só então um novo tipo de religiosidade surgirá sobre a Terra. As pessoas viverão de acordo com a sua própria consciência. Não haverá mais culpa, nem arrependimento, porque essas coisas nunca mudam as pessoas. Elas continuam iguais; só mudam seu aspecto exterior, sua forma. Nada de substancial muda através da culpa, do medo, do céu, do inferno. Todas as idéias fracassaram completamente. Nós vivemos num tipo de mundo equivocado; criamos um tipo errado de situação. As pessoas só estão mudando superficialmente — os hindus tornam-se cristãos, os cristãos tornam-se hindus e nada jamais muda. Tudo continua igual.

A prostituta arrependida dá seu testemunho junto com o Exército da Salvação na esquina de uma rua, num sábado à noite, pontuando seu discurso com a batida de um enorme gongo.

"Eu era uma pecadora!", ela grita (Buum!). "Era uma mulher vadia! (Buum!) Bebia! (Buum!) Jogava! (Buum!) Prostituía-me! (Buum! Buum!) Costumava sair aos sábados à noite e fazia o diabo! (Buum! Buum! Buum!) Agora o que eu faço aos sábados à noite? Fico aqui nesta esquina, batendo nesta droga de gongo!"

PARTE III
ATENÇÃO PLENA: A CHAVE DA TRANSFORMAÇÃO

Desidentificar-se dos seus pensamentos é mais fácil que desidentificar-se dos seus sentimentos, porque os pensamentos são mais superficiais. A desidentificação dos sentimentos é meio difícil porque eles são mais profundos, estão mais enraizados na sua biologia, na sua química, nos seus hormônios. Os pensamentos são apenas nuvens flutuando. Eles não estão enraizados na sua química, na sua biologia, na sua fisiologia, nos seus hormônios; são só nuvens flutuando sem raízes. Mas os sentimentos têm raízes, por isso é tão difícil arrancá-los.

É fácil observar os pensamentos sobre a teoria da relatividade; difícil é ser uma testemunha da própria raiva, do próprio amor, da própria ambição. A razão é que eles estão mais enraizados no corpo. Mas o testemunho é uma espada afiada: ela corta os pensamentos, os sentimentos, as emoções, num único golpe. E você descobrirá isso por experiência própria quando se aprofundar na meditação. O corpo fica para trás, as emoções, os pensamentos... só o testemunho permanece. Essa é a sua natureza autêntica.

DISTANCIE-SE UM POUCO

Se medita, você cria uma certa distância entre a sua mente e o seu ser; se conseguir ver, sentir e perceber por experiência que você não é a sua mente, acontece uma grande revolução dentro de você. Se você não é a sua mente, então não pode ser o seu ciúme, não pode ser a sua tristeza, não pode ser a sua raiva.

Então esses sentimentos ficam simplesmente ali, desvinculados de você; você não dá energia a eles. Eles são na verdade parasitas alimentando-se do seu sangue, porque você está identificado com a mente. Meditação significa desidentificação com a mente.

Trata-se de um método simples, não algo complexo que só algumas pessoas podem fazer. Sente-se simplesmente em silêncio durante um certo tempo, quando quiser, e observe. Feche os olhos e observe o que está se passando. Seja apenas um observador. Não julgue o que é bom nem o que é ruim, o que pode e o que não pode pensar...

Sem julgamento, você é apenas um observador.

Leva um certo tempo até você atingir a pura observação. E no momento que é um puro observador, você se surpreende ao perceber que a mente desapareceu.

Existe uma proporção; se você é 1% observador, 99% é mente. Se é 10% observador, então 90% é mente. Se 90% é observador, então só resta 10% da mente.

Se você é 100% observador, então não existe mente nenhuma — nenhuma tristeza, nenhuma raiva, nenhum ciúme — só lucidez, silêncio, bênção.

A pessoa tem de começar observando o corpo: caminhando, sentado, indo para a cama, comendo. Ela precisa começar pelo mais sólido, porque é mais fácil, e depois passar para as experiências mais sutis. Ela precisa começar observando os pensamentos, e quando se tornar um especialista em observar pensamentos pode passar a observar sentimentos. Depois que sentir que já consegue observar os sentimentos, então pode passar a observar os estados de espírito, que são muito mais sutis que os sentimentos e muito mais vagos também.

O milagre de observar é que, à medida que observa o seu corpo, o observador em você vai se fortalecendo; à medida que vai observando os pensamentos, esse observador vai se fortalecendo. À medida que observa os sentimentos, o observador vai se fortalecendo cada vez mais. Quando está observando os seus estados de espírito, o observador está tão forte que pode continuar, ele mesmo — observando-se, como uma vela na escuridão da noite que não ilumina apenas tudo o que está à sua volta, mas também a si mesma.

Descobrir o observador em sua pureza é a maior realização que há na espiritualidade, pois o observador em você é a sua própria alma; o observador em você é a sua imortalidade. Mas não pense sequer por um instante, "Consegui!", pois é nesse momento que você se perde.

A observação é um processo eterno; ele se aprofunda cada vez mais, mas nunca termina quando você diz "Consegui!" Na verdade, quanto mais fundo você for mais consciente ficará de que iniciou um processo que é eterno — sem começo nem fim.

Mas as pessoas estão só observando os outros; nunca se incomodam em observar a si mesmas. Todo mundo observa o que a outra pessoa está fazendo, o que a outra pessoa está usando, a aparência que ela tem — essa é a observação mais superficial que há. Todo mundo está observando; não se trata de algo novo a introduzir na sua vida. Só é algo que tem de ser aprofundado, desviado dos outros e dirigido para os seus próprios sentimentos, pensamentos e estados de espírito — e finalmente, para o próprio observador.

Um judeu estava sentado num trem de frente para um padre. "Diga-me, reverendo", o judeu perguntou, "por que usa o colarinho de trás para a frente?"

"Porque sou pai da igreja", respondeu o outro.

"Eu também sou e não uso o colarinho assim", disse o judeu. "Ah!, mas eu sou pai de milhares!"

"Então talvez devesse usar as calças de trás para a frente..."

As pessoas são muito observadoras quando se trata das outras pessoas. Você pode achar muita graça dos atos ridículos dos outros, mas por acaso já riu de si mesmo? Já se pegou fazendo uma coisa ridícula? Não, você não se observa; toda a sua observação é dirigida aos outros, e isso é completamente inútil.

Use essa energia de observação para transformar o seu ser. Ela pode lhe trazer mais bênçãos e beatitudes que você jamais sonhou. Um processo simples, mas depois que começar a usá-lo em si mesmo se tornará meditação.

A pessoa pode fazer qualquer coisa se tornar meditação. Qualquer coisa que o faça se voltar para si mesmo é meditação. E é extremamente importante que descubra a sua própria meditação, porque nessa própria descoberta você vai encontrar uma grande alegria. E como se trata de uma descoberta que você mesmo fez, não um ritual imposto, você gostará de explorá-la cada vez mais fundo. Quanto mais fundo você for, mais feliz vai se sentir — mais pacífico, mais silencioso, mais coeso, mais digno, mais cheio de graça.

Todo mundo sabe observar, por isso não há o que aprender. É só uma questão de mudar o objeto de observação. Aproximá-lo. Observe o seu corpo e você ficará pasmo. Eu posso mexer a minha mão sem observá-la, mas posso mexê-la observando-a. Você não verá a diferença, mas poderá senti-la. Quando a mexe com atenção plena, existe graça e beleza nesse movimento, um sentimento de paz e silêncio. Você pode caminhar, observando cada passo; isso lhe trará todos os benefícios que uma caminhada pode lhe proporcionar como exercício, além dos benefícios de uma boa e simples meditação.

O templo de Bodhgaya onde Gautama Buda tornou-se iluminado foi feito em memória a duas coisas: uma delas é a árvore bodhi sob a qual Buda costumava se sentar. Bem ao lado da árvore havia um caminho de pedras onde se podia fazer uma caminhada lenta. Ele ficava meditando, sentado, e quando achava que já tinha permanecido sentado por tempo demais — o corpo precisava de um pouco de exercício —, ele ia caminhar nessas pedras. Essa era a sua meditação em movimento.

Quando eu estava em Bodhgaya dirigindo um acampamento de meditação, fui ao templo. Vi lamas budistas do Tibete, do Japão, da China. Eles estavam todos visitando a árvore, mas nenhum prestava atenção ao caminho de pedras em que Buda caminhou quilômetros e quilômetros. Eu disse a eles, "Isso não se faz. Vocês não deveriam esquecer as pedras. Elas foram tocadas pelos pés de Gautama Buda milhões de vezes". Mas eu sei por que não prestaram atenção nelas, porque esqueceram completamente que Buda insistia em dizer que devemos observar cada ato do nosso corpo; enquanto andamos, nos sentamos, descansamos. Não deveríamos deixar que nada passasse na inconsciência.

A atenção plena aguçará a sua consciência. Esse é o cerne da religiosidade; todo resto é simples falatório. E, se você conseguir essa atenção plena, nada mais é necessário.

Meu objetivo aqui é tornar essa jornada o mais simples possível. Todas as religiões fizeram justamente o oposto, tornaram as coisas mais complexas — tão complexas que as pessoas nunca nem tentaram, por exemplo, nas escrituras budistas existem 33 mil princípios que um monge budista precisa seguir; até lembrar deles fica impossível! Só o número 33 mil já é suficiente para desanimá-lo, "Estou acabado! Toda a minha vida será desperdiçada!" Só um único princípio que combine com você, que se afine com você, já é suficiente.

? ***Eu muitas vezes me surpreendo num estado de espírito soturno e dramático, andando por aí carrancudo e com pensamentos do tipo "Eu sou um fracasso" — e então, de repente, brota dentro de mim um riso incontrolável, que às vezes explode numa gargalhada e um grande sentimento de felicidade. Isso é tão forte que não consigo mais manter o estado de espírito dramático"! Isso está relacionado ao que você chama de observador?***

Existe certamente uma relação entre o observador e a risada que brota dentro de você, porque o observador pode ver não só as imbecilidades das outras pessoas, mas também as dele próprio.

O observador podia ver o seu estado de espírito dramático. Antes mesmo que o observador entrasse em cena, o seu estado de espírito foi reconhecido; você tinha se esquecido de que se tratava apenas de um estado de espírito.

Observe as pessoas. Todo mundo carrega consigo uma carranca que faz parte de um papel, todo mundo vive repetindo um diálogo interior, ensaiando. O que a pessoa vai dizer quando chegar em casa, porque está atrasada... e ela sabe muito bem que, em toda a sua vida, jamais conseguiu enganar a mulher, mas, mesmo assim, continua fazendo a mesma idiotice.

Se o observador entrar em cena, se de repente você se lembrar de entrar em cena, começará a rir de si mesmo e se achar um bobalhão. Você continua caindo na mesma situação todos os dias, e decidindo todos os dias não cair mais. Mas, quando vai se aproximando dela, o fascínio que exerce sobre você é tão grande que você se esquece de todas as decisões. Você se consola, "Só mais uma vez. A partir de amanhã, vou cumprir a promessa que fiz a mim mesmo". Mas isso aconteceu tantas vezes! E você continuará agindo assim a vida inteira, a menos que deixe o observador constatar a maneira ridícula como você está agindo.

E existe com certeza uma relação profunda. À medida que observa, você começa a achar graça do fato de andar por aí carrancudo desnecessariamente. Na verdade, ninguém está nem olhando para você; você pode relaxar! E, mesmo que estivessem, uma carranca não é algo bonito de se ver. Um rosto alegre, um rosto cheio de sorrisos, radiante, vale a pena ter. Se você quer ser ator, então pelo menos escolha um bom papel!

Todo mundo escolhe papéis lamentáveis; andam por aí com uma expressão triste e melancólica, tão animado quanto um cadáver. Mesmo assim as pessoas querem que todo mundo goste delas e as respeite. Nem os cães latem para elas, nem eles toleram; simplesmente ignoram, pensam: "Deixem que fiquem com as suas desgraças". Os cães têm a sua própria ideologia básica; eles só mordem as pessoas que usam uniformes — policiais, carteiros, eles são totalmente contra uniformes. São com certeza um pessoal muito rebelde. O exército inteiro, a brigada inteira vai passar e todos vestem o mesmo uniforme? Os cães não resistem ao ímpeto de protestar. Mas, quando você passa com a sua expressão sorumbática, nem os cães protestam. Se conseguisse se ver, você riria de si mesmo e diria, "Por que estou com essa cara?" E você ficará surpreso. Se olhar bem, verá que o cão também está rindo de você.

As pessoas não perceberam ainda. Da próxima vez que tiver um ataque de riso, tente observar esse fato básico: observar é mais fácil quando você está rindo, porque a risada não é uma atitude séria, ela é natural. A risada cria uma atmosfera de silêncio em você. Se a sua risada for realmente absoluta, a mente pára — "Deixe esse besta rir primeiro". São nesses momentos que você pode fazer o observador entrar em cena mais facilmente.

Basta continuar rindo... e lembre-se de observar quando estiver rindo.

A classe do jardim-de-infância amontoou-se em volta da professora para brincar de "Adivinhe o Animal". A primeira foto que a professora mostrou foi a de um gato. "Muito bem, meninos e meninas", ela disse toda animada, "podem me dizer que animal é este?"

"Eu sei! Eu sei! É um gato", gritou um garotinho.

"Muito bem, Eddy. Agora quem sabe o nome deste animal?"

"É um cachorro", gritou o mesmo menino.

"Acertou outra vez. E este animal aqui?", ela perguntou segurando a figura de uma anta.

O silêncio reinou na sala. Depois de um minuto ou dois, a professora disse, "Vou dar uma dica, crianças, ouçam bem. Às vezes a sua mãe chama o seu pai disso".

"Já sei! Já sei!", gritou Eddy. "É um ordinário sem-vergonha!"

Um marinheiro naufragou perto de uma ilha deserta e só conseguiu sobreviver porque fez amizade com os nativos da ilha. Eles ficaram tão amigos que um dia o chefe da tribo ofereceu a filha ao marinheiro para que o divertisse por uma noite. De madrugada, enquanto eles faziam amor, a filha do chefe começou a gritar, "Oga boga! Oga boga!" O arrogante rapaz supôs que essa deveria ser a maneira como os nativos se expressavam quando achavam alguma coisa fantástica.

Alguns dias depois, o chefe convidou o marinheiro para um jogo de golfe. Na primeira tacada, o chefe acertou o buraco. Ansioso para mostrar o seu novo vocabulário, o marinheiro gritou entusiasmado, "Oga boga! Oga boga!"

O chefe se voltou para ele com um olhar intrigado, "Como assim, 'buraco errado'?"

Quando você fala de amor e paixão, de intensidade e autenticidade, eu sinto dentro de mim um cálido lampejo de reconhecimento — sinto que isso é verdade porque já vislumbrei esses sentimentos nos meus bons momentos. Mas, quando você fala de me desapegar, de me manter distante e observar, eu sinto dentro de mim um frio na espinha e um entorpecimento. Não consigo entender esse paradoxo. Como eu posso me apaixonar e me manter distante? Como posso me entregar a um momento de beleza e me manter afastada?

Reconheço que o que você diz sobre ficar oscilando entre o céu e o inferno, o êxtase e o desespero, sem conseguir fazer nada, acontece de fato na minha vida. Percebo que esse sentimento de impotência é doloroso e frustrante. Mas, se a alternativa é um distan-

ciamento frio e indiferente, então acho que prefiro ficar com o meu céu e o meu inferno, a minha alegria e a minha dor, e esquecer toda essa coisa de observar.

Na vida, o mais importante é entender que ela é um paradoxo; a vida só existe sendo paradoxal. Ela não é lógica, é paradoxal. Ela existe entre o nascimento e a morte, entre a noite e o dia, entre o amor e o ódio, entre o homem e a mulher. Existe entre a carga positiva e a negativa, entre yin e yang, entre Shiva e Shakti. Olhe à sua volta, olhe dentro de você, olhe fora, e você só verá paradoxos.

Se a vida fosse lógica, então não haveria paradoxos. Mas ela não é, e nem pode ser! Pense num mundo em que só exista amor e não exista ódio — o amor não seria possível; ele desapareceria também. Pense num mundo em que só existisse escuridão e não existisse luz, ou só existisse luz e nenhuma escuridão... é impossível. Onde só existam nascimentos e não exista morte — seria muito lógico, mas muito chato também.

A vida é dialética, não lógica. É um movimento entre polaridades. Essas polaridades não são de fato opostos, embora pareçam; elas também se complementam. O amor e o ódio não são duas coisas distintas; na verdade são uma coisa só, "amoródio". São uma coisa só: "nascimentomorte". Uma coisa só: "dianoite". Uma coisa só: "homemulher". São como as montanhas e os vales do Himalaia. As montanhas não podem existir sem os vales e os vales não podem existir sem as montanhas — eles estão juntos. E esse paradoxo pode ser encontrado em todos os planos, em todos os lugares.

Ora, você diz, "Acho que prefiro ficar com o meu céu e o meu inferno, a minha alegria e a minha dor se a alternativa é um distanciamento frio e indiferente". Eu não estou dizendo que você tem de optar por ver a vida de um jeito frio e indiferente. Estou dizendo que o amor passional e o distanciamento frio são um paradoxo. O mesmo paradoxo que existe entre nascimento e morte, amor e ódio; trata-se do mesmo paradoxo. Só a pessoa movida pela paixão sabe o que é um distanciamento frio. Você ficará surpresa, porque até agora tem afirmado justamente o contrário.

Dizem que Buda é frio, desapegado, distante. Que a pessoa mundana é passional e a santa é desapaixonada, que o homem mundano vive uma vi-

DISTANCIE-SE UM POUCO

da vibrante e o monge entra para um mosteiro e vive uma vida sem graça. Isso tem acontecido até agora, mas as coisas estão invertidas. O homem mundano só conhece uma parte da polaridade. Essa é a sua desgraça. Ele só conhece o calor; não conhece o frescor suavizante de ser um buda. E o monge conhece apenas a frieza, não conhece a euforia, o êxtase, a empolgação, a grande celebração que é uma paixão ardente.

Existe um Zorba o Grego, que sabe o que é uma paixão ardente, e tem a nossa idéia do que seja o Buda — note que eu disse a nossa *idéia* do que seja o Buda — que só conhece o silêncio impassível. Nós criamos a divisão, e por causa dela o homem mundano não é rico, pois ele é só uma metade. O homem religioso também não é um homem inteiro, e por não ser inteiro também não pode ser santo, só conhece uma parte da polaridade. Ambos são infelizes.

Saia pela cidade e observe, vá a um mosteiro e observe. Você verá no mosteiro uma falta de alegria, uma prostração, um desânimo intensos, e verá nos olhos dos monges lentidão de raciocínio e nada mais. Porque, quando vive num único pólo, você perde a acuidade mental, perde a variedade, perde a riqueza.

No meu modo de ver, não há necessidade de escolher. Não faça escolhas e você verá o jogo das polaridades. As duas extremidades do espectro são suas e ambas têm de ser vividas. Sim, você tem de ser profundamente, intensamente e genuinamente passional — assim como tem de ser fria, silenciosa, serena. Tem de amar e meditar. A meditação e o amor não podem ser separados, eles têm de ser como o vale e a montanha. A montanha tem a sua beleza, o cume ensolarado e a neve perene, e pela manhã tudo fica dourado e à luz da lua cheia tudo fica prateado. E a pureza do ar, e a proximidade das estrelas — você quase pode sussurrar no ouvido delas. Mas o vale também é bonito: a escuridão e a sua textura de veludo, a escuridão e sua infinitude, a escuridão e seus mistérios, e as sombras das árvores e o barulho da água corrente. Ambos são belos.

Eu não disse para você escolher, mas para aceitar ambos, e ambos ajudarão um ao outro a se tornar cada vez mais nítido. Por um lado, Zorba o Grego; por outro lado, Gautama o Buda — eu ensino a você Zorba o Buda. É por isso que os Zorbas são contra mim, porque não conseguem pensar no Buda. Os materialistas são contra mim porque querem saber por que falo de religiosidade. E as pessoas supostamente religiosas também são contra mim porque questionam o motivo de eu querer que o amor faça parte da vida de uma pessoa religiosa. Como ouso falar do corpo e dos seus prazeres? Ambos ficam zangados comigo, porque digo que o caminho vai do sexo à supraconsciência. Um gostaria que eu parasse no sexo e o outro preferia que eu não falasse de sexo, só de supraconsciência. Mas eu aceito a vida em todo o seu espectro, aceito a vida em sua totalidade.

Você só pode aceitar quando aceita na totalidade; se rejeita algo isso significa que está tentando ser mais sábio que a vida, que a própria existência. A existência não rejeita nada. Os seus mahatmas estão tentando ser mais sábios que a própria vida.

A vida existe em opostos polares e ela é belíssima. Se você ama, se surpreenderá ao perceber que logo estará com muita vontade de ficar sozinha — por causa do amor. Toda pessoa que ama sente isso. E se você não sentiu é porque não amou, então o amor é morno; não foi realmente apaixonado. Se fosse, surgiria uma vontade irresistível de ficar na solidão: ter o seu próprio espaço, voltar-se para o seu mundo interior, mergulhar nesse mundo e desaparecer lá dentro, porque o amor, quando é extremamente apaixonado, cansa, deixa você exausto, vazio. E, embora seja maravilhoso ficar vazio, você começa a sentir que precisa se revigorar.

E como você vai conseguir se revigorar? Voltando-se para dentro, fugindo para dentro de si, fechando os olhos para o mundo e simplesmente se esquecendo de tudo sobre os outros... Nesses momentos de introspecção as suas energias se acumulam; você volta a se sentir abastecido. Abastecido *demais*. E essa sensação de transbordamento faz você começar a sentir que precisa encontrar alguém que esteja pronto para compartilhar essa energia, para compartilhar a sua canção, que esteja pronto para dançar com você. Dessa solitude, nasce um grande desejo de ficar junto. Esse é o ritmo.

Não estou dizendo para que você se torne fria, para que opte pelo distanciamento e por uma vida sem apegos. Estou dizendo que esses são dois aspectos. Se quer viver a vida em sua multidimensionalidade — como matéria, como espírito, como corpo, como alma, como amor, como meditação, como uma exploração exterior e uma jornada interior — se quer viver a vida em sua totalidade, como inspiração e expiração, então não precisa escolher. Se escolher você morre.

É por isso que tanto na cidade quanto no mosteiro você encontra pessoas que estão mortas. Algumas optaram por expirar apenas e outras optaram por inspirar apenas. A respiração precisa desses dois movimentos; ela só se torna um ciclo perfeito quando você expira profundamente e dessa expiração vem uma inspiração profunda; e, quando inspira profundamente, dessa inspiração vem uma profunda expiração.

E lembre-se: se a expiração não for profunda, a inspiração também não será. Se a inspiração for superficial, a expiração também será. Uma equilibra a outra. Quanto mais for para fora, mais você mergulha dentro de si mesmo, e vice-versa. Eu ensino essa unidade.

Você não precisa se preocupar. Mas ficou preocupada, porque às vezes eu estou ensinando o amor e você sente uma coisa boa por dentro... Mas deixe-me dizer uma coisa, vou ser bem sincero com você. Você ainda não sabe o que é o amor. Se conhecesse, você entenderia o outro pólo também. Você entenderia por experiência própria que o amor provoca um anseio profundo de ficarmos sozinhos e a solitude cria uma necessidade profunda de ficarmos juntos. Essa é a verdade que é preciso ensinar a todos. Os amantes não a conhecem, por isso se sentem culpados quando querem ficar sozinhos. E, se uma pessoa quer ficar sozinha, a outra se sente rejeitada. Esse é um profundo mal-entendido. Se o marido diz, "Deixe-me a sós esta noite", a mulher se sente rejeitada, fica com raiva. É como se ela não fosse mais necessária. Não é esse o caso; eles não compreendem o que se passa de verdade. E, se um dia a mulher diz, "Deixe-me a sós", o marido fica muito magoado; seu ego masculino leva um profundo golpe.

No momento em que você diz à pessoa amada, "Quero ficar sozinho por alguns dias, gostaria de ir para as montanhas por algumas semanas, sozinho", ela não entende, porque as pessoas nunca ouviram dizer do fato básico de que o amor cria o desejo de solidão. E, se você não fica sozinho, o seu amor fica banal. Ele aos poucos vai se tornando algo falso, vai perdendo a autenticidade.

Aceite a vida em sua totalidade. Sentir uma paixão ardente é bom e sentir uma tranqüila compaixão também é bom. Deixe que elas sejam as suas asas; não corte uma asa, do contrário você nunca será capaz de manter esse vôo eterno — o vôo da solidão para a solidão.

Foi assim que Plotino o chamou: o vôo do indivíduo para a alma universal. Você precisará das duas asas.

Eu ensino o amor, e ensino a meditação — e ensino uma grande síntese de ambos. E não é que você tenha de criar essa síntese. Ela é natural; você só não pode acabar com ela. Observe as suas próprias experiências, e o que eu estou dizendo ficará provado, pois não estou falando de nenhuma ideologia, estou simplesmente falando de fatos.

Um condecorado herói russo voltou da sua missão no front finlandês, onde tinha prestado valorosos serviços ao seu país. Ele tinha permanecido nas montanhas durante meses, no final de um inverno enregelante. Essa era a sua primeira licença depois de um ano inteiro.

Um repórter se aproximou dele e, com um brilho nos olhos, perguntou, "Diga-me, capitão Ivan Petrovich, qual foi a segunda coisa que o senhor fez depois de ficar um ano inteiro longe da sua esposa?"

Ivan respondeu sem hesitar, "A segunda? Bem, a segunda coisa que fiz foi tirar os esquis!"

Depois de ficar tanto tempo nas montanhas, como você pode tirar os esquis primeiro?

Um navio estava chegando ao porto, depois de passar seis meses no mar. As mulheres da cidade estavam todas no atracadouro, esperando para dar as boas-vindas aos maridos. Uma mulher acenava para o marido debruçado no convés do navio e gritava para ele, "A.P.! A.P.!"

E ele gritava de volta, "F.P.! F.P.!"

"A.P.! A.P.!"

"F.P.! F.P.!"

Alguém ao lado se voltou para a mulher e perguntou, "Que negócio é esse de A.P. e F.P.?"

Ela respondeu, "Estou dizendo que é melhor almoçarmos primeiro".

REPRESSÃO OU TRANSFORMAÇÃO

A LIBERDADE DE SER HUMANO

O homem é o único ser que pode reprimir suas energias — ou que pode transformá-las. Nenhum outro ser pode fazer isso. A repressão e a transformação são dois aspectos de um único fenômeno, a saber, que o ser humano pode fazer algo com relação a si mesmo.

As árvores existem, os animais existem, os pássaros existem, mas eles não podem fazer nada com relação à própria existência — eles são parte dela. Não podem olhá-la de uma certa distância, não podem ser os "agentes". Estão tão imersos em sua energia que não podem se separar.

O ser humano pode fazer algumas coisas. Pode fazer algo com relação a ele mesmo. Pode se observar de uma certa distância; pode olhar para as suas próprias energias como se estivesse separado delas. E então pode reprimi-las, ou transformá-las.

Repressão significa tentar ocultar certas energias que existem, não deixando que elas existam, não deixando que se manifestem. Transformação significa alterar energias, fazê-las passar para uma outra dimensão.

Existe o medo, porque você sente que perderá o controle e, depois de perder o controle, não poderá fazer mais nada. Eu ensino um novo controle — o controle do eu testemunha. Não o controle da mente manipuladora, mas o controle do eu testemunha. Esse controle é a forma mais elevada possível, e é tão natural que você nunca sente que está controlando. É um tipo de controle que acontece espontaneamente com o testemunho.

Se você recorrer à repressão, será um ser humano como qualquer outro — falso, superficial, vazio, dissimulado, nada autêntico, nada verdadeiro. Se não buscar a repressão, mas a indulgência, você será como qualquer animal: belo, mais belo que o ser humano civilizado, mas só um animal. Não viverá alerta, consciente da possibilidade de desenvolvimento, do seu potencial humano.

Se transformar a energia, então você se torna divino. E, lembre-se, quando eu digo divino, estou abrangendo essas duas coisas. O animal selvagem com a beleza total da sua existência. Esse animal não é rejeitado nem negado, ele permanece — mais rico, porque está mais alerta. Por isso o caráter selvagem se mostra e a beleza também, e tudo o que a civilização está tentando forçar também, mas é espontâneo, não forçado. Depois que a energia é transformada, natureza e divindade se encontram em você — a natureza com a sua beleza, a divindade com toda a sua graça.

É isso que significa ser sábio. O sábio é o encontro da natureza e do divino, o encontro do corpo e da alma, do que está abaixo e do que está acima, o encontro da terra e do céu.

? *Você diz que não deveríamos nem reprimir nem permitir emoções como a raiva, mas que deveríamos permanecer passivamente alertas e meditativos. Obviamente, seria necessário um certo esforço interior para evitar a repressão ou a indulgência — mas isso também não seria um tipo de repressão?*

Não! Não deixa de ser um esforço, mas não um "tipo de repressão". Nem todo esforço é repressão.

Existem três tipos de esforço. Um é o esforço que envolve a expressão; quando você expressa a sua raiva, isso é um tipo de esforço. O segundo tipo de esforço acontece quando você reprime essa raiva. Quando expressa o que está fazendo, você força a sua energia na direção da outra pessoa, do objeto. Você extravasa a sua energia e a outra pessoa é o alvo. A energia é projetada para o outro; é um esforço da sua parte. Quando reprime, você puxa a energia de volta para a fonte original, para o seu próprio coração. Você a força a voltar, é um esforço, mas a direção é diferente. Na expressão ela se afasta de você e na repressão ela volta para você.

A terceira opção — o estado de alerta, o estado passivo de alerta — é também um esforço, mas a dimensão é diferente. A energia se move para cima. No início é um esforço. Quando eu digo passivamente alerta, a princípio até a passividade acaba sendo um esforço. E só pouco a pouco, quando você se familiariza mais com a coisa, que ela deixa de ser um esforço. E, quando deixa de ser um esforço, ela fica até mais passiva — e quanto mais passiva, mais magnética. Ela puxa a energia para cima.

Mas no início tudo exige um certo esforço, portanto não se deixe enganar pelas palavras. Isso cria problemas. Os místicos sempre falaram de ausência de esforço; eles não dizem que você tem de fazer um esforço. Mas no início até mesmo isso será um esforço. Quando dizemos, "Sem esforço", só queremos dizer para não forçar o esforço. Deixe que ele venha por meio da consciência. Se você se esforça, fica tenso. Se fica tenso, a energia de raiva não pode se projetar para cima e ser transformada. A tensão é horizontal; só a mente sem tensão pode ficar acima, pairando como uma nuvem.

Olhe as nuvens flutuando sem nenhum esforço — do mesmo modo, deixe entrar em cena o testemunhar, como uma nuvem flutuando. No começo isso vai exigir esforço, mas lembre-se apenas de que vai passar a não exigir mais. Você vai reforçar o estado de alerta e se entregar cada vez mais a ele.

Isso é difícil porque a língua cria a dificuldade. Se eu digo para você relaxar, o que você faz? Você faz um tipo de esforço. Mas então eu digo para que não faça nenhum esforço, porque se fizer isso causará tensão e você não conseguirá mais relaxar. Então você não saberá mais o que fazer e acabará perguntando, "Mas, então, o que você está querendo dizer? Se eu não devo fazer nenhum esforço, o que espera que eu faça?"

Não espero que você faça nada, mas no início esse não-fazer vai parecer um fazer. Por isso eu digo, "Tudo bem! Faça um leve esforço, mas lembre-se de que esse esforço tem de ser deixado de lado. Use-o só para iniciar o processo. Você não consegue entender o não-fazer; só consegue entender o fazer. Então, para começar, use a linguagem do fazer e da ação; comece, mas use o esforço só como um motor de arranque. E, lembre-se, quanto mais rápido você descartá-lo melhor".

Segundo ouvi dizer, quando Mulá Nasruddin ficou muito velho, ele passou a sofrer de insônia, não conseguia dormir. Tentou fazer de tudo — banhos quentes, comprimidos para dormir, tranqüilizante, xaropes —, nada adiantava. E isso incomodava toda a família, porque o Mulá não conseguia dormir e não deixava ninguém na casa dormir também. A noite havia se transformado num pesadelo para todo mundo.

Eles procuravam desesperadamente algum método, algum remédio que ajudasse o Mulá a dormir, pois a família já estava enlouquecendo. Finalmente, eles encontraram um hipnotizador. Muito felizes, os parentes disseram ao Mulá, "Agora o senhor não precisa mais se preocupar, *papa*. Esse homem faz milagres. Ele fará o senhor dormir em poucos minutos. Ele conhece a própria magia do sono, por isso não se preocupe. Agora não é preciso mais ter medo, o senhor vai dormir".

O hipnotizador mostrou a Nasruddin um relógio pendurado numa corrente e disse, "Basta um pouquinho de fé para produzir um milagre. Você precisa confiar um pouco em mim. Só confie em mim e você dormirá profundamente como um bebê. Olhe este relógio".

Ele começou a movimentar o relógio para lá e para cá. Nasruddin olhou para ele e o hipnotizador disse, "Esquerda-direita, esquerda-direita. Os seus olhos estão ficando cansados, cansados, cansados. Você está com sono, com sono, com sono..."

A família toda estava eufórica — feliz. Os olhos do Mulá se fecharam, sua cabeça pendeu para o lado e ele parecia um bebezinho caindo num sono profundo. Sua respiração ficou cadenciada. O hipnotizador cobrou o dinheiro da consulta e pôs o dedo sobre os lábios só para mostrar que a família não tinha mais com que se preocupar, eles não seriam mais incomodados. Mas no momento em que o homem se esgueirou pela porta, o Mulá abriu um olho e disse, "Que maluco! Ele já foi?"

Ele estava se esforçando para relaxar, por isso relaxou "como um bebê". Tinha começado a respirar cadencialmente e fechou os olhos, mas era tudo um esforço. Ele estava ajudando o hipnotizador. Pensava que estava ajudando o homem. Mas estava se esforçando, por isso nada aconteceu. Nada *poderia* acontecer, ele estava acordado. Se conseguisse ao menos ficar passivo, se conseguisse simplesmente ouvir o que o hipnotizador lhe dizia, olhar o que ele lhe mostrava, o sono teria vindo. Não era necessário nenhum esforço da parte dele; só uma aceitação passiva. Mas até para levar a mente a aceitar passivamente, você precisará se esforçar de início.

Portanto, não tenha receio do esforço. Comece se esforçando e só não se esqueça de que precisa superar essa fase do esforço. Só quando superá-la você será passivo, e essa percepção passiva faz milagres.

Com a percepção passiva, a mente não pode existir mais. Pela primeira vez o centro interior do seu ser é revelado e a razão é deixada de lado. Qualquer coisa que tenha de ser feita neste mundo exige esforço. Se quiser fazer algo no mundo exterior, o esforço é necessário. Mas, se quiser fazer algo no mundo interior, nenhum esforço é necessário. Só o relaxamento é necessário. O não-fazer é a arte nesse mundo, assim como o fazer é a arte no mundo exterior.

Esse estado passivo de alerta é a chave. Mas não se preocupe com a linguagem. Comece com o esforço. Só tenha em mente que você precisa abandoná-lo, e continue fazendo isso. Até mesmo esse abandono exigirá esforço; mas chegará um momento em que não será mais preciso. Então você ficará ali, sem fazer nada — só existindo, sendo. Esse "existir" é o que significa iluminação, e tudo o que vale a pena saber, ter, ser, acontece a você nesse estado.

? *Você também disse para ignorarmos os conteúdos negativos da mente e não dar energia e eles. Eu acho difícil me manter no fio da navalha: ignorar sem cair na repressão e mandar esses conteúdos de volta para o inconsciente. Você pode, por favor, explicar como diferencio essas duas coisas?*

Você já sabe, a sua pergunta já fez essa diferenciação. Você sabe perfeitamente bem quando está ignorando e quando está reprimindo. Ignorar significa simplesmente não prestar atenção. Alguma coisa está ali, deixe que fique ali. Para você não importa se a coisa vai ficar assim ou assado, se deve permanecer ou não. Você não faz nenhum julgamento. Simplesmente aceitou que a coisa existe e não está interessado em saber se ela deveria existir ou não.

Na repressão, você assume um papel ativo. Você está lutando contra essa energia, está forçando-a a mergulhar no inconsciente. Você está tentando não vê-la mais. Só está interessado em saber que ela não existe mais.

Por exemplo, surgiu a raiva; sente-se simplesmente em silêncio e observe que a raiva surgiu. Deixe que permaneça. Quanto tempo ela pode durar? Você acha que ela é algo imortal, eterno? Assim como veio, ela vai embora. Você tem simplesmente que esperar. Não faça nada a respeito dela, nem contra nem a favor. Se fizer alguma coisa, você vai expressá-la, e quando a expressa você cria a maior confusão, porque a outra pessoa pode não ter o costume de meditar — o mais provável é que não tenha. Ela também vai reagir e com uma fúria ainda maior. Agora você está num círculo vicioso. Você está com raiva, fez o outro ficar com raiva e vão ficar com mais raiva ainda. Mais cedo ou mais tarde a sua raiva vai se transformar numa sólida rocha de ódio, violência. E enquanto está nesse círculo vicioso você está perdendo a consciência. Pode fazer algo de que se arrependa depois. Pode assassinar alguém, pode matar, ou pelo menos tentar. E depois de terminado esse episódio você pode se perguntar: "Nunca pensei que eu fosse capaz de assassinar alguém!" Mas você criou a energia e a energia é capaz de qualquer coisa. Ela é neutra. Pode criar e destruir; pode iluminar a sua casa ou pode incendiá-la.

Ignorar significa que você não está fazendo nada com relação à raiva. Ela está ali. Só tome nota disso, que ela existe, assim como vê uma árvore lá fora. Você tem de fazer algo a respeito disso? Uma nuvem está passando no céu; você tem de fazer alguma coisa a respeito? A raiva também é uma nuvem passando na tela da mente. Então observe; deixe que ela passe.

E não é questão de ficar no fio da navalha. Não faça as coisas maiores do que são. Isso não é nada demais e pode ser feito sem nenhum problema; você só precisa aceitar que a coisa existe. Não tente eliminá-la nem tente influenciá-la, nem fique envergonhado por estar com raiva. Até mesmo ficando envergonhado você terá feito alguma coisa — será que não consegue *não* ser "aquele que faz"?

Você está sentindo tristeza, está sentindo raiva. Só observe. E prepare-se para ter uma surpresa; se conseguir observar e a sua atenção for totalmente pura e sem contaminações — se estiver realmente não fazendo nada, simplesmente olhando —, a raiva logo passará. A tristeza vai acabar e a sua consciência ficará cristalina. Ela não estava tão cristalina antes, pois existia a possibilidade de haver raiva. Agora essa possibilidade se tornou factual e deixou de existir junto com a raiva. Você está muito mais cristalino. Não estava tão silencioso antes, tão cheio de paz; agora está. A tristeza estava consumindo energia, não dava margem a um estado profundo de felicidade, anuviava a sua consciência. A raiva, a tristeza e todas as outras emoções negativas consomem a sua energia. Elas só existem porque você as reprime e, como as reprime, você não as deixa passar. Você fechou a porta e colocou-as no porão; elas não têm por onde escapar. Mesmo se quisessem, você não deixaria. E elas viram a sua vida do avesso. À noite tornam-se pesadelos, sonhos ruins. De dia influenciam as suas atitudes.

E existe uma possibilidade de que algumas emoções possam ficar fortes demais para serem controladas. Você as reprimiu tanto que a nuvem foi crescendo. Chega um ponto em que você não consegue mais controlá-la. Então algo acontece e o mundo colocará a culpa em você. No entanto, aqueles que sabem podem ver que você não está fazendo nada, só está sob a influência de uma grande força. Está se comportando como um robô; está de mãos amarradas.

Você está matando, estuprando, fazendo algo vil — mas na verdade *não* está fazendo isso. Você coletou todo esse material, que agora ficou tão forte que está levando você a fazer coisas — contra a sua vontade, contra você mesmo. Mesmo enquanto as pratica você sabe que não estão certas. Você pensa, "Eu não devia fazer isso. Por que estou fazendo então?" Mas mesmo assim faz.

Muitos assassinos afirmaram sinceramente, diante do juiz, que não praticaram o crime. Mas alguns juízes acreditam e outros não. Eu posso acreditar, mas as leis e os tribunais são muito primitivos, não chegaram ainda a essa maturidade. Eles ainda não baseiam as suas decisões na psicologia. Representam simplesmente a vingança da sociedade — apresentada com palavras bonitas, mas que na verdade não é nem mais nem menos do que aquilo que o próprio criminoso fez. Ele cometeu um assassinato, agora a sociedade quer assassiná-lo. Ele estava sozinho, mas a sociedade tem a lei ao seu lado, a justiça, a polícia, o cárcere. E ela precisará realizar um longo ritual para se justificar diante de si mesma, "Nós não estamos assassinando esse homem, estamos simplesmente coibindo o crime". Mas isso não é verdade.

Se você quer coibir o crime, então a lei deveria se pautar na psicologia, na psicanálise, na meditação. Então seríamos capazes de ver que nenhum indivíduo jamais foi capaz de fazer nada errado; errada está toda a sociedade. A sociedade está errada porque ensina as pessoas a se reprimirem, e quando se reprimem chega um ponto em que o que foi reprimido começa a vir à tona e as pessoas ficam simplesmente impotentes. Elas são vítimas. Todos os criminosos são vítimas, criminosos são os juízes, os políticos e os sacerdotes. Mas isso tem se prolongado há séculos, por isso hoje é aceito.

Não faça nada, só ignore... e isso não é difícil, é um fenômeno muito simples. Por exemplo, há uma cadeira na sua sala. Você não consegue ignorá-la? Tem de fazer alguma coisa com relação a ela? Não é preciso fazer nada a esse respeito. Basta que dê uma olhada nos conteúdos da sua mente de uma certa distância, uma distância pequena, suficiente para que possa ver: "Isso é raiva, isso é tristeza, isso é angústia, isso é ansiedade, isso é preocupação" e por aí a fora. Deixe que eles fiquem ali. "Não estou interessado. Não vou fazer nada a respeito, nem contra nem a favor". Assim eles começarão a desaparecer.

Se você aprender uma coisa muito simples — deixar que as coisas desapareçam por si só — a sua consciência ficará extremamente clara; a sua visão será tão penetrante, a sua compreensão tão abrangente que não só mudarão a sua individualidade como deixarão que os conteúdos reprimidos do inconsciente venham à tona. Vendo que você aprendeu a não reprimir, as coisas começarão a vir à superfície. Elas querem sair pelo mundo. Ninguém quer viver no porão, em total escuridão! Ao constatar que você está deixando que as coisas venham para fora, que elas não precisam esperar até a noite, quando você está dormindo, elas começarão a aflorar. Você as verá emergindo dos porões do seu ser para a sua consciência. Aos poucos o seu inconsciente ficará vazio.

E esse é o milagre, a magia: se o inconsciente está vazio, o muro entre o consciente e o inconsciente vem abaixo. Tudo se torna consciência. Antes você só tinha um décimo da mente consciente; agora tem todas as dez partes conscientes. Você está dez vezes mais consciente. E o processo pode se aprofundar ainda mais; pode libertar até mesmo o inconsciente coletivo. A chave é a mesma. Ele pode libertar o inconsciente cósmico. E, se você conseguir esvaziar todas as partes inconscientes que jazem abaixo da sua consciência, terá uma percepção tão bela que atingir a supraconsciência será tão fácil quanto um pássaro alçando vôo.

Será o seu céu aberto. Acontece apenas que você está tão carregado... levando tanto peso que não consegue voar. Agora não há mais peso nenhum. Você está tão leve que a gravidade perdeu a sua força sobre a sua mente; você pode voar para a supraconsciência, para o consciente coletivo e daí para o consciente cósmico.

A divindade está ao seu alcance. Você só tem de libertar os demônios que aprisionou na inconsciência. Liberte-os e a divindade está ao seu alcance. E essas duas coisas podem acontecer ao mesmo tempo. Quando a parte inferior estiver vazia, o mundo superior ficará ao alcance da sua mão. Lembre-se, como eu disse, trata-se de um processo muito simples.

Qual é a relação entre o domínio sobre o eu e o controle?

São coisas contrárias. No domínio sobre o eu não existe nenhum eu; ele é absolutamente destituído de eu. O domínio existe, mas não existe nenhum eu para se dominar, não existe nada para dominar nem para ser dominado, só pura consciência. Nessa pureza você é parte do todo; nessa pureza você é a própria divindade. Mas não existe nenhum eu.

Quando dizemos "autodomínio", estamos usando a palavra errada. Mas não há nada que se possa fazer quanto a isso, pois as palavras não traduzem bem essas altitudes; nesses momentos de plenitude nenhuma palavra é adequada. No controle existe o eu; no controle o eu existe tão forte quanto antes. A pessoa sem controle não tem um eu, um ego tão forte. Como pode ter? Ela conhece as suas fraquezas.

É por isso que você sempre se depara com este estranho fenômeno: os chamados santos são mais egoístas que os pecadores. Os pecadores são mais humanos, mais humildes; os santos são quase desumanos, pois são controladores; eles acham que são sobre-humanos, pois conseguem controlar os seus instintos, conseguem fazer longos jejuns, conseguem manter-se durante anos ou a vida toda em abstinência sexual. Conseguem ficar sem dormir durante vários dias, sem pregar o olho, porque têm controle sobre o corpo, sobre a mente, e isso lhes confere naturalmente um ego enorme. Eles acreditam na idéia de que são pessoas "especiais". Cultivam essa doença.

O pecador é mais humilde. Ele tem de ser; sabe que não pode controlar nada. Quando a raiva vem, eles ficam com raiva. Quando brota o amor, eles amam. Quando a tristeza os assola, eles ficam tristes. Eles não têm nenhum controle sobre as emoções. Quando estão com fome, fazem o que for preciso para obter comida; mesmo que tiverem de roubar, não hesitarão. Tentarão todas as maneiras possíveis.

Uma famosa história sufi:

Mulá Nasruddin e dois outros santos faziam uma peregrinação à Meca. No último trecho da viagem, passaram por uma aldeia. Não lhes restava quase nenhum dinheiro, só algumas moedas. Então compraram um doce chamado *halva*, mas ele não era grande o bastante para lhes matar a fome. O que fazer? Eles não queriam nem mesmo dividir o doce em três pedaços, pois não seria suficiente para saciar a fome de nenhum dos três. Então, cada um começou a alardear as próprias qualidades, "Eu sou mais importante para a existência, por isso é a minha vida que tem de ser poupada".

O primeiro santo disse, "Eu fiz jejum e rezei durante vários anos. Ninguém aqui é mais religioso e santo do que eu! E Deus quer me salvar, por isso o *halva* tem de ser meu".

O segundo santo reconheceu, "Sim, eu sei que você é um homem de grandes austeridades, mas eu sou um erudito renomado. Estudei todas as escrituras, toda a minha vida eu coloquei a serviço do conhecimento. O mundo não precisa de pessoas que façam jejum. E você, o que sabe fazer? Só sabe fazer jejum! Pois vá jejuar no céu! O mundo precisa de conhecimento. Existe tanta ignorância que ele não pode prescindir de mim. O *halva* tem de ficar comigo".

Mulá Nasruddin disse, por sua vez, "Eu não sou asceta, por isso não posso dizer que tenha autocontrole. Nem sou uma pessoa muito instruída, por isso também não tenho isso a meu favor. Sou um pecador ordinário e ouvi dizer que Deus tem muita compaixão pelos pecadores. Por isso o *halva* pertence a mim!"

Eles não conseguiam chegar a uma conclusão. Finalmente, decidiram que todos os três deveriam dormir sem comer o doce, "Deixemos que Deus decida Ele próprio: ficará com o doce aquele a quem Deus inspirar o mais belo sonho".

Pela manhã, um dos santos disse, "Ninguém decerto pode competir comigo. Dêem-me o *halva*, pois no meu sonho eu beijei os pés de Deus. Isso é o máximo que uma pessoa pode esperar — haverá experiência mais grandiosa?"

O erudito, homem instruído, disse dando risada, "Isso não é nada — pois Deus me abraçou e me beijou! Você beijou os pés Dele? Pois *Ele* me beijou e me abraçou! Onde está o *halva*? Ele pertence a mim".

Então olharam para Nasruddin e perguntaram, "E que sonho você teve?"

"Sou um pobre pecador, meu sonho não tem nada de extraordinário — tanto que não vale nem a pena eu contar. Mas como vocês insistem e nós combinamos, vamos lá. Durante o sono, Deus apareceu para mim e disse, 'Seu tolo! O que está fazendo? Coma o *halva*!' E quem pode desobedecer uma ordem de Deus? Portanto, não resta mais nada. Já comi o *halva*."

O autocontrole dá a você um ego mais sutil, mas ele está mais presente do que qualquer outra coisa. O autodomínio, no entanto, é um fenômeno totalmente diferente; nele não há um eu. O controle é cultivado, praticado; com grande esforço você consegue praticá-lo. Mas para isso é preciso uma longa batalha. O domínio, a maestria, não é algo que se cultive nem se pratique. Ele nada mais é que entendimento. Não tem nada a ver com controle.

Por exemplo, você pode controlar a raiva, pode reprimi-la, pode abafá-la. Ninguém saberá o que você está fazendo, e você receberá elogios por ser capaz de se manter absolutamente calmo e impassível em situações em que normalmente as pessoas não conteriam a raiva. Mas você sabe que toda essa calma e impassibilidade eram só uma fachada e que, lá no fundo, você estava fervendo de raiva. Lá no fundo, você borbulhava, mas reprimiu a raiva no inconsciente, forçou-a a mergulhar fundo no inconsciente e abafou-a como se abafasse um vulcão. E ainda está fazendo isso.

O homem controlado é um homem repressor. Ele vive se reprimindo e, por causa disso, continua acumulando dentro dele tudo o que está errado. Toda a sua vida se torna um depósito de lixo. Mais cedo ou mais tarde, isso é inevitável, o vulcão explode — porque a pessoa só pode se conter até um certo ponto. Você reprime a raiva, reprime o sexo, reprime todo tipo de desejo, de anseios — por quanto tempo vai continuar reprimindo? Você só consegue reprimir algo até certo ponto, chegará o dia em que não vai mais conseguir se controlar. Você explode.

Os seus chamados santos, especialistas em autocontrole, são muito vulneráveis à provocação. Basta dar uma alfinetada e você vai se surpreender; o animal acuado dentro dele imediatamente mostra as garras. Sua santidade tem a profundidade da pele; eles carregam dentro deles muitos demônios que precisam de algum modo controlar. E a vida deles é uma vida de tormento, pois eles vivem numa luta constante. São neuróticos que vivem nas raias da loucura, sempre no limite. Qualquer coisinha é a gota d' água. No meu modo de ver a vida, eles não são religiosos.

A pessoa verdadeiramente religiosa não controla nada, não reprime nada. Se é realmente religioso, você tenta entender, não controlar. Você se torna mais meditativo, observa mais a sua raiva, a sua sexualidade, a sua ganância, o seu ciúme, a sua possessividade. Você observa todas essas coisas venenosas que estão à sua volta, simplesmente observa, tenta entender o que é essa raiva, e justamente esse entendimento leva você a transcendê-la.

Você se torna uma testemunha, e nesse testemunho a raiva se dissolve como a neve começa a derreter sob o sol nascente.

O entendimento traz um tipo de calor; é um sol nascente dentro de você que derrete o gelo à sua volta. É como uma chama interior que começa a dissipar a escuridão.

O homem de entendimento, de meditação, não é um homem controlador — é justamente o oposto. Ele é um observador. E, se quer observar, você tem de se abster de julgar. O homem que controla também julga, vive condenando: "Isto está errado!" Vive avaliando: "Isto é bom, isto é ruim, isto faz você ir para o inferno, isto faz você ir para o céu". Ele está constantemente julgando, condenando, avaliando, escolhendo. O homem controlador vive escolhendo, o homem de entendimento vive sem fazer escolhas.

É a consciência que não escolhe que provoca a verdadeira transformação. E como nada é reprimido, o ego não se apresenta. Nenhum "eu" se apresenta. E como o entendimento é subjetivo, um fenômeno interior, ninguém sabe a respeito dele. Ninguém pode vê-lo a não ser você. E o ego vem de fora, das outras pessoas, do que elas dizem à seu respeito. Trata-se da opinião dos outros sobre você que cria o ego. Eles dizem que você é inteligente, dizem que você é uma santidade, dizem que é piedoso — e naturalmente você se sente o máximo! O ego é um produto de fora, ele é conferido pelos outros. Obviamente, eles dizem uma coisa na sua frente e outra, completamente diferente, pelas suas costas.

Sigmund Freud costumava dizer que, mesmo que durante vinte e quatro horas decidíssemos que toda pessoa sobre a face da Terra diria só a mais pura verdade, mesmo assim todas as amizades acabariam. Todos os casos de amor chegariam ao fim, todos os casamentos iriam à ruína. Se tomassem a decisão de que, durante vinte e quatro horas, toda a humanidade passaria a praticar apenas o que fosse verdadeiro e nada mais... Quando um hóspede batesse à sua porta, você não diria, "Entre, seja bem-vindo, estávamos esperando você! Estávamos sentindo tanto a sua falta, onde esteve? Nosso coração está palpitando de alegria!" Você diria o que estava realmente sentindo, "Esse filho da mãe apareceu outra vez?! Agora como me livro do bastardo?" Lá no fundo, é isso o que você está controlando. Você diria a qualquer um por trás da pessoa.

Observe-se, veja o que você diz cara a cara para as pessoas e o que diz às suas costas. O que você diz pelas costas é muito mais verdadeiro, muito mais próximo do que está sentindo do que o que diz pela frente. Mas o ego depende do que as pessoas lhe dizem e é muito frágil — tão frágil que nele está escrito, "Manipule com cuidado!"

Pieracki, um polonês; Odum, um negro, e Alvarez, um mexicano, estavam desempregados e moravam juntos. Pieracki chegou em casa uma noite e anunciou que tinha conseguido um emprego. "Ei, companheiros, acordem-me amanhã às seis", pediu. "Tenho de estar no trabalho às seis e meia."

Enquanto Pieracki dormia, Odum disse a Alvarez, "Ele só conseguiu emprego porque é branco. Só não conseguimos porque sou negro e você é mulato". Então, durante a noite, eles cobriram Pieracki de graxa de sapato e combinaram acordá-lo mais tarde para que tivesse de correr para não chegar atrasado ao trabalho.

Na manhã seguinte, quando Pieracki chegou ao trabalho, o patrão perguntou, "Quem é você?"

"Você me contratou ontem", ele respondeu. "Disse-me para chegar às seis e meia!"

"Eu contratei um homem branco — você é negro!"

"Não, não sou."

"É, sim, olhe-se no espelho!"

O polonês correu para o espelho, olhou seu reflexo no espelho e exclamou, "Meu Deus! Eles acordaram o homem errado!"

O seu ego depende do espelho. E todo relacionamento serve de espelho, toda pessoa serve de espelho, e esse ego continua controlando você.

E por que ele passou a controlá-lo? Porque a sociedade gosta do controle, porque a sociedade lhe confere um ego até maior se você controlar. Se seguir as idéias da sociedade, a sua moralidade, o seu puritanismo, as suas idéias de virtude, ela o apreciará cada vez mais. As pessoas passam a respeitá-lo cada dia mais; o seu ego fica cada vez mais inflado, vai mais às alturas.

Mas, lembre-se, o ego nunca provoca nenhuma transformação em você. Ele é o fenômeno mais inconsciente que já lhe aconteceu; ele deixa você a cada dia mais inconsciente. E a pessoa que vive por meio do ego vive quase inebriada por ele; ela não tem discernimento.

> *Fernando estava se casando. Havia uma grande festa e todos bebiam vinho como se fosse água. Tudo corria bem quando Fernando sentiu falta da sua linda noiva. Depois de procurar entre os convidados, descobriu que seu padrinho, Luís, também tinha sumido.*
>
> *Fernando começou a fazer uma busca pela casa. Olhou na câmera nupcial e pegou Luís fazendo sexo com a sua noiva. Então fechou a porta bem devagar e desceu a escada tropeçando nas pernas.*
>
> *"Debressa! Debreessa! Benham ber!", gritou para os convidados. "Luís eeestá dão bêêêbado que beeensa gue sou eu!"*

O ego mantém você num estado de quase embriaguês. Você não sabe quem é porque acredita no que os outros dizem a seu respeito. E não sabe quem os outros são porque acredita no que terceiros dizem sobre eles. Esse é o mundo ilusório, fingido, em que vivemos.

Acorde, fique mais consciente. Tornando-se mais consciente você se tornará um mestre do seu próprio ser. O domínio não conhece nada a respeito do eu e o eu não sabe nada a respeito dele. Que isso fique bem claro.

Eu não ensino o autocontrole, a autodisciplina. Eu ensino a autoconsciência, a autotransformação. Eu gostaria que você fosse tão vasto quanto o céu — porque isso é o que você na verdade é.

PENSAMENTO, SENTIMENTO, AÇÃO

ENTENDA O SEU "TIPO"

Os pensamentos são uma preocupação. As pessoas que vivem envoltas em pensamentos vivem num mundo à parte. Elas vivem num mundo particular de pensamentos, sonhos, projeções e desejos. Correm daqui e dali, mas não olham as árvores, os gramados, as flores, os pássaros, as pessoas, as crianças; não vêem nada.

Um dia desses eu ouvi uma velha piada, mas carregada de significado: Michelangelo estava pintando o seu famoso teto da Capela Sistina. Durante sete anos ele trabalhou no alto de um andaime, deitado de costas, pintando o teto. Não raro notava que, à tardinha, quando não havia mais ninguém na igreja, uma senhora cega chegava para rezar. Alguém a trazia e a deixava ali sozinha na igreja, onde ficava horas sentada, rezando.

Um dia, numa tarde abafada, Michelangelo não estava com muita disposição para trabalhar, então se sentou no andaime e ficou olhando para baixo. A igreja toda estava vazia, com exceção da senhora cega, que rezava. Enquanto ela fazia as suas preces de sempre, com lágrimas escorrendo dos olhos, Michelangelo ficou com vontade de brincar um pouco.

Ele gritou, "Sou Jesus. O que você quer? Diga-me e eu a atenderei". Ele esperava que a mulher dissesse o que queria, mas ela olhou para o alto, com seus olhos sem brilho, e disse, "Cale a boca! Não estou falando com você, estou falando com a sua mãe!"

Essa é a preocupação. Quem se importa com Jesus Cristo? Quando você se entrega a um pensamento ou a um processo mental, você se fecha. Só resta um túnel por onde você passa. Você avança por esse túnel de pensamentos que nada tem a ver com a realidade. É o seu *pensamento*, só uma vibração na sua mente. É por isso que dizem que, se estiver absorto em pensamentos, você não consegue ver a verdade.

Todos os tipos de meditação pressupõem uma coisa: que a sua mente esteja vazia de pensamentos. E assim como a sua mente está povoada de pensamentos, o seu coração está povoado de emoções. Se quiser que o saber brote em você, precisa mandar os pensamentos embora e, se quer que o amor desperte no seu coração, então tem de se livrar do sentimentalismo e das suas emoções.

As pessoas estão dispostas a aceitar que os pensamentos têm de ir para dar lugar a uma inteligência pura — mas não levam em conta que o coração só se purifica quando as emoções e os chamados sentimentos são descartados. Muitas pessoas acham que o sentimentalismo é um sentimento, mas não é. Os pensamentos não são inteligência e o sentimentalismo não é amor. E só existem dois caminhos.

Todos os místicos mencionam dois caminhos: o caminho do saber, da inteligência, e o caminho dos sentimentos, do amor. Mas ambos precisam da mesma coisa fundamental. Se a sua busca se dá por intermédio da inteligência, então livre-se do raciocínio de modo que a inteligência possa funcionar sem entraves. E se está seguindo o caminho do amor, então livre-se da emocionalidade, da sentimentalidade, de modo que o amor possa fluir livremente. Ou você verá a verdade por meio do coração, do espelho do coração, ou a verá por meio do espelho da inteligência. Ambos são perfeitamente válidos — qualquer coisa que escolher ou qualquer coisa que sentir estará mais de acordo com você.

O caminho do coração é o caminho feminino e o caminho da inteligência, da meditação, do saber é o caminho masculino. Mas lembre-se de uma coisa: você pode ser biologicamente masculino, mas não ser do ponto de vista psicológico. Você pode ser biologicamente feminino, mas não ser do ponto de vista psicológico. Você tem de mergulhar no seu ser para se conhecer psicologicamente. A fisiologia não interessa, é a psicologia que importa. Muitas mulheres descobrirão a verdade por meio do saber e muitos homens, por meio do amor.

Então, não parta do pressuposto de que, porque fisiologicamente você tem um corpo masculino, o caminho do conhecimento é o mais indicado no seu caso. Nada disso. O homem é tanto homem quanto mulher e a mulher também é ambos, homem e mulher. Esses dois pontos se encontram de muitas maneiras. A única diferença é a ênfase. E, se você é masculino num certo sentido, será feminino em outro, para compensar. Se é uma mulher num certo sentido, será um homem para compensar, porque a unidade total tem de ser absolutamente equilibrada. Todos os seus aspectos femininos e masculinos — biológicos, fisiológicos, psicológicos — têm de chegar numa síntese; do contrário, você não pode existir. Eles têm de estar em total equilíbrio.

Portanto, volte-se para o seu próprio ser. Descubra quem você é. O que lhe dá entusiasmo? Saber ou amar? O que o deixa extasiante, saber ou amar? O que desperta uma canção no seu ser?

Ora, Albert Einstein não pode seguir o caminho do amor, a maior alegria desse homem é a inteligência. E você só pode oferecer à existência a sua alegria, nada mais. Essa é a oferenda, a única oferenda; você não pode oferecer flores das árvores, só pode oferecer o *seu* florescimento. Einstein floresceu numa inteligência absolutamente bela — essa é a flor que ele tem de oferecer à existência. Essa é a flor *dele*; em sua própria árvore essa flor desabrochou. Chaitanya ou Jesus são um tipo diferente de pessoa. O coração deles já se abriu, eles já floresceram em amor. Eles podem oferecer essa flor. Você só pode oferecer a flor que nasceu em seu próprio seio, e para florescer você precisa remover os obstáculos.

A inteligência de verdade é livre de preocupações com pensamentos. É por isso que todos os grandes cientistas afirmam que suas descobertas aconteceram não quando estavam pensando, mas quando pararam de pensar e surgiu um intervalo, uma lacuna nos pensamentos. Nessa lacuna aconteceu a descoberta repentina: um lampejo intuitivo, semelhante a um raio.

Quando o pensamento pára, o seu raciocínio é puro. Isso parece paradoxal. Quando o pensamento pára — deixe-me repetir — o seu raciocínio é puro, a sua capacidade de refletir a realidade é pura. Quando as emoções, o sentimentalismo deixam de existir, a sua energia de amor é pura.

Todo buscador tem de descobrir qual é o seu tipo. Mesmo que às vezes isso pareça muito confuso. Existem casos extremos em que a pessoa é 49% feminina e 51% masculina, ou vice-versa, e é muito difícil para ela chegar a uma conclusão. Pela manhã, a proporção pode ser de 49% masculina e 51% feminina; à noite, essa proporção pode mudar. Você é um fluxo. Pela manhã, você pode concluir que está trilhando o caminho do amor e, à noite, decidir que está no caminho do saber.

Às vezes acontece de, na superfície, você ser uma coisa e potencialmente ser outra. Também pode acontecer de um homem ter uma aparência extremamente masculina, mas um coração terno e feminino. Pode ser que justamente por ter um coração terno ele tenha criado em torno de si uma carapaça de força, de agressão — por temer a sua ternura. Ele tem medo de que ela o torne vulnerável, de que se abrir o coração ele seja explorado e enganado pelas pessoas, e não tenha lugar neste mundo competitivo. Com medo da sua ternura e suavidade, ele se fecha, erige uma grande muralha em torno do coração. Torna-se agressivo na mesma medida em que percebe a sua suavidade e vulnerabilidade. Por isso, se pensar em si próprio em termos superficiais, ele achará que é um homem duro, um tipo guerreiro, um homem muito calculista. Ele pode se deixar enganar pela armadura que criou em torno de si, pela sua própria ilusão. Ele criou essa armadura ilusória para os outros, mas acaba acreditando nela.

Ou pode haver alguém que pareça extremamente feminino — suave, gracioso, elegante — e, no fundo, seja um homem muito perigoso, alguém como Adolf Hitler ou Benito Mussolini ou Gêngis Khan. Isso também é possível, também acontece. Quando uma pessoa passa a temer a tal ponto a própria agressão e violência ela cria em torno de si uma aura de suavidade, do contrário ninguém conviveria com ela. Por medo de que ninguém queira se relacionar com ela, ela se torna muito educada, aprende regras de etiqueta, vive cumprimentando as pessoas, sempre sorrindo, de modo que ninguém possa ver a violência que carrega dentro de si como um veneno, como uma adaga. Se você tem uma adaga, precisa escondê-la, de outro modo quem iria se relacionar com você? Você não pode sair por aí com ela na mão, tem de escondê-la em algum lugar. E, depois que a esconde, pouco a pouco você começa a esquecê-la.

Uma das funções de um mestre é ajudar você a olhar para a sua verdadeira potencialidade, por isso é decisivo: não a sua armadura, não o seu caráter, não quem você aparenta ser na superfície, mas quem você é lá no fundo do seu ser. Você, como a existência o criou, não como a sociedade ou você mesmo o criou. Só a partir daí começa a haver crescimento.

Se você começa a trabalhar em si mesmo ainda carregando essa armadura, nunca crescerá, porque a armadura não pode crescer, ela é uma coisa inanimada. Só o seu ser pode crescer. As estruturas não crescem, elas não são vivas. Só a vida em você pode crescer — a vida que é uma dádiva da natureza.

E a meditação pode estar presente nos dois caminhos. Num deles todo movimento desaparece — você se senta como Buda, totalmente em silêncio, como uma estátua. Quando todo movimento desaparece, o "movedor" desaparece, pois ele não pode existir sem o movimento. Então entra em cena a meditação.

O outro caminho é a dança. Você continua a dançar, dançar e dançar até que chega um momento de tamanho êxtase, em que a energia se movimenta tão rápido, que nesse movimento o ego petrificado não pode existir. Ele se torna um turbilhão. A rocha desaparece e só resta a dança. O movimento acontece, mas o movedor não está mais ali. Novamente, a meditação aconteceu.

Aqueles que estão seguindo o caminho do amor combinam muito bem com a dança. Aqueles que estão seguindo o caminho do saber se beneficiarão muito mais se ficarem imóveis, sentados na postura de Buda.

 Você pode falar mais sobre os diferentes tipos de pessoa? Muitas delas parecem oscilar entre o tipo emocional e o intelectual — então como podem chegar a uma conclusão sobre o tipo a que pertencem?

É difícil. A psicologia reconhece três tipos básicos. O primeiro é intelectual, ou cognitivo. O segundo é emocional, ou emotivo, e o terceiro é ativo. "Intelectual" significa aquele cujo verdadeiro anseio é saber. Ele pode dedicar a sua vida a isso. Se essa pessoa estiver estudando um veneno pode chegar a tomá-lo só para ver o que acontece. Para nós isso é inconcebível. Parece um absurdo — porque ela morrerá! Qual o sentido de descobrir algo sabendo que isso vai matá-lo? O que você fará com esse conhecimento? Mas para o tipo intelectual saber é mais importante do que viver, está acima da vida. O saber é a vida dele, não saber é a morte. Ele é amante do saber e, se não souber, se sentirá inútil.

Alguém como Sócrates, Buda, Nietzsche está em busca de conhecer o próprio ser, de saber quem somos nós; para eles isso é imprescindível. Sócrates diz que uma vida incompreendida não vale a pena ser vivida. Se você não sabe o que é a vida, ela passa a não ter sentido. Para nós, ela pode não ser de todo compreensível, essa afirmação pode não fazer sentido para nós, porque nós continuamos vivendo sem precisar saber o que é a vida. Mas esse é o tipo que vive para saber. O conhecimento é o seu amor. Esse tipo inventou a filosofia. *Filosofia* significa amor pelo conhecimento, pelo saber.

O segundo tipo é o emotivo, é o sentir. Para ele, o conhecimento só significa alguma coisa se ele puder senti-lo. Algo só ganha sentido quando ele o sente — ele tem de sentir! O sentimento vem de um centro mais profundo, o coração. O saber vem do intelecto. Os poetas pertencem a essa categoria do sentir — os pintores, os dançarinos, os músicos. Saber não é suficiente. É algo árido demais, desprovido de sentimento, de coração. O sentir é que é importante! Por isso o tipo intelectual pode dissecar uma flor para estudá-la, mas o poeta não pode fazer o mesmo. Ele pode amá-la, e como o amor poderia dissecar uma flor? Ele pode senti-la, e sabe que só por meio do sentir ele chega ao saber verdadeiro.

Por isso, talvez o cientista saiba mais sobre a flor, mas mesmo assim o poeta nunca se convence disso. O poeta sabe que *ele* sabe mais, e que seu saber é mais profundo. O cientista pode ter uma certa familiaridade com a flor, mas o poeta conhece-a por dentro, ele fala com o âmago mais profundo da flor. Não precisa dissecá-la, não precisa conhecer a sua química. Ele não precisa nem saber o seu nome, a que espécie ela pertence, mas ele diz, "Eu conheço o próprio espírito da flor".

Hui-Hui, um pintor zen, recebeu do imperador chinês a incumbência de pintar algumas flores para o palácio. Hui-Hui disse, "Então eu terei de viver em meio às flores".

"Não há necessidade", retrucou o imperador, "No meu jardim, você encontrará todos os tipos de flor. Vá até lá e pinte".

"Se eu não sentir as flores", respondeu o pintor, "como poderei pintá-las? Tenho de lhes conhecer o espírito. E com os olhos como se pode conhecer o espírito? E com as mãos como se pode tocá-lo? Terei, portanto, de viver na intimidade com elas. Às vezes com os olhos fechados, sentado ao lado delas, só sentindo a brisa que sopra, o aroma que se espalha no ar, eu poderei ficar em silenciosa comunhão com elas. Às vezes a flor não passa de um botão, às vezes ela desabrocha. Às vezes é jovem e tem um temperamento diferente, às vezes murcha e a morte se aproxima. E às vezes a flor está feliz e vibrante, enquanto outras vezes está triste. Então como simplesmente ir ao jardim e pintar? Terei de viver com as flores. E cada flor que nasce um dia morrerá — tenho de conhecer toda a sua biografia, tenho de conviver com ela do nascimento até a morte, e tenho de senti-la em todos os seus estados de espírito.

"Tenho de saber o que ela sente à noite, quando reina a escuridão, e como se sente pela manhã, quando o sol nasce, e um passarinho voa e outro se põe a cantar. O que ela sente quando sopram os ventos de tempestade e quando tudo está em silêncio... tenho de conhecê-la em toda a multiplicidade do seu ser — intimamente — como um amigo, um participante, uma testemunha, um amante. Tenho de me relacionar com ela! Só então posso pintá-la, e mesmo assim não prometo nada, pois a flor pode demonstrar tal vastidão que me seja impossível retratá-la. Por isso não prometo nada, apenas que vou tentar."

Seis meses depois, o imperador começou a ficar impaciente. "Onde está esse Hui-Hui? Ele ainda está tentando comungar com as flores?"

"Não podemos incomodá-lo", disse o jardineiro. "Ele vive em tal comunhão com o jardim que às vezes passamos e nem percebemos que há um

PENSAMENTO, SENTIMENTO, AÇÃO

homem ali — ele se tornou quase como uma árvore! Passa o dia em contemplação."

Mais seis meses se passaram. O imperador procurou Hui-Hui e disse, "O que está fazendo? Quando irá pintar?"

"Não me perturbe", respondeu Hui-Hui. "Se vou pintar, tenho de esquecer a pintura completamente. Portanto, não me faça lembrar e não me apresse! Como posso viver em intimidade com as flores se eu tiver um propósito? Como é possível ter intimidade se estiver aqui apenas como um pintor e só procurando essa intimidade para pintá-las? Que disparate! Assim não há acordo — e por favor não volte aqui. Quando chegar a hora eu o procurarei, mas nada prometo. Essa hora pode chegar ou não."

Durante três anos o imperador esperou. Então Hui-Hui o procurou. Acompanhado de sua corte, o imperador fitou o pintor. "Não pinte mais... porque você já se transformou numa flor. Vejo em você todas as flores que já vi na vida! Nos seus olhos, nos seus gestos, nos seus movimentos, você se tornou simplesmente uma flor."

Hui-Hui disse, "Só vim para dizer que não posso pintar, porque o homem que pensava em pintar não existe mais".

Esse é um caminho diferente, o caminho do tipo emotivo, cujo saber vem por meio do sentir. Para o tipo intelectual, até para sentir ele precisa primeiro conhecer. Ele conhece primeiro e depois ele sente. Seu sentir também acontece por meio do saber.

E existe ainda um terceiro tipo, ativo — o tipo criativo. Para ele não basta conhecer ou sentir, ele tem de criar. Seu conhecimento vem por meio da criação. A menos que crie algo, ele não é capaz de saber. Só por meio da criação ele se torna um conhecedor.

Esse terceiro tipo vive em ação. Mas o que eu quero dizer por "ação"? Muitas dimensões são possíveis, mas esse terceiro tipo está sempre voltado para a ação. Ele não questiona o sentido da vida nem o que ela é. Ele pergunta, "O que há para se fazer na vida? Para que ela serve? Para criar o quê?" Se pode criar, ele se sente à vontade. Suas criações podem variar. Ele pode ser um criador de seres humanos, pode ser criador de uma sociedade, poder ser criador de uma pintura — mas a criatividade faz parte dele. Por exemplo, esse Hui-Hui não era um tipo ativo, por isso seu ser se dissolvia inteiro no sentir. Se ele fosse ativo, teria pintado as flores. Só por meio da pintura ele se sentiria preenchido. Portanto, esses são os três tipos de funcionamento.

Muitas coisas têm de ser entendidas.

Primeiro, eu disse que Buda e Nietzsche pertencem ambos ao primeiro tipo — mas Buda da maneira certa e Nietzsche da maneira errada. Se um tipo intelectual se desenvolver de fato, ele acaba se tornando um buda. Mas se ele toma a direção errada, se ele se deixar tomar pela raiva e acabar se desviando, passará a ser um Nietzsche, vai enlouquecer. Por meio do saber ele não se tornará uma alma realizada, por meio do saber ele perderá o juízo. Por meio do saber ele não cultivará uma confiança mais profunda. Cultivará dúvida, dúvidas e mais dúvidas, até cair na armadilha produzida pelas próprias dúvidas e acabar simplesmente insano. Buda e Nietzsche pertencem ambos ao mesmo tipo, mas representam dois extremos. Nietzsche pode se tornar um buda e Buda pode se tornar alguém como Nietzsche. Se um buda se desviar do caminho, ele ficará louco. Se um Nietzsche seguir o rumo certo, ele será uma alma realizada.

Como exemplo de tipo sentimental vou citar o místico indiano Meera e o Marquês de Sade. Meera pertence à categoria certa do tipo sentimental. Se o sentimento se desenvolver corretamente, ele se torna amor pelo divino —, mas se for deturpado, torna-se perversidade sexual. O Marquês de Sade é do mesmo tipo que Meera, mas as suas energias sentimentais sofreram um desvio e então ele passou a ser apenas um homem pervertido, insano.

Se o tipo sentimental se corromper, ele se torna sexualmente pervertido. Se o tipo intelectual se corromper, ele se torna um cético enlouquecido.

E o terceiro tipo, da ação: Hitler e Gandhi pertencem a ele. Se ele não se deformar, teremos Gandhi. Do contrário, teremos Hitler. Ambos pertencem à ação. Não podem viver sem *fazer* alguma coisa. Mas esse fazer pode ser uma simples insanidade, e Hitler é insano. Ele fez alguma coisa, mas o seu fazer tornou-se destrutivo. Se o tipo ativo não se perverter, ele é criativo. De outro modo, torna-se destrutivo.

Esses são os três tipos básicos e puros. Mas ninguém é um tipo puro; esse é o problema. Eles são apenas categorias — ninguém é um tipo puro, todo mundo é uma mescla dos três, todos nós temos um pouco de cada tipo. Portanto, na verdade, a questão não é saber a que tipo você pertence, mas que tipo é predominante em você. A título de explicação, é possível fazer essa divisão, mas ninguém é um tipo puro, nem pode ser, porque todos esses três tipos existem em você. Se os três estão em equilíbrio, você vive em harmonia; se estão em desequilíbrio, você enlouquece, perde a razão. É por isso que é difícil chegar a uma conclusão. Veja o que predomina em você, esse será o seu tipo.

Como saber o que predomina? Como saber a que tipo eu pertenço ou o que é mais importante, mais básico para mim? Todos os três tipos estão presentes, mas um deles terá uma importância secundária. Por isso existem dois critérios a se lembrar. Um, se você for um tipo intelectual, basicamente todas as suas experiências terão início com o saber, nunca de outro modo. Por exemplo, se um tipo intelectual se apaixonar por você, não será à primeira vista. Para ele isso é impossível! Primeiro ele tem de conhecer a pessoa, familiarizar-se, e esse será um longo processo. É por isso que esse tipo de pessoa sempre perde muitas oportunidades, pois não consegue tomar decisões imediatas. É por isso também que esse tipo não costuma ser ativo. Nem pode ser, quando ele chega a uma conclusão já passou a hora de agir. Enquanto está pensando, o tempo está passando. Quando ele chegar a uma conclusão, ela já não tem importância nenhuma. Quando era preciso chegar a uma conclusão, ele protelou. Por isso não pode ser ativo, realmente. E essa é uma das calamidades deste mundo: aqueles que sabem pensar não sabem agir e aqueles que sabem agir não sabem pensar. Essa é uma das calamidades básicas, mas acontece.

E nunca se esqueça: o tipo intelectual é muito raro. A porcentagem é muito pequena, 2 ou 3% no máximo. Para eles, tudo se inicia com o saber. Só depois vem o sentimento e em seguida a ação. Essa é a seqüência no caso desse tipo — saber, sentir, agir. Ele pode não chegar a agir, mas nunca fará as coisas de outro jeito. Sempre pensará primeiro.

O segundo ponto a se lembrar é que esse tipo intelectual se iniciará com o saber, nunca chegará a conclusão nenhuma sem saber, e nunca tomará uma posição sem antes pesar os prós e contras. Esse tipo de pessoa se torna um cientista. Também pode se tornar um filósofo, um cientista, um observador absolutamente imparcial.

Portanto, sempre que reagir ou agir numa situação, procure descobrir qual o seu ponto de partida. O ponto de partida determinará o que predomina em você. A pessoa que pertence ao tipo sentimental, começará a sentir primeiro e só depois usará a razão. O raciocínio tem papel secundário. Ele começará a sentir primeiro. Ele vê você e decide em seu coração se você é bom ou não. Ele chega a essa conclusão com base no sentimento. Ele não sabe nada sobre você, mas já chega a uma conclusão assim que o conhece. Ele sentirá se você é bom ou ruim, e então passará a acumular razões para justificar o que quer que tenha decidido de antemão.

O tipo sentimental decide primeiro — depois raciocina e em seguida racionaliza. Portanto, olhe dentro de si para descobrir se você decide primeiro, só de olhar para a pessoa; se você se convence de que ela é boa, ruim, amorosa, não-amorosa e depois encontra razões que justifiquem os seus sentimentos: "É, eu estava certo, ele é uma boa pessoa e há razões para eu pensar assim. Eu sempre soube disso, mas agora descobri que estava certo. Conversei sobre ele com outras pessoas. Agora posso dizer que ele é um bom sujeito". Mas você já tinha chegado a essa conclusão antes.

No caso do tipo sentimental, então, o silogismo da lógica está só funcionando de modo contrário. A conclusão vem primeiro, depois o processo. Com o tipo intelectual, a conclusão nunca vem primeiro. Primeiro o processo e depois, no final, ele chega a uma conclusão.

Então continue procurando se conhecer melhor. De que modo você costuma decidir as coisas? No caso do tipo ativo, a ação vem em primeiro lugar. Ele decide no momento de agir, depois começa a sentir e, por fim, encontra razões que justifiquem sua ação.

Eu lhe disse que Gandhi é um tipo ativo. Ele decide primeiro; é por isso que ele dirá: "A decisão não é minha, Deus é que decidiu em mim". A ação lhe ocorre tão imediatamente, sem derivar de nenhum processo, que não há como ele dizer "eu decidi". O tipo racional sempre dirá, "Eu decidi". O sentimental sempre dirá, "Isso é o que eu sinto". Mas o tipo ativo

— alguém como Maomé, Gandhi —, sempre dirá, "Nem senti nem pensei. Essa decisão me ocorreu simplesmente". De onde ela veio? De lugar nenhum! Se ele não acredita em Deus, então dirá, "De lugar nenhum! Essa decisão brotou em mim. Não sei de onde veio".

Se ele acredita em Deus, então Ele passa a ser quem toma as decisões. Então Deus é quem dá início a tudo e Gandhi continua a fazer a parte que lhe cabe. Ele pode dizer, "Eu errei, mas a decisão não foi minha". Pode dizer, "Eu posso não ter entendido direito, posso não ter compreendido a mensagem da maneira correta, posso não ter feito o que me cabia fazer, mas a decisão foi de Deus. Eu só precisava ter ficado na retaguarda, tinha apenas de me render a ele e segui-Lo". Para Maomé, para Gandhi, essa é a maneira de agir.

Eu disse que Hitler é um tipo que se desviou, mas ele também fala nesses termos. Ele também diz, "Não é Adolf Hitler quem está falando, é o próprio espírito da história. É toda a mente ariana! É a mente racial falando por meu intermédio!" E, na verdade, muitos dos que ouviam Hitler sentiam que, quando ele falava, de fato não era ele mesmo. Era como se ele fosse apenas um veículo de uma força maior.

O homem ativo sempre dá essa impressão. Porque ele age de maneira tão imediata que você não pode afirmar que ele decida, pense, sinta. Não, ele age! E a ação é tão espontânea que você não consegue nem imaginar de onde vem essa ação. Ou ela vem de Deus ou vem do Diabo, mas vem de outro lugar. E então Hitler e Gandhi raciocinarão a respeito, mas terão decidido antes.

São esses, portanto, os três tipos. Se a ação lhe ocorre primeiro e só depois você sente ou pensa, então pode identificar qual é a sua característica predominante. E determinar esse fato predominante ajuda muito, pois a partir daí você pode ir direto ao ponto; do contrário, sempre avançará em ziguezague. Quando não sabe de que tipo é, você se volta desnecessariamente para dimensões e direções que não lhe são apropriadas. Quando sabe qual é o seu tipo, você sabe como proceder consigo mesmo, como agir, por onde começar.

A primeira coisa é reparar no que vem em primeiro lugar e no que vem em segundo. O que vem em segundo pode parecer muito estranho. Por exemplo, o tipo ativo pode fazer o oposto com muita facilidade; isto é, ele tem facilidade para relaxar. A capacidade de Gandhi para relaxar era fabulosa, ele conseguia relaxar em qualquer lugar. Então parece muito paradoxal. Pode-se pensar que o tipo ativo vive tão tenso que nunca consegue relaxar, mas é justamente o contrário. Só um tipo ativo pode relaxar com tanta facilidade. O tipo racional não consegue fazer o mesmo, o tipo sentimental acha mais difícil ainda, mas o tipo ativo não tem dificuldade nenhuma em relaxar.

Por isso o segundo critério é: seja qual for o tipo ao qual pertença, você pode passar para o seu oposto muito facilmente. Em outras palavras, se você pode fazer o contrário, essa é indicação de qual é o seu tipo predominante. Se você consegue passar a não pensar, a não raciocinar com muita facilidade, então você pertence ao tipo que pensa. Se consegue não sentir muito facilmente, então é do tipo sentimental.

Isso pode parecer estranho, porque costumamos pensar, "Se a pessoa é do tipo sentimental, como pode não sentir? Se é do tipo racional, como pode não pensar? Se é um tipo ativo, como pode não agir?" Mas isso só parece um paradoxo; na verdade não é. Trata-se de uma das leis básicas: os opostos se complementam, os extremos se complementam. Assim como o pêndulo do relógio vai do extremo esquerdo ao extremo direito. E, quando atinge o ponto mais alto da extremidade direita, ele começa a se mover para a esquerda. Quando está indo para a direita, está ganhando impulso para voltar para a esquerda. Quando está indo para a esquerda, está se preparando para voltar para a direita. Portanto, é fácil atingir o oposto.

Lembre-se, se não tem dificuldade para relaxar, isso é sinal de que pertence ao tipo ativo. Se consegue meditar com facilidade, você pertence ao tipo racional. É por isso que Buda podia entrar em meditação com tanta facilidade e que Gandhi conseguia relaxar sem dificuldade nenhuma. Sempre que encontrava tempo, ele tirava um cochilo. Para ele era muito fácil dormir.

Alguém como Buda, como Sócrates, consegue parar de pensar, com muita facilidade. Normalmente, parece esquisito. Uma pessoa que pensa tanto, como pode simplesmente dissipar os pensamentos? Como pode sim-

PENSAMENTO, SENTIMENTO, AÇÃO 213

plesmente não pensar? Toda mensagem de Buda consiste no não-pensar, e ele era um tipo pensador. Ele pensava tanto que, na verdade, ainda é contemporâneo. Vinte e cinco séculos se passaram, mas Buda ainda faz parte da mente contemporânea. Ninguém é tão contemporâneo quanto ele. Nem um pensador da atualidade pode dizer que Buda está ultrapassado. Ele pensava muito, estava há séculos de seu tempo, e ainda tem apelo popular. Portanto, onde quer que haja um pensador, ele se interessará por Buda, pois ele é o tipo mais puro que existe. Mas a sua mensagem é "Mergulhe no não-pensar". Aqueles que pensaram de maneira profunda sempre aconselharam o não-pensar.

E o tipo sentimental pode mergulhar no não-sentir. Por exemplo, Meera é um tipo sentimental; Chaitanya é um tipo sentimental. Seus sentimentos são tão grandiosos que eles não conseguem limitar o seu amor a poucas pessoas ou a poucas coisas. Eles têm de amar o mundo inteiro. Esse é o tipo deles. Eles não conseguem se satisfazer com o amor limitado. O amor tem de ser ilimitado; tem de se espalhar pelo infinito.

Um dia Chaitanya procurou um mestre. Ele tinha chegado à iluminação por conta própria e seu nome era conhecido em toda Bengala. Ele procurou um professor de Vedanta e ajoelhou-se aos seus pés. O mestre deu um passo para trás, pois respeitava Chaitanya. E disse, "Por que veio até mim? O que deseja? Você já é um ser realizado, não posso ensinar nada a você". Chaitanya respondeu, "Agora eu quero passar para o *vairagya*, o não-apego. Já vivi a vida do sentimento e agora quero passar para o não-sentir. Portanto, ajude-me".

O tipo sentimental pode mudar para o não-apego, e Chaitanya fez isso. Ramakrishna era um tipo sentimental, e no final ele se voltou para o Vedanta. Toda a sua vida ele devotou à Deusa Mãe Kali e no final tornou-se discípulo de um mestre de Vendanta, Totapuri, e foi iniciado no mundo do não-sentir. Muitas pessoas disseram ao mestre, "Como pode iniciar esse homem, Ramakrishna? Ele é um tipo sentimental! Para ele só existe o amor. Ele pode orar, pode reverenciar, pode dançar, pode entrar em êxtase. Mas não pode compreender o não-apego, não pode conhecer o reino que está além dos sentimentos".

Totapuri disse, "É por isso mesmo que ele *pode*, e eu o iniciarei. Vocês não podem, mas ele pode".

Portanto, o segundo critério é descobrir se você pode passar para a atitude oposta. Observe como é o início e depois se o movimento passa a ser oposto. São essas as duas coisas. E busque constantemente dentro de si mesmo. Durante 21 dias, observe continuamente essas duas coisas. Primeiro, como você reage a uma situação — qual é o início, a semente, o começo — e depois qual é o oposto para o qual você não tem dificuldade em passar. Para o não-pensar? Para o não-sentir? Para o não-agir? E nesses 21 dias você conseguirá entender o seu tipo — o que predomina, é claro.

Os outros dois existirão como sombras, porque não existem tipos puros. Não podem existir. Todos os três estão dentro de você; só que um é mais significativo do que os outros. E depois que descobre de que tipo você é, o seu caminho se torna muito mais fácil e suave. Você pára de desperdiçar energia. Não dissipa mais a sua energia desnecessariamente com caminhos que não lhe pertencem.

De outro modo, você continua fazendo muitas coisas e só criando confusão, gerando desintegração. Até mesmo cometer uma falha que esteja de acordo com a sua natureza é bom, pois até mesmo ela vai enriquecê-lo. Você ficará mais maduro por meio dela, saberá muito mais por meio dela, se tornará muito mais em torno dela. Portanto, até o fracasso é bom se estiver de acordo com o seu tipo.

Descubra a que tipo você pertence ou que tipo é mais predominante. Então, de acordo com esse tipo, comece a trabalhar. E esse trabalho será fácil.

? *Você poderia explicar que tipos de técnicas de meditação ou abordagens são mais apropriados para cada tipo de pessoa? Eu acho que sou mais "coração" ou sentimento, mas não tenho certeza.*

O coração tem um tipo diferente de comunicação. Trata-se de uma comunicação energética que, segundo dizem, muitos santos do mundo praticavam. São Francisco de Assis é o mais famoso deles. Agora isso se tornou um fato científico; agora muitos pesquisadores do mundo inteiro dizem que as plantas têm muita sensibilidade, muito mais do que os seres humanos, porque a sensibilidade humana é dificultada pela mente, o intelecto. O homem esqueceu totalmente o sentir; mesmo quando diz "Eu sinto" na verdade ele *acha* que sente.

As pessoas me procuram e dizem, "Estamos apaixonados". E se eu insisto, "Estão mesmo?", elas dão de ombros e dizem, "Bem, *achamos* que sim". O sentimento não é direto, ele vem por meio da cabeça. E, quando o sentimento vem por meio da cabeça, ele é confuso. Ele não irrompe do coração.

Mas os cientistas descobriram que não só os pássaros, mas também as plantas e não só as plantas, mas até os metais têm sensibilidade. As plantas sentem — e sentem com intensidade. Transmitem mensagens que você pode não captar, mas agora os cientistas criaram instrumentos que podem detectar as mensagens que elas transmitem. Se estão com medo elas começam a tremer. Você pode não ser capaz de ver esse tremor; ele é muito sutil. Mesmo quando o ar está parado, sem vento, os detectores mostram que a planta está tremendo muito. Quando estão felizes, ficam extasiantes; os instrumentos detectam essa felicidade. Quando sentem dor, medo, raiva, ódio — todo tipo de sentimento agora pode ser detectado.

Algo muito profundo aconteceu ao homem: um ferimento, um acidente. Ele perdeu o contato com seus sentimentos.

Se você conversar por tempo suficiente com as árvores, com os pássaros, com os animais — e se não se sentir meio bobo, porque a mente vai interferir e dizer que isso é uma tolice —, se você não ouvir a mente, mas ignorá-la e se conectar diretamente, uma tremenda energia de sentimento será liberada para você. Você se tornará totalmente num outro ser. Você nunca soube que isso era possível dessa maneira. Você se tornará sensível — sensível à dor e ao prazer.

É por isso que a humanidade estancou a função do sentimento: porque, quando se torna sensível ao prazer, você também se torna sensível à dor. Quanto mais feliz se sente mais infeliz se sente também.

Esse medo, de poder se sentir muito infeliz, fez com que você se fechasse, fez a mente humana criar barreiras para não poder sentir. Se você não pode sentir, então as portas estão todas fechadas. Você não pode se sentir infeliz, mas também não pode se sentir feliz.

Mas tente; é um tipo de devoção, porque é de coração para coração. Primeiro tente com seres humanos — só com o seu filho. Sente-se em silêncio com ele e dê vazão ao sentimento. Não deixe a mente interferir. Sente-se com a sua mulher ou com um amigo ou com seu marido, dêem-se as mãos num cômodo escuro, sem fazer nada, só tentando sentir um ao outro. No começo será difícil, mas pouco a pouco você verá um novo mecanismo funcionando dentro de você e você começará a *sentir*.

Algumas pessoas podem reavivar muito facilmente toda a força do seu coração. Ele não estava morto. Para outras, pode ser difícil. Algumas estão mais voltadas para o corpo, outras mais para o coração e outras mais para a cabeça. Aqueles que estão mais voltados para o coração podem reavivar esse tipo de sentimento com mais facilidade.

Para aquelas que estão mais voltadas para a cabeça, será mais difícil ter algum sentimento. Para elas, a oração não existe. Gautama Buda e Mahavira, o místico jaina que viveu por volta da mesma época, foram pessoas mais voltadas para a cabeça. É por isso que a oração não fazia parte de seus ensinamentos. Eles eram pessoas inteligentes, bem treinadas do ponto de vista intelectual, lógico. Desenvolveram a meditação, mas não falavam sobre a oração. Não existe nada do gênero no Jainismo; a oração não existe. Existe no Islamismo — Maomé é uma pessoa voltada para o coração, ele tinha uma qualidade diferente. A oração existe no Cristianismo — Jesus também era mais voltado para o coração. Ela existe no Hinduísmo, mas não no Budismo ou no Jainismo. Não existe nada nem parecido com a oração nessas abordagens.

E algumas pessoas estão mais voltadas para o corpo. Elas são potencialmente hedonistas. Para elas não existe oração nem meditação — só indulgência com relação ao corpo. Esse é o principal caminho para que sejam felizes, seu principal jeito de ser.

Portanto, se você é uma pessoa voltada para o coração — se sentir mais do que pensa, se a música o toca profundamente, se a poesia mexe com você, se a beleza o cerca e você pode senti-la — então as abordagens devocionais são as mais apropriadas no seu caso. Então comece a conversar com os pássaros e com as árvores e com o céu, isso ajudará muito. Mas não faça disso uma coisa mental, que seja uma conversa entre dois corações. Ligue-se a eles.

É por isso que as pessoas de coração pensam em Deus como um pai ou como o bem-amado, alguma energia com quem elas têm uma profunda relação. As pessoas mais voltadas para a cabeça estão sempre rindo: "Que bobagem é essa: Deus, o pai? Então onde está a mãe?" Elas estão sempre achando graça disso, porque não conseguem entender. Para eles, Deus é verdade. Para as pessoas de coração, Deus é amor. E para as pessoas mais voltadas para o corpo, o mundo é Deus — o dinheiro, a casa, o carro, o poder, o prestígio.

A pessoa voltada para o corpo precisa de um tipo diferente de abordagem. Na verdade, só há muito pouco tempo surgiu, no Ocidente, principalmente nos Estados Unidos, um novo tipo de trabalho para esse tipo de pessoa. Trata-se de um trabalho baseado na sensibilidade de corpo. Um novo tipo de espiritualidade está nascendo.

No passado, havia dois tipos de abordagem espiritual: a meditação orientada e a prece orientada. Nunca houve um método que abordasse a espiritualidade do ponto de vista do corpo. Havia pessoas com esse tipo de orientação corporal, mas elas sempre diziam que não tinham religião, pois não rezavam nem faziam meditação. São os epicuristas, os hedonistas, os ateus para quem Deus não existe, só existe este corpo e esta vida. Mas essas pessoas nunca criaram uma religião.

Mas agora um novo método para penetrar no cerne mais profundo da vida está cativando as pessoas voltadas para o corpo e ele é maravilhoso, porque essas pessoas precisavam de um tipo diferente de metodologia. Precisavam de uma abordagem que deixasse o corpo delas se expressar de um modo religioso. Para essas pessoas o Tantra pode ser muito útil. A prece e a meditação não ajudarão em nada. Mas também é preciso que haja um modo de a pessoa chegar ao seu cerne mais profundo a partir do corpo.

Então, se você é alguém voltado para o corpo, não se sinta desmotivado; existem modos de se chegar lá por meio do corpo, pois ele também pertence à natureza e à existência. Se você é mais sentimental, então tente as expressões e abordagens devocionais, artísticas. Se sente que você é mais intelecto, então tente a meditação.

? *Você desenvolveu novos tipos de meditação para as pessoas de hoje — que tipo de pessoa se beneficia mais dessas meditações?*

Minhas meditações são diferentes numa coisa. Eu tentei criar métodos que pudessem ser usados pelos três tipos de pessoa. Nessas meditações, o corpo é muito usado, o coração também é, assim como a inteligência. Todos os três são conjugados e trabalham diferentes tipos de pessoa de maneiras variadas.

A pessoa voltada para o corpo é imediatamente cativada por esses métodos — mas gosta mais das partes ativas, e ela me procura e diz, "Que maravilha! As partes ativas são ótimas, mas quando eu tenho de ficar em silêncio... o resultado é nulo". Ela se sente muito saudável com elas; sente-se mais enraizada no corpo. Para a pessoa mais voltada para o coração, a parte da catarse é mais importante; o coração sente um alívio, seus fardos ficam mais leves e ele começa a funcionar de outra maneira. E, quando vem uma pessoa do terceiro tipo, voltada para a inteligência, ela adora as partes finais, quando fica apenas sentada ou parada em silêncio, em meditação.

Corpo, coração, mente — todas as minhas meditações seguem o mesmo roteiro. Elas começam com o corpo, passam para o coração, atingem a mente e depois vão além.

Por meio do corpo você pode se relacionar com a existência. Pode entrar no mar e nadar, mas nesse momento seja apenas o corpo, sem deixar que os sentimentos ou os pensamentos interfiram; apenas "seja do corpo". Deite na praia e deixe que o corpo sinta a areia, o frescor, a textura.

Corra — atualmente estou lendo um livro maravilhoso chamado *The Zen of Running* [O Zen da Corrida], que é dirigido para as pessoas mais voltadas para o corpo. O autor descobriu que, se você correr, não precisa meditar; a meditação acontece naturalmente durante a corrida. Esse autor deve ser absolutamente voltado para o corpo. Ninguém jamais pensou que a meditação fosse possível durante uma corrida — mas eu sei, eu mesmo adorava correr. Acontece mesmo. Se você corre, se corre bem rápido, a mente silencia, porque não dá para pensar quando você corre muito depressa. Para pensar, você precisa de um assento confortável; é por isso que chamamos os pensadores de "filósofos de poltrona". Eles se sentam e rela-

PENSAMENTO, SENTIMENTO, AÇÃO

xam na poltrona, o corpo completamente relaxado, então toda a energia vai para a mente.

Se você está correndo, então toda a energia se espalha pelo corpo, a mente não tem possibilidade de pensar. E, quando corre bem rápido, a sua respiração fica mais profunda, as expirações mais longas, você se torna simplesmente o corpo. Chega um momento em que você é o corpo e nada mais. Nesse momento você se torna um com o universo, porque não há divisão. O ar flui por você e o seu corpo torna-se um. Um ritmo profundo acontece.

É por isso que os jogos sempre atraíram tantas pessoas, e atletas. E é por isso que as crianças gostam tanto de dançar, correr, pular: elas são corpos! A mente ainda não se desenvolveu.

Se você sentir que é um tipo mais voltado para o corpo, então a corrida pode ser maravilhosa para você: corra uns sete a oito quilômetros todos os dias e faça disso a sua meditação. Ela o transformará completamente.

Mas, se você sente que está mais voltado para o coração, então converse com os pássaros, tente uma comunhão. Fique atento! Só espere, sente-se em silêncio com uma confiança profunda e acolhendo com prazer aqueles que vierem até você; pouco a pouco eles começarão a se aproximar. Pouco a pouco começarão a pousar nos seus ombros. Aceite-os. Converse com as árvores, com as pedras, mas deixe que essa seja uma conversa de coração, cheia de emoção. Chore, soluce, ria. As lágrimas podem dizer mais que as palavras e as risadas podem ser mais sublimes que as palavras, pois elas vêm do fundo do coração. Não há necessidade de verbalizar — apenas sinta. Abrace uma árvore e sinta-a, como se você e ela fossem uma coisa só. E logo você perceberá que a seiva não está correndo só na árvore, ela passou a circular em você também. O seu coração não está batendo só no seu peito; lá no fundo da árvore, há uma resposta. É preciso experimentar para sentir.

Mas, se você sentir que pertence ao terceiro tipo, então a meditação é o melhor no seu caso. Correr não adianta. Você terá de se sentar como Buda, em silêncio, sem fazer nada. Fique ali sentado, meditando tão profundamente, que até o pensar pareça um fazer e seja descartado. Durante alguns dias os pensamentos continuarão, mas se você persistir, continuar só observando-os, sem julgá-los bons ou ruins; eles deixarão de visitá-lo. Eles aos poucos vão parando e sendo substituídos por lacunas, intervalos. Nesses intervalos, você terá vislumbres do seu ser.

Esses vislumbres podem ser obtidos por meio do corpo, por meio do coração e por meio da cabeça. Todas essas possibilidades existem porque o seu ser está em todos os três e, ainda assim, além deles.

OBSERVANDO AS NUVENS

OBSERVADOR E COISA OBSERVADA

Não julgue, porque no momento em que começar a julgar você esquecerá de observar. E isso acontece porque no momento em que começa a julgar — "Esse pensamento é bom" — justamente nesse espaço de tempo você não estará observando. Você começou a pensar, envolveu-se. Não conseguiu permanecer alheio, parado à margem da estrada, só observando o tráfego.

Não se torne um participante avaliando, julgando, condenando; nenhuma atitude deve ser tomada a respeito do que está se passando na sua mente. Você precisa observar os seus pensamentos como se fossem nuvens passando no céu. Você não faz julgamentos sobre as nuvens — essa nuvem negra é ruim e essa nuvem branca parece um sábio. Nuvens são nuvens, elas não são nem boas nem ruins.

O mesmo acontece com os pensamentos — são meras ondinhas passando na sua mente. Observe-os sem julgá-los e você terá uma grande surpresa. Quando a sua observação se tornar constante, os pensamentos passarão a ficar cada vez mais esparsos. A proporção é exatamente a mesma; se você estiver com 50% da atenção na observação, então 50% dos seus pensamentos vão deixar de existir. Se estiver com 60% da atenção, então só restarão 40% dos pensamentos. Quando você for 99% pura testemunha, só de vez em quando surgirá um pensamento solitário — 1% passando na estrada, não haverá mais tráfego nenhum. Esse tráfego da hora do *rush* não existirá mais.

Quando você deixar de lado 100% dos julgamentos, passará a ser apenas uma testemunha; isso significa que você se tornou simplesmente um espelho — porque o espelho nunca faz nenhum julgamento. Uma mulher feia mira-se no espelho e ele não faz nenhum julgamento. Uma mulher bonita mira-se no espelho e não faz nenhuma diferença. Quando não há ninguém diante dele, o espelho tem a mesma pureza de quando há alguém sendo refletido em sua superfície. Nem o reflexo o afeta nem o não-reflexo.

O testemunhar se torna um espelho. Essa é a maior conquista da meditação. Se consegui-la, você já estará na metade do caminho, pois trata-se da parte mais difícil. Agora você sabe o segredo, e o mesmo segredo tem simplesmente de ser aplicado em outros objetos.

Dos pensamentos você precisa passar para experiências mais sutis ligadas às emoções, aos sentimentos, aos estados de espírito. Da mente para o coração, nas mesmas condições: nenhum julgamento, só testemunho. E, surpresa, a maioria das suas emoções, sentimentos e estados de espírito começarão a se dissipar. Agora, quando está sentindo tristeza, você está realmente triste, está tomado de tristeza. Quando está com raiva, ela não é parcial. Você fica cheio de raiva; cada fibra do seu ser vibra de raiva.

Observando o coração, a impressão que se tem é que agora nada mais pode possuir você. A tristeza vem e vai embora, você não fica triste; a felicidade vem e vai embora, você também não fica feliz. Seja o que for que se passe nas camadas mais profundas do coração, isso não afeta você. Pela primeira vez você tem uma amostra do que seja maestria. Não é mais um escravo à mercê da vontade alheia; nenhuma emoção, nenhum sentimento, ninguém pode mais perturbá-lo com ninharias.

Você fala de observar as nuvens passando, mas também falou de ser total, mergulhando fundo em qualquer coisa que aconteça. Eu gostaria de observar as nuvens de raiva, de tristeza, de ciúme, etc. Mas, quando surgem estados de ânimo como a felicidade e a alegria, eu gosto de me identificar com eles e expressá-los. Eu devo observar todos os estados de ânimo ou me entregar totalmente a eles? Não imagino como conciliar essas duas coisas. Você poderia fazer a gentileza de comentar a respeito?

Ninguém consegue conciliar essas duas coisas. Você terá de escolher uma. Minha sugestão é que observe tudo com a mesma postura distante, com o mesmo alheamento. Tristeza, raiva, ciúme, felicidade, alegria, amor — permaneça alheio a tudo isso e seja total em seu observar.

A sua observação deve ser total. Você pode se identificar com ela porque essa é a sua natureza, isso é o que você é. Não há como se desidentificar dela; mesmo que tentasse não conseguiria. A sua natureza intrínseca é simplesmente ser uma testemunha. Uma única qualidade da percepção consciente compõe todo o seu ser. Portanto, observe tudo como se fosse uma nuvem passando.

Eu entendo a sua dificuldade. Você gostaria de se identificar com o amor, com a felicidade, e não se identificar com a tristeza. Você não gostaria de se identificar com o sofrimento. Mas a existência não permite esse tipo de escolha. Se você quer realmente transcender a mente e todas as suas experiências — tristeza e alegria, raiva e paz, ódio e amor; se quer transcender todas essas dualidades — você tem de observá-las igualmente, não pode escolher. Se escolher, você não será capaz de observar nem o que se propõe a observar. Por isso a primeira coisa é: seja só um observador.

Será ligeiramente difícil no início observar coisas que são tão doces, tão belas... porque o observar distancia você de todas as experiências que estão passando como nuvens. Você não pode se agarrar a elas. Até agora é isso o que você tem feito: agarrar-se ao que você considera bom e tentar fugir do que considera feio e doloroso. Mas isso só gerou confusão. Você não foi bem-sucedido.

O melhor caminho é ser puramente observador. Se achar isso difícil, existe uma alternativa. Mas essa alternativa é mais árdua ainda, é mais difícil que a primeira — e consiste em se identificar com todas as nuvens que passam. Se for sofrimento, então entregue-se totalmente ao sofrimento. Não se contenha, vá até o fim. Se estiver com raiva, então seja a raiva e faça qualquer estupidez que ela lhe inspire. Se passar a nuvem da loucura, seja louco. Mas não deixe passar nada. Seja o que for que venha até você, fique totalmente com isso e depois deixe ir embora.

Isso também libertará você, mas será um caminho mais pedregoso. Se quiser brincar com algo realmente perigoso, você pode se identificar com tudo. Aí não fará nenhuma diferenciação — vale a pena eu me identificar com isso e não vale a pena eu me identificar com aquilo. Nesse método, não há discussão: sem fazer nenhum tipo de discriminação, identifique-se com tudo e dentro de uma semana está tudo acabado. Uma semana será suficiente, porque muitas coisas estão passando. Você ficará tão cansado, tão exausto! Se sobreviver, nós nos encontramos novamente...; caso contrário, adeusinho!

Mas esse é um caminho perigoso. Nunca soube de ninguém que tenha sobrevivido. E você sabe perfeitamente bem que tipo de coisa passa pela sua mente. Às vezes você se sente como se estivesse rosnando como um cão — então mergulhe nisso, rosne como um cão e deixe que o mundo pense o que quiser. Você escolheu o seu caminho, e se libertará... talvez se liberte definitivamente; conquistará ao mesmo tempo a iluminação e a libertação do corpo! Mas é meio perigoso.

As pessoas podem tentar impedi-lo, porque ninguém sabe que tipo de coisa passa pela sua cabeça. As próprias pessoas com quem você convive — seus amigos, sua família, sua mulher, seu marido — podem tentar impedi-lo. São muitas as pessoas, em todo o mundo, que são internadas em hospícios pelos familiares porque esse lhes parece o único jeito de protegê-las. E isso acontece em todo lugar.

Na minha aldeia, a família mais rica manteve um parente preso a vida inteira no porão da casa. Todo mundo sabia que algo tinha acontecido àquela pessoa, porque ela desapareceu de repente. Mas os anos foram passando e as pessoas acabaram se esquecendo. Eu vim a saber por acaso, porque um dos meus alunos era filho do homem que tinha sido preso. Como ele morava na minha aldeia, costumava me visitar com freqüência, e um dia eu lhe perguntei a respeito. Eu disse, "Nunca vi seu pai".

Ele ficou muito triste e respondeu, "Não posso mentir para você, mas o que aconteceu ao meu pai é um fardo pesado que levo no coração. Como a minha família é a mais rica da aldeia, eles não querem que ninguém saiba o que fazem ao meu pai. Eles batem nele; ele vive enjaulado no sótão como se fosse um animal selvagem. Ele chora, grita, ri sem controle, mas ninguém ouve, ninguém nem chega perto dele. Eles lhe dão comida por uma abertura no alto da jaula. Tudo o que ele precisa eles jogam por ali; ninguém quer nem olhar para ele".

"Mas, o que ele fez?", perguntei.

"Nada de especial, ele só era louco. Costumava fazer coisas que não eram normais". Por exemplo, ele podia sair pelado na rua. Mas não machucava ninguém... ele nunca tinha feito mal a ninguém, só tinha andando pelado na rua, mas isso foi suficiente para que a família o prendesse. E isso o deixou cada vez mais enlouquecido. Prendê-lo não ajudou em nada, não foi uma cura, um tratamento.

Portanto, antes de começar a se identificar com todas as suas idéias, você precisa pensar no que as pessoas acharão disso e em como elas agirão com você — embora seja possível se libertar de todas essas emoções identificando-se com todas elas, sem exceção.

Ou identificar-se com tudo ou desidentificar-se de tudo. O importante é não deixar nada de fora. Mas, se você optar pela segunda alternativa, estará num terreno mais seguro. Seja um observador imparcial. Não observe apenas o que é bom e ignore o resto. Nada é bom e nada é ruim; só o testemunhar é bom e o não-testemunhar é ruim.

"Doutor", disse a dona de casa, "Vim consultá-lo por causa do meu marido. Estamos casados há 25 anos. Ele sempre foi um bom marido, feliz, satisfeito e muito devotado a mim, mas desde que o procurou por causa das suas dores de cabeça, ele é outro homem. Agora não vem mais para casa à noite, não me leva mais para sair, nunca compra nada para mim nem me dá dinheiro. Que inferno, ele

nem sequer olha para mim! O seu tratamento parece ter mudado a personalidade dele".

"Tratamento?", estranhou o médico. "Mas tudo o que eu fiz foi lhe receitar um par de óculos!"

Até um par de óculos pode ser uma mudança dramática na sua personalidade, no seu comportamento. E esse caminho não será uma coisinha tão insignificante quanto um par de óculos. Se começar a se identificar com tudo, você só terá percalços pela frente. É melhor escolher o caminho mais seguro; todas as pessoas despertas escolheram esse caminho. É, sem exceção, o caminho mais salutar.

? ***Às vezes, depois de momentos de clareza e lucidez, parece que velhos conhecidos meus, pensamentos violentos, ciúme, sentimentos de fúria etc., irrompem com mais força ainda do que antes, como se só estivessem esperando uma chance para vir à tona novamente. Pode falar algo a respeito?***

Posso falar alguma coisa, mas esses sentimentos de violência e ciúmes e fúria ainda estarão esperando uma chance para vir à tona. Eles não vão desaparecer só porque eu disse alguma coisa — pois, sem saber, você os está nutrindo. Sem saber, o seu desejo de se livrar deles é muito superficial.

Você não está fazendo o que eu vivo dizendo aqui: está fazendo justamente o contrário. Está lutando contra a escuridão, não está deixando a luz entrar. Você pode continuar lutando contra a escuridão pelo tempo que quiser, mas não vai sair vitorioso. Isso não significa que você seja mais fraco que ela, significa simplesmente que você não exerce nenhum efeito sobre ela.

A escuridão é apenas uma falta, você não pode fazer nada diretamente com ela. Deixe simplesmente a luz entrar. E não é que, ao entrar a luz, a escuridão sairá precipitadamente por todas as portas. A escuridão é uma falta; a luz entra e não falta mais nada. A escuridão não vai a lugar nenhum. Ela não tem existência própria.

Eu vou ler a sua pergunta: "Às vezes, depois de momentos de clareza e lucidez, parece que velhos conhecidos meus, pensamentos violentos, ciúme, sentimentos de fúria etc., irrompem com mais força ainda do que antes, como se só estivessem esperando uma chance de vir à tona novamente".

A sua clareza e a sua lucidez são só momentâneas. Se você deixar a luz entrar e depois apagar a vela, a escuridão voltará a reinar — não que ela esteja esperando uma chance de voltar, foi você que voltou a provocar a falta de luz. A tocha da sua consciência tem de queimar o tempo todo; aí não haverá mais escuridão.

Esses sentimentos que você acha muito perigosos são quase inofensivos. A violência existe porque você não desenvolveu o seu potencial para o amor; ela é falta de amor. E as pessoas continuam fazendo coisas absurdas. Continuam tentando não ser violentas reprimindo a violência, fazendo um enorme esforço para não serem violentas. Mas não há necessidade nenhuma de não ser violento. Você está seguindo na direção errada. A violência é uma coisa negativa e você está tentando destruir a violência e deixar de ser violento. Eu diria para você esquecer a violência. Ela é só falta de amor. Então seja amoroso. Toda a energia que você está usando para reprimir a violência e deixar de ser violento use para ser amoroso.

É lamentável que Mahavira e Gandhi tenham usado a palavra *não-violência*. Mas eu posso entender a dificuldade deles. É que as pessoas interpretam a palavra "amor" como amor biológico; para evitar esse mal-entendido eles usaram um termo negativo, "não-violência". Mas essa palavra sugere que a violência é uma coisa positiva e a não-violência é uma coisa negativa. Na verdade, a violência é uma coisa negativa e o amor é uma coisa positiva. Mas eles tinham receio de usar a palavra "amor", e porque tinham medo que ela suscitasse na mente das pessoas a idéia do amor comum, eles usaram uma palavra pouco apropriada: *não-violência*. E há 25 séculos essa não-violência tem sido praticada. Mas você vai descobrir que a maioria dessas pessoas se debilitou e morreu. A inteligência delas, a sua consciência, parece não ter desabrochado. O simples fato de usar a palavra errada gerou 25 séculos de imensa tortura, em milhares de pessoas.

Eu quero que você saiba que o amor é positivo e não significa apenas amor biológico. E entenda também que você ama a sua mãe, o seu irmão, o seu amigo sem que a biologia tenha algo a ver com isso. Existem exemplos cotidianos de amor não-biológico. Você ama uma rosa; o que isso tem de biológico? Você ama um lindo luar, ama uma música, ama uma poesia, ama uma escultura; o que isso tem de biológico? Eu estou usando exemplos da vida diária, só para mostrar a você que o amor tem múltiplas dimensões.

Portanto, em vez de ter apenas relances de clareza e lucidez, seja mais amoroso — ame as árvores, ame as flores, ame a música, ame as pessoas. Deixe que todos os tipos de amor enriqueçam a sua vida, e a violência vai deixar de existir. A pessoa que ama não é capaz de ferir ninguém. O amor não machuca e não pode ser violento.

Esses sentimentos violentos só vão deixar de existir se a sua energia for transformada em amor. E o verdadeiro amor nada sabe sobre o ciúme. Qualquer amor em que haja ciúme certamente não é amor verdadeiro, é só instinto biológico.

Quanto mais alto você for — do corpo para a mente, do coração para o ser —, menos sentimentos grosseiros existirão. O amor que brota de ser para ser não conhece o ciúme.

E como você vai encontrar um amor assim?

Ele é a radiação do seu silêncio, da sua paz, do seu bem-estar interior, da sua felicidade. Você se sente tão feliz que quer compartilhar essa felicidade com as outras pessoas; esse compartilhar é amor. O amor não é um mendigo. Ele nunca diz, "Me dê amor". O amor é sempre um imperador, ele só sabe dar. Nunca nem imagina ou espera receber algo em troca.

Seja mais meditativo, torne-se mais consciente do seu ser. Deixe que o seu mundo interior fique mais silencioso e o amor florescerá dentro de você.

As pessoas têm todos esses problemas. Os problemas são diferentes — violência, ciúme, sofrimento, preocupações —, mas o remédio para todas essas doenças é o mesmo, é a meditação.

E eu gostaria de lembrá-lo que a palavra *medicina* e a palavra *meditação* têm a mesma raiz. A medicina pode curar o seu corpo e a meditação pode curar a sua alma. A meditação só é meditação porque é a medicina para os males da sua alma.

Um vendedor de vaselina percorreu um quarteirão deixando nas casas amostras do produto e pedindo que as pessoas encontrassem maneiras criativas de usá-lo. Uma semana depois voltou às mesmas casas, perguntando a elas como tinham usado a vaselina.

O homem da primeira casa, um senhor abastado, disse, "Eu a usei para fins medicinais. Sempre que meus filhos arranhavam os joelhos e cotovelos, eu passava a vaselina".

O homem da segunda casa disse, "Usei-a para lubrificar a bicicleta e o cortador de grama".

O homem da terceira casa, um sujeito da classe operária, com ar desmazelado e barba por fazer, disse, "Eu a usei para fins sexuais".

Um pouco chocado, o vendedor perguntou, "Pode ser mais específico?"

"Bem, besuntei com vaselina a maçaneta da porta do quarto para impedir as crianças de entrar!"

Você pode dar a mesma coisa a pessoas diferentes e elas a usarão de maneiras variadas, de acordo com a própria consciência. Mas, se estiverem conscientes, encontrarão só um meio de usá-la.

Um missionário cristão que estava no Japão foi um dia visitar um grande mestre, Nan-In, para mostrar-lhe o Novo Testamento. Ele estava certo de que, se ouvisse algumas palavras de Jesus, principalmente o Sermão da Montanha, Nan-In se converteria ao Cristianismo.

O missionário foi recebido com grande amor, e ele disse, "Eu trouxe o meu livro sagrado e gostaria de ler para o senhor algumas sentenças... talvez elas mudem toda a sua vida".

Nan-In respondeu, "Você chegou um pouco atrasado, pois eu já mudei completamente, a transformação já aconteceu. Mas, mesmo assim, como deve ter vindo de longe — pode ler algumas sentenças".

Então o missionário começou a ler e, depois de duas ou três sentenças, Nan-In disse, "Já é suficiente. Quem quer que tenha dito essas palavras se tornará um buda em alguma vida futura".

O missionário ficou chocado: esse homem estava dizendo que Jesus tinha potencial e ia se tornar um buda?! "Mas ele é o filho único de Deus!", respondeu.

Nan-In sorriu e disse, "Esse é o problema. Isso é o que o impede de se tornar um buda. A menos que ele deixe de lado essas idéias absurdas, não poderá florescer em todo o seu potencial. Ele tem belas idéias, mas tem também algumas bem tolas. Não existe nenhum Deus, por isso não pode ser seu único filho. Em alguma vida futura, não se preocupe — ele deixará de lado essas idéias. Parece se tratar de um homem de inteligência, e já sofreu bastante por causa dessas idéias tolas. Ele foi crucificado; já foi castigo suficiente. Mas você não deveria se prender a esse lado tolo dos seus ensinamentos".

O missionário disse, "Mas a nossa religião se baseia justamente nessa idéia de que ele é o filho amado de Deus e de que existe um Deus que criou o mundo e que Jesus nasceu de uma virgem".

Nan-In riu e respondeu, "Esse pobre sujeito, se ao menos tivesse abandonado esses detalhezinhos fictícios, já teria se tornado um buda. Se encontrar com ele por aí, traga-o aqui e eu dou um jeito nele. Não havia por que crucificá-lo; tudo o que ele precisava era de alguém que pudesse lhe mostrar os mistérios da meditação".

A meditação é talvez a chave-mestra de todos os problemas. Combater os problemas um a um é algo que leva vidas e vidas e mesmo assim você não se libertará deles. Eles estarão sempre à espreita, esperando uma chance de aparecer — e naturalmente, se tiverem de esperar demais, vão tentar se vingar por isso.

Meditar não é fazer algo diretamente com a sua violência, com o seu ciúme, com o seu ódio. É simplesmente deixar a luz entrar na sua casa, acabando com a escuridão.

? *Acho que eu consigo observar a raiva, a mágoa, a frustração de vez em quando; mas sempre tenho vontade de dar risada antes de percebê-las e conseguir observá-las. Você poderia falar sobre o testemunhar nesse caso?*

Rir é um caminho original. A raiva, a frustração, a preocupação e a tristeza são todas elas negativas e nunca totais. Você não pode ficar totalmente triste, não há como. Nenhuma emoção negativa pode ser total, porque é negativa. A totalidade precisa de positividade. A risada é um fenômeno positivo e por isso ela é única. É um pouquinho difícil tomar consciência da risada, por dois motivos. Um, ela chega de repente. Na verdade, você só se dá conta dela quando ela acontece. A menos que você tenha nascido na Inglaterra... lá ela nunca chega de repente. Dizem que, quando você conta uma piada a um inglês, ele ri duas vezes — primeiro para ser educado, ele não sabe por que está rindo, mas como você contou uma piada e espera que achem graça, e ele não quer ofender você, então ele ri. E depois, no meio da noite, quando ele entende a piada... então ri de verdade.

Cada raça se comporta de uma maneira. Os alemães riem uma vez só, quando vêem que todo mundo está rindo. Eles só se juntam aos outros para não serem os únicos que não riem, porque as outras pessoas pensarão que eles não entenderam a piada. E eles também não perguntam a ninguém o sentido da piada, porque vão parecer ignorantes. Um homem conviveu comigo por muitos e muitos anos, mas todo dia ele perguntava a alguém, "O que foi? Por que as pessoas estão rindo?" — e então ele ria também, só para não ficar de fora, mas nunca entendia a piada. Os alemães são sérios demais e é por causa dessa seriedade que eles não entendem.

Se você contar uma piada a um judeu, ele vai dizer, "Essa é velha e, além disso, você está contando errado". Eles são especialistas em piadas. Poucas piadas não têm origem judaica. Portanto, nunca conte uma piada a um judeu, porque ele certamente vai lhe dizer, "Essa é muito velha, não me venha contar essa piada. E você está contando errado. Primeiro aprenda a contar da maneira certa; contar piada é uma arte". Mas ele não rirá.

O riso vem naturalmente como um trovão: de repente. Esse é também o mecanismo da piada, de qualquer piada. Por que ela faz as pessoas rirem? Qual é a psicologia por trás dela? Ela gera certa energia em você; a sua mente começa a pensar de uma certa maneira enquanto você está ouvindo a piada e você fica louco para saber como ela vai acabar. Você começa a esperar um final que tenha lógica — porque a mente só pode entender o que é lógico — e a piada não tem lógica. Então, quando você vê que o final não tem lógica nenhuma, e é tão ridículo, embora caia tão bem... a energia que você estava acumulando, enquanto esperava pelo final, explode de repente numa risada. Se a piada é longa ou curta, não faz diferença, a psicologia é a mesma.

Numa escolinha paroquial uma professora tinha uma bela estatueta que iria dar como prêmio ao menino ou menina que respondesse corretamente uma pergunta. Depois de uma aula de uma hora ela iria fazer a tal pergunta e quem lhe desse a resposta certa ganharia a estatueta.

Durante uma hora a professora ensinou os alunos sobre Jesus Cristo, contou histórias sobre ele, sua filosofia, sua crucificação, sua religião, disse que ele foi o homem que arrebanhou o maior número de seguidores; tudo condensado numa aula de uma hora de duração. Então, no final, ela perguntou, "Eu gostaria de saber quem foi o homem mais grandioso deste mundo?"

Um menininho americano levantou e disse, "Abraham Lincoln".

"Muito bem", disse a professora, "mas ainda não é a resposta certa. Sente-se."

Uma garotinha da Índia levantou a mão quando a professora repetiu a pergunta, "Quem foi o homem mais grandioso deste mundo?" A garotinha respondeu, "Mahatma Gandhi". A professora estava frustrada. Uma hora inteira de aula para nada! "Ótimo, ótimo, mas ainda não é a resposta certa".

Então um menininho mirrado começou a acenar freneticamente. A professora disse, "Você, então, diga-me quem foi o homem mais grandioso deste mundo".

"Com certeza... Jesus Cristo."

A professora ficou intrigada, pois o menino era judeu. Ele ganhou o prêmio e quando todo mundo já estava deixando a sala, ela o chamou de lado e perguntou, "Você não é judeu?"

"Sou."

"Então por que respondeu Jesus?"

"No fundo do meu coração, eu sei que foi Moisés, mas negócio é negócio!"

Qualquer piada acaba de um jeito que você não esperava logicamente. Então toda a energia que estava se acumulando explode numa gargalhada.

No início é difícil ficar consciente da risada, mas não é impossível. Como ela é um fenômeno positivo, levará um pouquinho mais tempo, mas não se esforce demais; do contrário, você não vai rir! Esse é o problema. Se se esforçar demais para ficar consciente, você não rirá. Basta que fique relaxado e, quando ela vir, assim como uma onda se avolumando no mar, observe-a silenciosamente. Mas não deixe que o observador perturbe a risada. É preciso dar passagem a ambos.

A risada é um belo fenômeno, não se deve suprimi-lo. Mas ela nunca foi vista dessa maneira. Não existe nenhuma figura de Jesus rindo ou de Gautama Buda rindo ou Sócrates; eles são todos muito sérios. Para mim, a seriedade é doença. O senso de humor torna você mais humano, mais humilde. O senso de humor, a meu ver, é uma das partes mais fundamentais da religiosidade. A pessoa religiosa que não consegue rir de verdade não é religiosa de verdade; algo ainda está faltando. Ela ainda está em cima do muro. É preciso dar total vazão à risada.

Portanto, primeiro preste atenção no riso; dê total vazão à risada. E observe. Talvez seja difícil a princípio; a risada virá primeiro e depois, de repente, você toma consciência. Não faz mal. Bem lentamente, esse intervalo vai ficando menor. Só é preciso dar tempo ao tempo, e logo você conseguirá permanecer absolutamente consciente da risada e dar total vazão a ela.

Mas trata-se de um fenômeno único. Você não deveria se esquecer de que nenhum animal ri, nenhum pássaro ri — só o ser humano, e apenas pessoas inteligentes. Faz parte da inteligência reconhecer de imediato o quanto uma situação é ridícula. E existem tantas situações ridículas à nossa volta! A vida toda é hilária; você só precisa ter mais senso de humor.

Então lembre-se de ir devagar; se não tiver pressa a sua risada não deverá ser perturbada. A consciência com o riso total é uma grande conquista.

Outras coisas — como a tristeza, a frustração, o desapontamento — não servem para nada, têm de ser descartadas. Não é preciso tomar nenhum cuidado com elas. Não se preocupe muito com elas; só tenha total consciência e deixe que se dissipem. Mas o riso tem de ser preservado.

Lembre por que Gautama Buda e Jesus e Sócrates não estão rindo; eles se esqueceram, trataram o riso assim como tratavam as emoções negativas. Eles se preocupavam tanto em ficar conscientes que até o riso deixava de existir. O riso é um fenômeno muito belo e extremamente valioso. À medida que a tristeza, a infelicidade e o sofrimento foram se dissipando com a consciência, eles ficaram mais e mais arraigados à consciência e se esqueceram completamente de que poderia haver algo que tinha de ser preservado: o riso.

Tenho a impressão de que, se Jesus fosse capaz de rir, o Cristianismo não seria essa calamidade que é. Se Gautama Buda soubesse rir, então milhões de monges budistas que vieram depois dele não seriam tão tristes, tão apáticos, tão inertes e sem vida. O Budismo se espalhou por toda a Ásia e deixou-a pálida e mortiça.

Não é por acaso que os trajes dos monges budistas são em cores pastéis; a palidez é a cor da morte. Quando chega o outono e as árvores ficam sem folhas, essas folhas ficam pálidas e começam a cair, deixando os galhos nus. Essa palidez é igual ao de uma pessoa à beira da morte, quando seu rosto fica pálido. Ela está morrendo; o processo da morte já está em curso e, em minutos, ela estará morta. Na verdade, nós e as árvores não somos diferentes; agimos do mesmo modo.

O Budismo tornou toda a Ásia triste. Eu sempre procuro piadas que tenham origem na Índia, mas ainda não consegui encontrar nenhuma. Pessoas muito sérias... sempre falando de Deus, do céu, de reencarnação e da filosofia do karma. Não há espaço para piadas! Quando comecei a falar em público — eu falava de meditação —, vez ou outra eu contava uma piada. De vez em quando um monge jaina ou budista ou um pregador hindu me procurava e dizia, "Você estava falando de maneira tão brilhante sobre a meditação, por que foi contar aquela piada? Estragou a coisa toda. As pessoas começaram a rir. Elas estavam começando a encarar tudo com seriedade e você pôs tudo abaixo. Por meia hora tentou deixá-las sérias e depois contou uma piada e estragou tudo! Por que, afinal, conta essas piadas? Buda nunca contou uma piada. Krishna tampouco".

Eu não sou Buda nem Krishna, e não estou nem um pouco interessado em seriedade. Na verdade, *justamente* por terem ficado sérios demais, eu tinha de contar uma piada. Eu não queria ninguém sério, queria todo mundo se divertindo. E a vida tem de se aproximar cada vez mais do riso e menos da sisudez.

MEDITAÇÕES E EXERCÍCIOS PARA A TRANSFORMAÇÃO

NOTA DO EDITOR: *Osho sugere que se experimente cada técnica ou exercício de meditação durante três dias e depois observe se ela provoca um "clic" dentro de você. Se você não sentir nenhuma mudança interior ou se a técnica não estiver de acordo com o seu tipo, então convém experimentar outra. No início, nem sempre conseguimos nos enxergar com clareza, e um exercício ou meditação pode agradar a nossa mente, mas não se mostrar muito útil para nós. Ou então podemos fazer todo tipo de racionalização para não ter de experimentar uma técnica ou exercício, justamente porque ela é perfeita para nós!*

Todos os métodos deste capítulo são apresentados como possíveis experimentos. Cabe a você testá-los, com leveza e animação, e descobrir qual se ajusta mais a você.

Foram feitas várias referências ao longo deste livro com referência à meditação. As Meditações Ativas de Osho são técnicas que ele desenvolveu exclusivamente para as pessoas da era moderna, que vivem num ambiente estressante e de ritmo febril. Essas meditações foram cientificamente projetadas para ajudar o indivíduo a ficar conscien-

te e depois livre de bloqueios e tensões físicas e emocionais que o impedem de vivenciar a meditação. Uma lista das quatro técnicas principais é apresentada no final desta seção, com informações sobre cada uma delas e onde aprender mais. Osho diz o seguinte sobre a idéia que há por trás das técnicas de meditação que desenvolveu:

Minhas técnicas começam basicamente com a catarse. Qualquer coisa que esteja escondida tem de vir à tona. Você não pode continuar reprimindo; tem de optar por seguir o caminho da expressão. Não se condene. Aceite o que você é, porque toda condenação cria divisão...

Isso pode parecer paradoxal, mas aqueles que reprimem a sua neurose ficam mais neuróticos ainda, enquanto aqueles que a expressam conscientemente conseguem se libertar dela. A menos que você se torne conscientemente insano, nunca recuperará a sua sanidade. R. D. Laing está certo. Ele foi um dos homens mais sensíveis do Ocidente. Ele diz, "Dê livre expressão à sua insanidade". Você é insano, então é preciso fazer alguma coisa a respeito. Quando digo isso quero dizer: tenha consciência dessa insanidade. O que dizem as antigas tradições? "Reprima; não deixe que isso venha para fora, do contrário você ficará insano". Eu digo: deixe que venha para fora; esse é o único caminho para a sanidade. Solte-a! Dentro de você, ela se tornará um veneno. Jogue-a para fora, elimine-a do seu organismo. A expressão é que é a moral. E, para fazer essa catarse, você precisa de um método muito sistemático e rigoroso, pois essa insanidade vai levá-lo à loucura por meio desse método — a uma loucura consciente.

Você tem de fazer duas coisas: fique consciente do que está fazendo e depois não reprima nada. A disciplina é essa e ela tem de ser aprendida: fique consciente e não seja repressivo. Em outras palavras, seja consciente e expressivo.

O ABC DO OBSERVAR

Existem três dificuldades para se tomar consciência. É essencial que o buscador compreenda as três. Na verdade, todo mundo toma consciência, mas só quando um ato é consumado. Você estava com raiva. Bateu na sua mulher ou atirou o travesseiro no seu marido. Mais tarde, quando já refrescou a cabeça, a raiva passou, você toma consciência. Mas agora não adianta mais, o mal já foi feito. Não é possível voltar atrás; é tarde demais.

É preciso ter três coisas em mente. Uma é ficar consciente enquanto a coisa está acontecendo. Essa é a primeira dificuldade da pessoa que quer ficar consciente — tomar consciência durante o ato em si. A raiva é como uma fumaça dentro de você. Ficar consciente enquanto está em meio a uma cortina de fumaça é a primeira dificuldade, mas não é impossível. Basta um pequeno esforço e você conseguirá captá-la. No início, você só se dará conta de que está com raiva quando ela já arrefeceu e tudo voltou ao normal; você toma consciência depois de uns quinze minutos. Experimente e você conseguirá tomar consciência depois de cinco minutos. Tente um pouco mais e você tomará consciência quase imediatamente, passado apenas um minuto. Tente mais ainda e você tomará consciência justamente quando a raiva está evaporando. E continue tentando e você tomará consciência bem no meio dela. E esse é o primeiro passo: tomar consciência no ato.

Então o segundo passo, que é até mais difícil, pois agora você vai penetrar em águas mais profundas. O segundo passo, ou segunda dificuldade, é lembrar-se *antes* do ato, quando ele ainda não aconteceu, mas ainda é um pensamento dentro de você. Ele ainda não foi realizado, mas já é um pensamento na sua mente. É uma potencialidade, como uma semente; pode se tornar um ato a qualquer momento.

Agora você precisará de uma percepção consciente um pouco mais sutil. O ato é grosseiro — você agride uma pessoa. Você toma consciência quando a está agredindo, mas a *idéia* de agredi-la é muito mais sutil. Milhares de idéias passando na mente; quem toma nota delas? Elas se sucedem, num tráfego contínuo, e a maioria nunca se concretiza num ato. Essa é a diferença entre "pecado" e "crime". O crime é quando a idéia se materializa em ato. Nenhum tribunal pode puni-lo por causa de um pensamento. Você pode pensar em assassinar alguém, mas nenhuma lei pode puni-lo por isso. Você pode gostar da idéia, pode sonhar que está cometendo o assassinato, mas não está violando a lei enquanto não agir, enquanto não fizer algo e o pensamento não se transformar em realidade. Aí ela se torna crime. Mas a religião vai além da lei. Ela diz que, quando você pensa, já está pecando. Se você coloca ou não em prática esse pensamento, não importa; você já cometeu o assassinato em seu mundo interior e já foi afetado por ele, já foi contaminado por ele, já foi corrompido por ele.

A segunda dificuldade é tomar consciência quando o pensamento está brotando em você. Isso pode ser feito, mas só quando você transpôs a primeira barreira, pois o pensamento não é tão sólido quanto a ação. Mesmo assim, ele é sólido o suficiente para ser visto; você só tem de praticar um pouco. Sentado em silêncio, simplesmente observe os seus pensamentos. Procure ver um pensamento em todas as suas nuances — como ele nasce, como toma forma, como permanece, como subsiste e como se dissipa. Ele se torna um hóspede seu e, quando chega a hora, vai embora. E são muitos os pensamentos que vêm e vão embora; você é um anfitrião que recebe muitos pensamentos que estão de passagem. Simplesmente observe.

Não comece com pensamentos difíceis, tente primeiro com os mais simples. Assim ficará mais simples continuar, pois o processo é o mesmo. Sente-se num jardim, feche os olhos e veja os pensamentos passando — e eles estão sempre passando. Um cão late na vizinhança e imediatamente um processo de pensamento começa em você. Você de repente se lembra de um cão que tinha na infância e que você amava esse cão e, depois o cão morreu e você sofreu. Depois lhe ocorre a idéia de morte e o cão é esquecido e você se lembra da morte da sua mãe... e ao se lembrar da sua mãe o seu pai lhe vem à mente... e os pensamentos se sucedem indefinidamente. E o estopim de tudo foi um cão idiota que nem sabia que você estava sentado no jardim, que estava simplesmente latindo porque não tinha mais nada para se manter ocupado. Ele nem sabia que você estava ali, não estava latindo para você propriamente, mas desencadeou uma cadeia de pensamentos.

Observe essas simples cadeias e aos poucos tente observar pensamentos com que tenha mais envolvimento emocional. Você está com raiva, está cheio de ganância, está com ciúme — procure se pegar no meio do pensamento. Esse é o segundo passo.

E o terceiro é capturar esse processo, que acaba resultando num ato, antes de ele se tornar um pensamento. Isso é o mais difícil; neste momento isso nem passa pela sua cabeça. Antes que qualquer coisa se torne um pensamento, ela é um sentimento.

São essas as três coisas: o sentimento vem primeiro, depois vem o pensamento e em seguida o ato. Você pode não ter consciência de que todo pensamento é fruto de um certo sentimento. Se o sentimento não existir, o pensamento também não lhe ocorrerá. O sentimento se realiza no pensamento e este se realiza no ato.

Agora você tem de fazer quase o impossível: captar um certo sentimento. Já observou de vez em quando? Você não sabe de fato por que está sentindo um ligeiro incômodo; não há um pensamento de verdade que possa ser identificado como a causa, mas você está incomodado, está se sentindo assim. Alguma coisa está se preparando internamente, alguma coisa está ganhando força. Às vezes você se sente triste. Não há razão para estar triste, não há nenhum pensamento provocando essa tristeza; mesmo assim, você sente a tristeza, uma tristeza generalizada. Isso significa que um pensamento está tentando vir à tona, a semente do sentimento está brotando.

Se você conseguir tomar consciência do pensamento, mais cedo ou mais tarde conseguirá tomar consciência também das nuances sutis do sentimento. São três as dificuldades. E, se você conseguir superá-las, acabará mergulhando subitamente no cerne mais profundo do seu ser.

A ação é o ponto mais distante do ser, depois vem o pensamento e em seguida o sentimento. E, por trás do sentimento, escondido ali atrás, está o ser. Esse ser é universal. É o objetivo de todos os meditadores. E essas três barreiras têm de ser transpostas. Elas são como três círculos concêntricos em volta do centro do ser.

Arranje um tempo e um lugar em que possa ficar desocupado. É disso que se trata a meditação. Reserve pelo menos uma hora por dia para ficar sentado em silêncio, sem fazer nada, totalmente desocupado. No início você ficará muito triste, só observando o que se passa no seu mundo interior. Você sentirá a escuridão e nada mais, e coisas feias e toda espécie de buraco negro aparecendo. Você sentirá agonia, nenhum tipo de êxtase. Mas, se persistir, chegará o dia em que todas essas agonias desaparecerão e, por trás delas, estará o êxtase.

Comece com coisas de menor importância e você entenderá. Quando for caminhar pela manhã, aproveite a caminhada — os pássaros nas árvores e os raios solares, as nuvens e o vento. Aproveite o momento e lembre-se ainda de que você é um espelho; está refletindo as nuvens e as árvores e os pássaros e as pessoas. Faça uma caminhada pela manhã e não se esqueça de que você não é a caminhada. Você não é o caminhante, mas o observador. E pouco a pouco você conseguirá experimentar uma amostra disso — é uma amostra, a coisa vem devagar. É o fenômeno mais delicado deste mundo; você não pode ter pressa. É preciso paciência.

Coma, sinta o sabor da comida e lembre-se de que você é um observador. No início, isso provocará uma leve perturbação, pois você nunca fez essas duas coisas juntas antes. No começo, eu sei, é como se você parasse de comer quando começa a observar e como se esquecesse de observar quando começa a comer.

Nossa consciência é uma via de mão única — neste momento, do modo como ela é — ela só segue na direção do alvo. Mas ela pode se tornar uma via de duas mãos: pode comer e observar ao mesmo tempo. Você pode aquietar-se em seu centro e, ainda assim, ver a tempestade à sua volta; pode se tornar o olho do furacão.

TRANSFORMANDO O MEDO

O medo tem uma beleza própria, uma delicadeza e sensibilidade que só ele tem. Na verdade, trata-se de uma vivacidade extremamente sutil. A palavra é negativa, mas o sentimento em si é muito positivo. Só os processos vivos podem sentir medo; uma coisa morta não tem medo. O medo faz parte de tudo que é vivo, que é delicado e que é frágil. Portanto, dê vazão ao medo. Trema com ele, deixe-o sacudir as suas bases — e aproveite-o como uma profunda experiência de viver um turbilhão.

Não tome nenhuma atitude com relação ao medo; na verdade, não o chame de medo. No momento em que chamá-lo de medo você terá tomado uma atitude. Já o terá condenado; já terá dito que ele é errado, que não deveria existir. Você já estará em alerta, pronto para fugir, para sair correndo. De um jeito muito sutil, você terá fugido para longe dele. Portanto não o chame de medo. Essa é uma das coisas mais importantes: pare de dar nome às coisas. Simplesmente observe o sentimento que ela provoca, o jeito como ela é. Permita-a e não lhe dê um rótulo; continue ignorante.

A ignorância é um estado extremamente meditativo. Faça questão de ser ignorante e não deixe que a mente o manipule. Não deixe que a mente use a linguagem e as palavras, rótulos e categorias, porque ela tem todo um processo. Uma coisa é associada à outra e por aí vai indefinidamente. Então simplesmente olhe — não o chame de medo.

Permita o tremor

Ficar com medo e tremer — isso é maravilhoso. Esconda-se num canto, enfie-se embaixo do cobertor e trema. Faça o que um animal faria se estivesse com medo. O que uma criança pequena faz quando tem medo? Ela chora. Ou um membro de uma tribo primitiva, o que ele faria? Só os povos primitivos sabem que, quando estão tomados pelo medo, ficam com os pêlos eriçados. Os povos civilizados esqueceram essa experiência; ela se tornou uma simples metáfora. Pensamos que é só maneira de dizer, não algo que aconteça de verdade. Mas na verdade acontece.

Se deixar que o medo tome conta de você, os seus pêlos ficarão eriçados. Então, pela primeira vez, você saberá que belo fenômeno é o medo.

Nesse tumulto, nesse ciclone, você descobrirá que ainda existe um ponto em algum lugar dentro de você que permanece absolutamente imperturbável. E, se o medo não pode afetá-lo, a morte também não pode. Há escuridão e medo em toda volta, mas um pontinho central que transcende tudo isso. Não que você esteja tentando transcender; você simplesmente deixa que o medo tome conta de você, mas de repente se dá conta do contraste, toma consciência desse pontinho. O medo é uma das portas pelas quais a pessoa penetra no seu próprio ser.

Faça o que você tem medo de fazer

Sempre que sentir medo, lembre-se de não fugir, pois não é essa a solução. Enfrente o medo. Se tiver medo da escuridão da noite, saia por aí no meio da noite, pois essa é a única maneira de superar o medo. Esse é o único jeito de transcendê-lo. Saia no meio da noite; não há nada mais importante do que isso. Espere, sente-se sozinho e deixe que a noite faça o resto.

Se sentir medo, trema. Deixe o seu corpo tremer, mas diga à noite, "Faça o que quiser. Eu estou aqui". Depois de alguns minutos você vai ver que tudo vai se aquietar. A escuridão não será mais tão escura, ela se tornará luminosa. Você vai gostar dela. Poderá tocá-la — o silêncio aveludado, a vastidão, a música no ar. Você vai conseguir apreciá-la e dirá, "Que tolice a minha de ter medo de uma experiência tão bela!"

Sempre que surgir o medo, nunca fuja dele. Do contrário ele se tornará um bloqueio e o seu ser não conseguirá crescer nessa dimensão. Na verdade, aproveite para conseguir algumas pistas com o medo. Elas indicam a direção que você precisa seguir. O medo é simplesmente um desafio. Ele convoca você: "Venha!" Na sua vida, haverá muitos espaços aterrorizantes. Aceite o desafio e siga em frente. Nunca fuja e nunca seja covarde. Então um dia, oculto por trás de cada medo, você encontrará tesouros. É assim que você se torna multidimensional.

E lembre-se: tudo o que é vivo lhe inspirará medo. As coisas mortas não lhe provocam medo, porque elas não representam nenhum desafio.

Relaxe e observe

Sempre que se sentir assustado, simplesmente relaxe. Aceite o fato de que está com medo, mas não faça nada a respeito. Ignore o medo; não preste atenção nele.

Observe o corpo. Não pode haver nenhuma tensão nele. Se o corpo não estiver tenso, o medo desaparece automaticamente. O medo cria um estado de tensão no corpo, para que possa se enraizar nele. Se o corpo está relaxado, o medo acaba desaparecendo. Uma pessoa relaxada não pode ficar assustada. Você não pode assustar uma pessoa relaxada. Mesmo que ela sinta medo, ele será como uma onda que vem e vai; não criará raízes.

E o medo indo e vindo como as ondas, enquanto você permanece impassível, é maravilhoso! Quando se enraíza em você e começa a crescer, ele passa a ser um tumor, um tumor canceroso. E acaba debilitando o seu organismo interior.

Portanto, sempre que se sentir assustado, só tome cuidado para não deixar o corpo tenso. Deite-se no chão e relaxe — o relaxamento é o antídoto do medo —, e ele virá e irá embora. Você simplesmente observa.

Essa observação deve ser indiferente. A pessoa simplesmente aceita que está tudo bem. O dia está quente; o que você vai fazer? O corpo está transpirando; você precisa agüentar. A noite está chegando e uma brisa fresca começará a soprar. Então observe e fique relaxado.

Depois que você pegar o jeito — e isso logo acontecerá —, verá que, se ficar relaxado, o medo não poderá fincar as suas garras em você.

Caia no sono como se estivesse morrendo

À noite, antes de dormir, fique uns cinco ou dez minutos simplesmente deitado na cama, sentindo como se estivesse morrendo — faça isso toda noite. Dentro de uma semana você conseguirá se entregar a esse sentimento e apreciá-lo. Você ficará surpreso ao perceber quanta tensão deixará o seu corpo. Deixe que o seu corpo todo morra, caia no sono como se estivesse morrendo, e na manhã seguinte você se sentirá revigorado e cheio de energia. A energia fluirá harmoniosamente.

Transformando a raiva

Lembre-se, nós injetamos energia na raiva; só então ela ganha vida. Ela não tem energia própria; depende da nossa cooperação. Na observação, essa cooperação deixa de existir; você não precisa mais apoiá-la. Ela resistirá por alguns minutos, uns poucos minutos, e depois sumirá. Sem encontrar raízes em você, percebendo a sua indisponibilidade, vendo que você está distante, um observador nas montanhas, ela se dissipará, desaparecerá. E esse desaparecimento é lindo. É uma grande experiência.

Ao ver a raiva desaparecendo, surge uma grande serenidade: o silêncio que sucede a tempestade. Você ficará surpreso ao perceber que, a cada vez que a raiva surgir e você conseguir observá-la, sobrevirá uma tranqüilidade que você nunca sentiu antes. Você cairá num estado de profunda meditação... quando a raiva desaparece, você se vê revigorado, rejuvenescido, inocente, como nunca se viu antes. Então você ficará até grato à raiva; não ficará zangado com ela — pois ela lhe concedeu um novo espaço onde viver, uma experiência inteiramente nova pela qual passar. Você usou a raiva, fez uma ponte para transpô-la.

Esse é um modo criativo de usar as emoções negativas.

Apenas fique com raiva

Quando estiver com raiva, não há necessidade de despejá-la sobre alguém; apenas fique com raiva. Deixe que ela seja uma meditação. Feche a porta do quarto, sente-se e extravase-a. Se tiver vontade de bater, bata no travesseiro...

Faça tudo o que tiver vontade; o travesseiro não vai reclamar. Se quiser matá-lo, pegue uma faca e mate-o. Isso ajuda, ajuda muito. As pessoas não imaginam como um travesseiro pode ser útil. Simplesmente espanque-o, morda-o, atire-o na parede. Se estiver com raiva de alguém em particular, escreva o nome dessa pessoa no travesseiro ou prenda ali uma fotografia dela.

Faça da sua raiva um ato de total meditação e depois veja o que acontece. Você sentirá a raiva se irradiando de todo o seu corpo. Se der vazão a ela, cada célula do seu corpo a sentirá. Cada poro, cada fibra do seu corpo se tornará violenta. Todo o seu corpo irá à loucura. Ele enlouquecerá, mas deixe, não o contenha.

Você se sentirá ridículo, um idiota — mas a raiva *é* ridícula; você não pode fazer nada a respeito disso. Então deixe que ela seja extravasada e saboreie-a como um fenômeno energético. Ela é um fenômeno energético. Se não estiver machucando ninguém, então não há nada errado com ela. Quando experimentar fazer isso, você vai notar que a idéia de ferir alguém aos poucos vai deixando de existir. Você pode fazer disso uma prática diária, só vinte minutos todas as manhãs.

Então observe o que acontece ao longo do dia. Você ficará mais calmo, porque a energia que iria se transformar em raiva já foi extravasada; a energia que se transformaria em veneno já foi eliminada do organismo. Faça isso pelo menos duas vezes por semana e, depois de uma semana, você ficará surpreso ao perceber que, seja qual for a situação, a raiva não aflorará mais.

Esfrie a cabeça

Entre no seu quarto, feche a porta e pense numa experiência de raiva em que você perdeu a cabeça. Lembre-se dela e reviva-a. Não será difícil. Volte a encenar a raiva outra vez, e então mais uma vez, revivendo-a. Não se lembre apenas: *reviva*-a. Lembre-se de alguém que tenha insultado você e o que ela disse e como você reagiu a isso. Refaça toda a cena, recapitule-a.

A sua mente não passa de um gravador e esse incidente está gravado na mesma seqüência em que aconteceu, como se ele estivesse num gravador em seu cérebro. Você pode ter o mesmo sentimento outra vez. Os seus olhos chisparão fogo, o seu corpo começará a tremer e você ferverá de raiva — toda a cena se repetirá. Portanto, não se lembre apenas: volte a viver o incidente. Comece a sentir a experiência outra vez e a mente captará a idéia. Toda a cena será recapitulada e você a viverá outra vez. Mas ao fazer isso permaneça imperturbável.

Comece do passado — isso é fácil porque se trata de uma brincadeira, não a situação de verdade. E, se conseguir fazer isso, você conseguirá fazer a mesma coisa quando sentir raiva de verdade, quando se tratar de uma situação real. Essa reencenação de uma situação do passado ajudará muito você.

Todo mundo tem cicatrizes na mente; feridas que ainda não foram curadas. Se você voltar a encená-las, sentirá um grande alívio. Se conseguir voltar ao passado e concluir algo que ficou inacabado, o seu passado deixará de ser um fardo nos seus ombros. A sua mente ficará mais cheia de vida; a poeira será espanada.

Essa questão inacabada paira sobre a sua mente como uma nuvem. Ela influencia tudo o que você é e o que está fazendo. Essa nuvem tem de ser dispersada. Retroceda no tempo e traga de volta desejos que não se realizaram e cure as feridas que ainda o machucam. Elas têm de ser curadas. Você ficará mais inteiro e aprenderá como ficar impassível numa situação perturbadora.

Tome nota três vezes

No Budismo, existe um método que eles chamam de "tomar nota três vezes". Se surgir um problema — por exemplo, se alguém de repente sente ciúme, ganância ou raiva —, eles têm de reparar três vezes no fato de que esse sentimento existe. Se sentir raiva, o discípulo tem de dizer três vezes mentalmente, "Raiva... Raiva... Raiva". Só faz isso para tomar nota do sentimento e não perder a consciência. Então ele volta a fazer o que estava fazendo antes. Não faz nada a respeito da raiva, simplesmente toma nota dela três vezes.

É tremendamente belo. Imediatamente você se dá conta da perturbação, repara nela e ela se dissipa. Ela não pode tomar conta de você, porque isso só acontece quando você está inconsciente. Essa prática, de tomar nota mentalmente três vezes, deixará você tão alerta interiormente que você se distanciará da raiva. Você pode objetivá-la, porque ela está lá e você aqui. E Buda dizia aos seus discípulos para fazer a mesma coisa com tudo.

Corra como uma criança

Comece a correr na rua pela manhã. Comece percorrendo uma distância de um quilômetro, depois dois, até chegar a percorrer pelo menos cinco quilômetros. Enquanto corre, use todo o seu corpo. Não corra como se estivesse numa camisa-de-força. Corra como uma criancinha, usando corpo inteiro — mãos e pés — e corra. Respire fundo e com a barriga. Então sente-se embaixo de uma árvore, descanse, transpire e deixe-se banhar pela brisa; sinta-se em paz. Isso lhe fará muito bem.

A musculatura tem de ficar relaxada. Se gosta de nadar, você também pode fazer o mesmo. Isso ajudará. Mas também tem de ser feito da maneira mais total possível. Qualquer coisa em que você possa se envolver totalmente será útil. Não é uma questão de ficar com raiva ou sentir qualquer outra emoção. É se envolver totalmente seja no que for; então você será capaz de se entregar à raiva e ao amor. A pessoa que sabe se entregar a uma coisa totalmente consegue se entregar a tudo totalmente; não importa a quê.

E é difícil trabalhar diretamente com a raiva, porque ela pode estar profundamente reprimida. Então trabalhe indiretamente. Correr ajudará muito a raiva e o medo a evaporar. Quando você corre por um longo período e respira fundo, a mente pára de funcionar e o corpo assume o comando. Enquanto você está sentado à sombra de uma árvore, transpirando, sentindo a brisa fresca, sua mente está vazia de pensamentos. Você é simplesmente um corpo palpitante, um corpo vivo, um organismo em sintonia com o todo, assim como um animal.

Dentro de três semanas você sentirá as coisas muito profundamente. Depois que a raiva se for, você se sentirá livre.

Lembre-se de que você é a fonte

Alguém insultou você — a raiva irrompe de repente e você fervilha de raiva. A raiva está fluindo na direção da pessoa que o insultou. Agora você projetará toda essa raiva sobre o outro. Ele não fez nada. Se insultou você, o que ela fez de fato? Só lhe deu uma alfinetada, ajudou a sua raiva a aflorar — mas a raiva é sua.

O outro não é a fonte; a fonte está sempre dentro de você. O outro está atingindo a fonte, mas, se não houvesse raiva dentro de você, ela não poderia aflorar. Se você bater num buda, só provocará compaixão, porque só existe compaixão dentro dele. A raiva não vai aflorar porque não existe raiva. Se você jogar um balde num poço vazio, ele voltará vazio. Se jogar um balde num poço cheio de água, ele sairá de lá cheio de água, mas a água será do poço. O balde só a ajudou a vir para fora. Portanto, a pessoa que o insultou só está jogando um balde em você, e ele sairá de lá cheio da raiva, do ódio ou do fogo que existe em você. Você é a fonte, lembre-se.

Para praticar esta técnica, lembre-se de que você é a fonte de tudo o que projeta sobre os outros. E sempre que sentir uma disposição a favor ou contra, no mesmo instante volte-se para si e busque a fonte de onde o ódio está partindo. Fique centrado ali; não dê atenção ao objeto. Alguém lhe deu a chance de tomar consciência da sua própria raiva; agradeça-o imediatamente e esqueça-o. Feche os olhos, volte-se para dentro e agora olhe a fonte de onde esse amor ou essa raiva está vindo. De onde ela vem? Vá para dentro de si mesmo, volte-se para dentro. Você descobrirá ali a fonte, pois a raiva está vindo dali.

O ódio, o amor ou seja o que for, tudo vem da sua fonte. E é fácil encontrar a fonte quando você está com raiva, ou sentindo amor, ou cheio de ódio, porque nesse momento você está quente. É fácil voltar-se para dentro nessa hora. A fiação está quente e você pode senti-la dentro de você e se guiar pelo calor. E, quando atingir um ponto frio interior, descobrirá de repente uma outra dimensão, um mundo diferente abrindo-se para você. Use a raiva, use o ódio, use o amor para mergulhar em si mesmo.

Um dos maiores mestres zen, Lin Chi, costumava dizer, "Quando eu era jovem, adorava andar de barco. Eu tinha um barquinho e remava sozinho num lago. Eu ficava ali durante horas.

"Uma vez eu estava no meu barco, de olhos fechados, meditando, numa noite esplêndida. Então um outro barco veio flutuando, trazido pela corrente, e bateu no meu. Meus olhos estavam fechados, então eu pensei, 'Alguém bateu o barco no meu'. Enchi-me de raiva. Abri os olhos e estava a ponto de vociferar algo para o homem, quando percebi que o barco esta-

MEDITAÇÕES E EXERCÍCIOS PARA A TRANSFORMAÇÃO 249

va vazio! Então não havia onde descarregar a minha raiva. Em quem eu iria extravasá-la? O barco estava vazio, à deriva no lago e tinha colidido com o meu. Então não havia nada a fazer. Não havia possibilidade de projetar a raiva num barco vazio."

Então Lin Chi continuou, "Eu fechei os olhos. A raiva estava ali. Mas não sabia como extravasar. Eu fechei os olhos e simplesmente flutuei de volta com a raiva. E esse barco vazio tornou-se a minha descoberta. Eu atingi um ponto dentro de mim naquela noite silenciosa. Esse barco vazio foi meu mestre. E, se agora alguém vem me insultar, eu rio e digo, 'Esse barco também está vazio'. Fecho os olhos e mergulho dentro de mim".

TRANSFORMANDO A TRISTEZA E A DEPRESSÃO

NOTA DO EDITOR: *Assim como Osho mencionou anteriormente, muito da nossa tristeza e da nossa depressão está relacionado à raiva reprimida, e pode ser tratada por meio dos métodos apresentados na seção anterior. Eis aqui mais alguns métodos que podem ser experimentados:*

Encontre o seu sorriso interior

Quando estiver feliz, comece a fazer uma coisa: fique sentado sem fazer nada, relaxe o maxilar inferior e abra ligeiramente a boca. Comece a respirar pela boca, superficialmente. Deixe que o corpo respire de modo que a respiração fique cada vez mais superficial. E, quando sentir que ela ficou bem superficial, a boca está aberta e o maxilar relaxado, todo o seu corpo se sentirá relaxado.

Nesse momento, comece a sentir um sorriso, não no rosto, mas no seu ser interior — e você será capaz de senti-lo. Não é um sorriso que venha dos lábios, é um sorriso existencial que só se espalha por dentro.

Experimente esta noite e você saberá como é, porque não dá para explicar. Não precisa sorrir com os lábios, mas só como se estivesse sorrindo a partir da barriga; a barriga está sorrindo. E é um sorriso, não uma risada, por isso ele é muito suave, delicado, frágil — como uma florzinha se abrindo na barriga e a fragrância se espalhando pelo corpo inteiro.

Depois que souber como é esse sorriso, você poderá passar as vinte e quatro horas do dia feliz. E, sempre que sentir que está perdendo essa felicidade, é só fechar os olhos, procurá-lo dentro de você e ele estará lá. E durante o dia você pode resgatá-lo quantas vezes quiser. Ele estará sempre ali.

A primeira decisão do dia

Existiu um místico sufi que passou a vida toda feliz — ninguém jamais o viu triste. Ele vivia dando risada, era gozador, todo o seu ser era um perfume de celebração.

Na velhice, quando estava morrendo — mesmo no leito de morte ele ria, fazia graça —, um discípulo perguntou, "Você nos deixa intrigados. Continua rindo! Como consegue?"

O ancião respondeu, "É simples. Eu perguntei ao meu mestre. Procurei-o quando era rapaz; eu tinha apenas 17 anos e já era infeliz, e meu mestre era velho, estava na casa dos 70 anos, e ainda estava sentado debaixo de uma árvore, rindo sem motivo nenhum. Não havia mais ninguém ali, não estava acontecendo nada, ninguém tinha contado uma piada ou coisa assim, e ele estava simplesmente dando risada, com as mãos na barriga. Eu lhe perguntei, 'O que há com o senhor? Está louco ou o quê?'

"Ele disse, 'Um dia eu estava tão triste quanto você. Então compreendi que a escolha era minha, era a minha vida'. Desde então, toda manhã quando eu acordo a primeira coisa que decido é... antes de abrir os olhos eu digo a mim mesmo, 'Abdula' — esse era o nome dele — 'o que você quer? Sofrer ou ser feliz? Qual será a sua escolha hoje?' E acontece que eu sempre escolho ser feliz."

Rir/Entrar em contato com a terra/Dançar

Sente-se em silêncio e dê uma risada que venha das entranhas do seu ser, como se todo o seu corpo estivesse rindo, gargalhando. Deixe que o seu corpo balance com essa risada; deixe que ela se espalhe da sua barriga para todo o seu corpo — as mãos riem, os pés riem. Entregue-se a ela sem medo.

Por vinte minutos faça somente isso. Se a risada ficar alta, escrachada, deixe. Se ela vier silenciosa, tudo bem; se vier alta, tudo bem; mas fique vinte minutos rindo. Depois deite-se na terra ou no chão e fique estatelado ali, de barriga para baixo. Se o tempo estiver quente e você puder fazer isso num jardim, em contato com a terra, tanto melhor. Se puder ficar nu, melhor ainda. Faça contato com a terra, com o seu corpo todo deitado sobre a terra e simplesmente sinta que ela é sua mãe e você é seu filho. Entregue-se totalmente a esse sentimento.

Vinte minutos de risada, depois vinte minutos em profundo contato com a terra. Respire com a terra, sinta-se um com ela. Nós viemos da terra e um dia voltaremos para ela. Depois desses vinte minutos de energização — porque a terra lhe transmitirá tanta energia que o seu dançar adquirirá uma qualidade diferente — dance durante vinte minutos. Apenas dance. Coloque uma música para tocar e dance.

Se achar difícil, se estiver frio lá fora ou se você não tiver um espaço dentro de casa em que possa ter privacidade, então você pode fazer isso no seu quarto. Se possível, faça ao ar livre. Se estiver frio, cubra-se com um cobertor. Encontre uma maneira de praticar e, em seis meses, você verá grandes mudanças acontecendo no seu ser.

Seja tão negativo quanto puder

Durante quarenta minutos, seja apenas negativo — tão negativo quanto puder. Feche as portas, coloque travesseiros espalhados pelo quarto. Tire o telefone do gancho e diga a todo mundo que você não quer ser perturbado por uma hora. Coloque um aviso na porta dizendo que, durante uma hora, você quer ficar sozinho. Deixe o ambiente o mais sombrio possível. Coloque uma música melancólica e sinta-se morto. Sente-se e se sinta negativo. Repita "Não" como se recitasse um mantra.

Imagine cenas do passado — quando você se sentia extremamente apático e desvitalizado, queria se matar e não sentia nenhum entusiasmo pela vida — e exagere esses sentimentos. Crie toda uma situação em torno de você. A sua mente desviará a sua atenção. Ela dirá, "O que está fazendo? A noite está tão bonita, é lua cheia!" Não ouça a mente. Diga a ela que pode voltar mais tarde, mas agora você quer devotar todo o seu tempo a mais completa negatividade. Chore, soluce, grite, berre, pragueje, faça o que lhe der vontade, mas lembre-se de uma coisa: não fique feliz. Não dê espaço para nenhuma felicidade. Se se pegar feliz, dê uma bofetada em si mesmo! Volte a ser negativo e comece a bater nos travesseiros, a brigar com eles, a pular sobre eles. Seja desagradável e irritante! E você vai descobrir que é muito difícil ser negativo durante quarenta minutos.

Essa é uma das leis mais básicas da mente: qualquer que seja a coisa negativa que você tente fazer conscientemente, não consegue. Mas *faça* — e quando a fizer conscientemente você sentirá uma separação. Você a estará fazendo, mas ainda será uma testemunha; você não se perderá na negatividade. Surge uma distância, e essa distância é extremamente bela.

Depois de quarenta minutos, afaste-se subitamente da negatividade. Jogue longe os travesseiros, acenda a luz, coloque uma música bonita e dance durante vinte minutos. Diga apenas "Sim!", "Sim!", "Sim!" — deixe que essas palavras sejam o seu mantra. E então tome uma boa chuveirada. Livre-se de toda a negatividade e ela fará com que o fato de dizer "Sim" passe a ter um sentido totalmente novo.

Vá para o oposto

Se você estiver com raiva, faça algo que seja justamente o contrário para quebrar o hábito. Não apenas isso — quando você quebra um hábito, a energia é liberada. Se não usar essa energia, o hábito será novamente restabelecido pela mente; se não for, para onde essa energia irá? Então, sempre vá para o lado oposto.

Se estiver triste, tente ficar alegre. É difícil, porque os velhos hábitos são os que oferecem menor resistência — são mais fáceis — e ficar feliz exigirá um esforço. Você terá de iniciar uma briga com os hábitos mecânicos mortos da mente. Por isso você terá de recondicioná-la. Isto é, você cria um novo hábito de ser feliz.

A menos que um novo hábito seja criado — o de ser feliz — o velho vai persistir, pois a energia precisa de uma válvula de escape. Você não pode ficar sem uma válvula de escape. Você morrerá, sufocará. Se a sua energia não se tornar amor, ela acabará ficando amarga, acre; se tornará raiva, tristeza. A tristeza não é o problema; nem a raiva ou a infelicidade. O problema é como não voltar à mesma trilha.

Então viva um pouquinho mais consciente. E, quando você se surpreender no mesmo hábito, faça na mesma hora justamente o oposto; não espere nem um único instante. É fácil — depois que você pega o jeito. Quando estiver começando a se acomodar... faça alguma coisa!

Qualquer coisa serve. Dê uma longa caminhada, comece a dançar. Não importa que a dança seja um pouquinho triste no começo. É inevitável: você está triste, como poderia ficar feliz de uma hora para outra? Comece a dançar com tristeza e a dança afastará a tristeza. Você acrescentará algo novo à tristeza que nunca esteve lá antes. Você nunca dançou quando estava triste e se sentindo infeliz, isso confunde a sua mente. Ela ficará perdida — O que fazer? — porque a mente só consegue funcionar com base no velho. Qualquer coisa nova tirará a sua eficiência.

Todo mundo acaba se tornando especialista — especialista em tristeza, em infelicidade, em raiva. Então você fica com medo de perder a sua habilidade, porque você nunca foi tão eficiente.

Se ficar triste — dance, fique embaixo do chuveiro e veja a tristeza desaparecendo do seu corpo à medida que ele se refresca com a água. Sinta que a água do chuveiro está levando a tristeza, assim como o suor e a poeira do seu corpo. E veja o que acontece.

TRANSFORMANDO O CIÚME

Se estiver sofrendo de ciúme, simplesmente observe como esse sentimento brota em você — como ele o arrebata, envolve você, nubla a sua visão, tenta manipulá-lo. Como ele o arrasta por caminhos que você nunca quis seguir, como acaba gerando uma enorme frustração, destrói a sua energia, dissipa a sua energia e deixa você deprimido, frustrado.

Veja apenas a facticidade do ciúme — sem condenação, sem avaliação, sem nenhum julgamento nem contra nem a favor. Só observe, alheado, distante, como se você não tivesse nada a ver com ele. Seja extremamente científico nessa observação.

Uma das maiores contribuições científicas feitas ao mundo foi a observação imparcial, neutra. Quando o cientista faz um experimento ele simplesmente observa sem nenhum julgamento, sem tirar nenhuma conclusão. Se ele já tivesse uma conclusão em mente, isso significaria que não é um cientista; essa conclusão afetaria o experimento.

Seja um cientista do seu mundo interior. Deixe que a sua mente seja o seu laboratório e apenas observe — sem nenhuma condenação, lembre-se. Não diga, "O ciúme é ruim". Quem pode saber? Não diga, "A raiva é ruim". Quem sabe? Sim, você ouviu dizer que ela é ruim, já lhe disseram isso, mas isso é o que os outros dizem; não é a sua experiência. Você precisa ser muito existencial, empírico — a menos que a sua experiência prove, você não dirá nem sim nem não a nada. Você tem de ser extremamente imparcial. E então a observação do ciúme se revelará um milagre.

Você simplesmente observa sem ter tomado nenhuma decisão, só vê exatamente o que está acontecendo. O que é esse ciúme? Que energia é essa que chamam de ciúme? E observe-a como se observasse uma rosa: só olhe para ela. Quando não existe nenhuma conclusão, os seus olhos ficam claros. A clareza só é possível àqueles que não tem conclusões. Observe, olhe para o ciúme e ele ficará transparente; então você saberá que esse sentimento é uma estupidez. E conhecendo essa estupidez ela se dissipará por conta própria. Você não precisará se livrar dela.

Observando o sexo

Entregue-se ao sexo; não há nada de errado nisso, mas continue sendo um observador. Observe todos os movimentos do seu corpo; observe a energia fluindo dentro e fora de você, observe como a energia desce para os genitais, observe o orgasmo, o que está acontecendo — como dois corpos movem-se no mesmo ritmo. Observe o seu coração batendo: cada vez mais rápido, até o momento em que ele bate enlouquecidamente. Observe a temperatura do seu corpo; o sangue circula mais depressa. Observe a respiração; ela fica febril e caótica. Observe o momento em que você perde o

MEDITAÇÕES E EXERCÍCIOS PARA A TRANSFORMAÇÃO 255

controle e todos os movimentos ficam involuntários. Observe o momento em que você não consegue mais retroceder. O corpo se torna automático e você perde todo o controle. Um segundo antes da ejaculação você perde o controle e o corpo o assume.

Observe: o processo voluntário e o processo involuntário. O momento em que você tinha o controle e podia voltar atrás, quando o retorno era possível; e o momento em que você não pode mais voltar atrás e o retorno ficou impossível; o corpo assumiu completamente o controle e você ficou à mercê dele. Observe tudo — e milhões de coisas estão acontecendo. Tudo é tão complexo e nada é mais complexo do que o sexo, pois toda a mentecorpo está envolvida; só a testemunha não está; só uma coisa permanece sempre de fora.

A testemunha é alguém de fora. Pela sua própria natureza, ela nunca poderia ser de dentro. Descubra essa testemunha e então você ficará no topo da montanha e tudo o mais acontecerá lá embaixo, no vale, e você não estará preocupado. Você simplesmente olhará; que relação aquilo tem com você? É como se estivesse acontecendo a outra pessoa.

Do desejo para o amor

Sempre que você é tomado pelo desejo sexual, existem três possibilidades. Uma delas é se entregar a ele; isso é o mais comum, todo mundo faz. A segunda é reprimir esse desejo, forçá-lo a ir para dentro, de modo que saia da consciência e vá para a escuridão do inconsciente, vá para os porões da sua vida. Isso é o que estão fazendo as pessoas supostamente extraordinárias — mahatmas, santos, monges. Mas essas duas possibilidades são contra a natureza e contra a ciência interior da transformação.

A terceira — só uma pequena minoria já a tentou — é aquela em que você fecha os olhos quando surge o desejo sexual. Esse é um momento muito especial: o desejo está surgindo e isso significa energia. É como o sol nascendo pela manhã. Feche os olhos; esse é o momento de ser meditativo. Volte-se para dentro, para o centro sexual em que você sente o frêmito, a vibração, a excitação. Vá para lá e seja apenas um expectador silencioso. Testemunhe, não condene. No momento em que condenar, você sairá dali. E não ache gostoso ficar ali, pois no momento em que fizer isso ficará inconsciente. Fique apenas alerta, atento, como uma lâmpada brilhando na escuridão. Você só leva a sua consciência para lá, sem deixar que ela vacile, bruxuleie. Veja o que está acontecendo no centro sexual. Que energia é essa?

Não dê nenhum nome a ela, pois todas as palavras já foram contaminadas. Mesmo se você disser que ela é "sexo", começará na mesma hora a condená-la. A própria palavra se tornou condenatória. Ou, se você pertence a outra geração, então a própria palavra se tornou algo sagrado. Mas a palavra sempre vem carregada de emoção. E qualquer palavra carregada de emoção torna-se um obstáculo no caminho da percepção.

Não chame simplesmente de nada, só observe o fato de uma energia estar surgindo perto do seu centro sexual. Há um arrepio — observe-o. E ao observá-lo você sente uma energia totalmente diferente. Observe-a e você verá que ela está subindo; está encontrando um caminho dentro de você. E no momento em que ela começar a subir você sentirá uma espécie de frescor caindo sobre você, um silêncio envolvendo-o, uma graça, uma beatitude, uma bênção em toda a sua volta. Não é mais como um espinho, dolorosa. Ela não dói mais; é muito suave, como um bálsamo. E quanto mais tempo você ficar consciente, mas alto ela subirá. Se ela conseguir chegar ao coração, o que não é muito difícil — é difícil, mas não *muito* difícil —, se conseguir permanecer alerta, você verá que ela chegou ao coração, e quando isso acontece você sabe pela primeira vez o que é amor.

Sinta a sua dor

Se alguém ferir você, sinta-se grato por essa pessoa ter lhe dado a oportunidade de sentir uma ferida profunda. Ela abriu uma ferida em você. Essa ferida pode ter sido ocasionada pelas muitas mágoas que você sofreu ao longo de toda a sua vida. O outro pode não ter sido a causa de todo o sofrimento, mas ele desencadeou um processo. Então feche a porta do seu quarto, sente-se em silêncio, sem nenhuma raiva da pessoa, mas com total consciência do sentimento que ela despertou em você; o sentimento de mágoa de ter sido rejeitado, de ter sido insultado. E então você ficará surpreso de ver que não existe apenas uma pessoa ali: todos os homens e todas as

MEDITAÇÕES E EXERCÍCIOS PARA A TRANSFORMAÇÃO 257

mulheres e todas as pessoas que já feriram você continuam vivos na sua memória.

Você começará não apenas a se lembrar deles, como também reviver essas mágoas. Você entrará numa espécie de primal. Sinta a mágoa, sinta a dor, não a evite. É por isso que, em muitas terapias, recomenda-se que o paciente não tome nenhuma droga antes de a terapia começar, pela simples razão de que as drogas são uma maneira de fugir da sua dor.

Não importa o quanto isso doa ou o quanto o faça sofrer, dê vazão a esse sentimento. Primeiro sinta-o em toda a sua intensidade. Será difícil, vai partir o seu coração. Você poderá começar a chorar como uma criança, poderá começar a rolar no chão em profunda agonia, o seu corpo pode se contorcer. Você pode de repente perceber que a dor não está só no seu coração, está no seu corpo todo — que tudo dói, tudo está dolorido, todo o seu corpo não é nada além de uma dor.

Se você conseguir sentir essa dor — e isso é extremamente importante —, então comece a absorvê-la. Não jogue-a fora. É uma energia tão valiosa, não a desperdice. Absorva-a, sorva-a, aceite-a, dê-lhe as boas-vindas, sinta-se grato por ela. E diga a si mesmo, "Desta vez não vou evitá-la, desta vez não vou rejeitá-la, desta vez não vou jogá-la fora. Desta vez vou sorvê-la e recebê-la como um hóspede. Desta vez vou digeri-la".

Pode levar dias até que você consiga digeri-la, mas no dia em que isso acontecer, você terá encontrado uma porta que o levará muito, mas muito longe. Uma nova jornada se iniciará na sua vida, você estará avançando para um novo tipo de ser — porque imediatamente, no momento em que você aceitar a dor sem rejeitá-la, a energia dessa dor e a sua qualidade mudam. Ela deixa de ser dor. Na verdade, a pessoa fica simplesmente surpresa; mal pode acreditar, é quase inacreditável. Ela não pode acreditar que o sofrimento pode se transformar em êxtase, que a dor pode se tornar júbilo.

Descondicione o seu passado

A tristeza nada mais é do que a mesma energia que poderia ter sido felicidade. Quando não vê a sua felicidade florescendo, você fica triste. Sempre que vê alguém feliz, você fica triste; por que não está acontecendo com você? Mas pode acontecer com você! Isso não é problema. Você só tem de descondicionar o seu passado. Terá de parar um pouco de atrapalhar para que isso aconteça, portanto só faça um pouco de esforço para se abrir.

Comece uma meditação numa noite. Sinta como se você não fosse um ser humano. Você pode escolher qualquer animal que o agrade. Se você gosta de gatos, ótimo. Se gosta de cães, tudo bem... ou um tigre — macho, fêmea, qualquer coisa que quiser. Apenas escolha, mas depois não mude mais. Torne-se esse animal. Ande de quatro no quarto e torne-se esse animal. Durante quinze minutos entre na fantasia o máximo que puder. Lata se for um cão e faça coisas que um cão faria — e faça de verdade! Divirta-se. E não controle, porque um cão não pode controlar nada. Um cão significa liberdade absoluta, portanto o que quer que aconteça no momento, deixe. Não traga de volta o elemento humano do controle. Seja de fato um cão. Durante quinze minutos ande rugindo pelo quarto... lata, pule.

Continue fazendo isso durante sete dias. Ajudará. Você precisa de um pouco mais de energia animal. Você está sofisticado demais, civilizado demais e isso está mutilando você. Civilização demais é uma coisa paralisante. É bom em pequenas doses, mas em excesso é perigoso. É preciso nunca perder a capacidade de ser um animal. Se você conseguir aprender a ser um pouco selvagem, os seus problemas começarão a desaparecer.

Então faça uma coisa por alguns dias: sempre que sentir que está ficando infeliz, mergulhe lentamente nesse sentimento, não vá muito rápido; faça movimentos lentos, como no T'ai Chi.

Se estiver triste, então feche os olhos e deixe que um filme passe lentamente pela sua tela mental. Vá entrando nele bem devagar, vendo tudo à sua volta, olhando tudo, observando o que está acontecendo. Vá tão devagar que possa ver cada cena separadamente, cada fibra de toda a trama separadamente.

Durante alguns dias só faça movimentos lentos e desacelere também em outras coisas que fizer. Por exemplo, se estiver caminhando, caminhe mais devagar do que de costume. Comece a ficar para trás. Quando estiver

MEDITAÇÕES E EXERCÍCIOS PARA A TRANSFORMAÇÃO   **259**

comendo, coma devagar... mastigue mais. Se costuma demorar quarenta minutos para fazer uma refeição, torne-a 50% mais demorada. Se abre os olhos depressa, abra-os mais devagar. Tome um banho que demore o dobro do que costuma demorar; desacelere tudo.

Quando você faz tudo mais devagar, automaticamente todo o seu mecanismo também desacelera. Ele é um só: é o mesmo mecanismo com que você anda, é o mesmo com que você fala e o mesmo com que se enraivece. Não existem mecanismos diferentes; trata-se de um único mecanismo orgânico. Por isso, se você fizer tudo mais devagar, ficará surpreso ao perceber que a sua tristeza, a sua infelicidade, tudo também avançará num ritmo mais lento.

Buda costumava usar muito essa abordagem com os discípulos e consigo próprio. Ele lhes dizia para caminhar devagar, conversar devagar, fazer cada movimento devagar... como se não tivessem energia. E isso propicia uma grande experiência: os pensamentos ficam mais lentos, os seus desejos ficam mais lentos, os seus antigos hábitos ficam mais lentos. Experimente diminuir o seu ritmo durante três semanas.

MEDITAÇÕES ATIVAS DE OSHO

A seguir apresentamos uma lista das mais conhecidas meditações ativas de Osho, com uma breve descrição de cada uma delas. Cada técnica de meditação é acompanhada de uma música, composta sob a orientação de Osho, para dar estrutura e suporte para cada estágio do processo.

Meditação Dinâmica de Osho — Meditação dividida em cinco estágios, começando pela respiração profunda caótica, com a barriga, seguida pela catarse de liberação de energia, centramento, silêncio e celebração. Essa é uma das Meditações Ativas de Osho que mais exigem do físico — e mais purificam o emocional. Convém fazê-la pela manhã, ao acordar.

Meditação Kundalini de Osho — Muitas vezes considerada a "irmã" da Meditação Dinâmica, essa técnica é geralmente realizada à tarde ou no começo da noite, depois de um dia de trabalho. Ela permite que o corpo se agite e solte tensões e estresses acumulados de um modo solto e natural, seguido de dança e de um período final de silenciosa observação.

Meditação Nataraj de Osho — Essa meditação consiste num período de 45 minutos em que o praticante dança total e livremente, seguido de quietude e silêncio.

Meditação Nadabrahma de Osho — Baseada num método tibetano, essa técnica começa com um cantarolar de boca fechada cuja finalidade é abrir suavemente todos os centros energéticos do corpo. Em seguida o praticante começa a fazer movimentos lentos e graciosos com as mãos e acaba a meditação com um período de silêncio. Essa técnica propicia o centramento, a cura e o relaxamento.

Para informações e descrições mais detalhadas das técnicas, favor consultar o site www.osho.com/meditações.

SOBRE OSHO

Osho desafia categorizações. Suas milhares de palestras abrangem desde a busca individual por significado até os problemas sociais e políticos mais urgentes que a sociedade enfrenta hoje. Seus livros não são escritos, mas transcrições de gravações em áudio e vídeo de palestras proferidas de improviso a plateias de várias partes do mundo. Em suas próprias palavras, "Lembrem-se: nada do que eu digo é só para você... Falo também para as gerações futuras".

Osho foi descrito pelo *Sunday Times*, de Londres, como um dos "mil criadores do século XX", e pelo autor americano Tom Robbins como "o homem mais perigoso desde Jesus Cristo". O *jornal Sunday Mid-Day*, da Índia, elegeu Osho – ao lado de Buda, Gandhi e o primeiro-ministro Nehru – como uma das dez pessoas que mudaram o destino da Índia.

Sobre sua própria obra, Osho afirmou que está ajudando a criar as condições para o nascimento de um novo tipo de ser humano. Muitas vezes, ele caracterizou esse novo ser humano como "Zorba, o Buda" – capaz tanto de desfrutar os prazeres da terra, como Zorba, o Grego, como de desfrutar a silenciosa serenidade, como Gautama, o Buda.

Como um fio de ligação percorrendo todos os aspectos das palestras e meditações de Osho, há uma visão que engloba tanto a sabedoria perene de todas as eras passadas quanto o enorme potencial da ciência e da tecnologia de hoje (e de amanhã).

Osho é conhecido pela sua revolucionária contribuição à ciência da transformação interior, com uma abordagem de meditação que leva em conta o ritmo acelerado da vida contemporânea. Suas singulares meditações ativas OSHO têm por objetivo, antes de tudo, aliviar as tensões acumuladas no corpo e na mente, o que facilita a experiência da serenidade e do relaxamento, livre de pensamentos, na vida diária.

Dois trabalhos autobiográficos do autor estão disponíveis:

Autobiografia de um Místico Espiritualmente Incorreto, publicado por esta mesma Editora.

Glimpses of a Golden Childhood (Vislumbres de uma Infância Dourada).

OSHO INTERNATIONAL MEDITATION RESORT

Localização

Localizado a cerca de 160 quilômetros a sudeste de Mumbai, na florescente e moderna cidade de Puna, Índia, o **OSHO** International Meditation Resort é um destino de férias diferente. Estende-se por 28 acres de jardins espetaculares numa bela área residencial cercada de árvores.

OSHO Meditações

Uma agenda completa de meditações diárias para todo tipo de pessoa, segundo métodos tanto tradicionais quanto revolucionários, particularmente as Meditações Ativas **OSHO®**. As meditações acontecem no Auditório **OSHO**, sem dúvida o maior espaço de meditação do mundo.

OSHO Multiversity

Sessões individuais, cursos e *workshops* que abrangem desde artes criativas até tratamentos holísticos de saúde, transformação pessoal, relacionamentos e mudança de vida, meditação transformadora do cotidiano e do trabalho, ciências esotéricas e abordagem "Zen" aos esportes e à recreação. O segredo do sucesso da **OSHO** Multiversity reside no fato de que todos os seus programas se combinam com a meditação, amparando o conceito de que nós, como seres humanos, somos muito mais que a soma de nossas partes.

OSHO Basho Spa

O luxuoso Basho Spa oferece, para o lazer, piscina ao ar livre rodeada de árvores e plantas tropicais. Jacuzzi elegante e espaçosa, saunas, academia, quadras de tênis... tudo isso enriquecido por uma paisagem maravilhosa.

Cozinha

Vários restaurantes com deliciosos pratos ocidentais, asiáticos e indianos (vegetarianos) – a maioria com itens orgânicos produzidos especialmente para o Resort OSHO de Meditação. Pães e bolos são assados na própria padaria do centro.

Vida noturna

Há inúmeros eventos à escolha – com a dança no topo da lista! Outras atividades: meditação ao luar, sob as estrelas, shows variados, música ao vivo e meditações para a vida diária. Você pode também frequentar o Plaza Café ou gozar a tranquilidade da noite passeando pelos jardins desse ambiente de contos de fadas.

Lojas

Você pode adquirir seus produtos de primeira necessidade e toalete na Galeria. A OSHO Multimedia Gallery vende uma ampla variedade de produtos de mídia OSHO. Há também um banco, uma agência de viagens e um Cyber Café no *campus*. Para quem gosta de compras, Puna atende a todos os gostos, desde produtos tradicionais e étnicos da Índia até redes de lojas internacionais.

Acomodações

Você pode se hospedar nos quartos elegantes da OSHO Guesthouse ou, para estadias mais longas, no próprio *campus*, escolhendo um dos pacotes do programa OSHO Living-in. Há além disso, nas imediações, inúmeros hotéis e *flats*.

> http://www.osho.com/meditationresort
> http://www.osho.com/guesthouse
> http://www.osho.com/livingin

Para maiores informações: **http://www.OSHO.com**

Um *site* abrangente, disponível em vários idiomas, que disponibiliza uma revista, os livros de Osho, palestras em áudio e vídeo, OSHO biblioteca *on-line* e informações extensivas sobre o OSHO Meditação. Você também encontrará o calendário de programas da OSHO Multiversity e informações sobre o OSHO International Meditation Resort.

Websites:

http://OSHO.com/AllAboutOSHO
http://OSHO.com/Resort
http://OSHO.com/Shop
http://www.youtube.com/OSHOinternational
http://www.Twitter.com/OSHO
http://www.facebook.com/pages/OSHO.International

Para entrar em contato com a **OSHO** **International Foundation:**

http://www.osho.com/oshointernational
E-mail: oshointernational@oshointernational.com